陈其祥

—— 著 ——

文匯出版社

图书在版编目（CIP）数据

猎神刑侦笔记 / 陈其祥著. -- 上海：文汇出版社，
2019.9

ISBN 978-7-5496-2970-1

Ⅰ. ①猎… Ⅱ. ①陈… Ⅲ. ①中篇小说－小说集－中国－当代②短篇小说－小说集－中国－当代 Ⅳ.
① I247.7

中国版本图书馆 CIP 数据核字 (2019) 第 175762 号

猎神刑侦笔记

著　　者 / 陈其祥
责 任 编 辑 / 徐曙蕾
封面装帧 / 主语设计
策 划 监 制 / 牧神文化
特 约 编 辑 / 王辉城　林盛威

出版发行 / 文汇出版社
　　　　　 上海市威海路 755 号
　　　　　 （邮政编码 200041）
印刷装订 / 上海盛通时代印刷有限公司
版　　次 / 2019 年 9 月第 1 版
印　　次 / 2019 年 9 月第 1 次印刷
开　　本 / 890×1240　1/32
字　　数 / 240 千字
印　　张 / 8.125

ISBN 978-7-5496-2970-1
　定　　价 / 45.00 元

CONTENTS

目 录

引子 /1

生死恋人 /2

隐秘的杀机 /18

女车手之死 /32

神秘杀手 /44

恶谑的玩笑 /65

冷冻的女尸 /73

失窃的名画 /84

百密一疏 /96

倩女迷踪 /104

杀人于无形 /120

寻常小案 /127

水落石出 /139

云岛之谜 /153

玛城奇遇 /189

神奇的盗宝案 /208

失踪的教授 /226

帝邨谜案 /242

无错位铁 /248

引子

何钲是我国当代著名的刑侦专家、无案不破的神探。他的侦探破案故事被广为传颂,深受群众喜爱。

何钲出身于一个传统工人家庭,从小聪明机智、勤奋学习、刻苦钻研,中学毕业后进入公安大学学习,由此奠定了他从事刑事侦探工作的人生道路。

大学毕业以后,何钲先后在上海、江州、北京等地的公安部门工作,凭着他的聪明睿智、英勇果断以及渊博的知识、丰富的经验,侦破了许多大案要案,被人们誉为"当代猎神"。尤其是调往北京,进入中国刑事研究所之后,他的刑侦工作更是如沐春风,更上一层楼,接连侦破了发生在国内以及国外的许多诡异怪诞、神秘莫测、利用高科技犯罪的奇案,使他"当代猎神"的称号传向世界。

本书按时间顺序,从二十世纪七十年代何钲侦破的第一个奇案写起,直至今天……

生死恋人

一

一缕夕阳透过窗户，投射进一间优雅洁净的客厅，落在一位老人身上。她轻躺在沙发上，夕阳使她斑白的头发、苍老的脸颊，罩上了一层玫瑰色的红晕。她就是市轻化工业局的局长罗秀婷。

罗秀婷已经一连好几个星期天没有休息了，今天好不容易才摆脱繁忙的事务，准备在家里与爱女蓉蓉共度假日，享享天伦之乐。谁知女儿上午搞什么义务劳动，下午又有重要的约会，竟使她这一愿望彻底落空。但这又有什么办法呢？女儿已经长大成人，有她自己的生活。更何况女儿最近还交了一位男朋友，做家长的，也就只好为孩子让步了。

罗秀婷放下报纸看了一下手表：时间已经快六点了。她花费了一个多小时精心烹调的几盘菜肴也快要凉了。然而，女儿蓉蓉还不见回来。她不觉微微摇头：唉！热恋中的年轻人啊……

然而，就在这时，门被打开了。一位二十多岁的俊俏姑娘迈着沉重的脚步，垂头丧气地走了进来。她轻轻地喊一声"妈"，接着便把手提包一扔，无力地跌坐在沙发里。

罗秀婷一愣，连忙走过去，关心地问："蓉蓉，怎么了？难道又没见到他？"

女儿摇摇头，感到一阵委屈，两眼涌出了泪花。

看着女儿痛苦失望的样子，罗秀婷心疼极了。最近一个多星期以来，罗秀婷发觉生性沉静而又颇多伤感的女儿忽然变得开朗起来，终日笑嘻嘻的，两眼常闪现着幸福的光芒，便预感到女儿的身上一定发生了什么不同寻常的大事。果然，几天前，女儿向妈妈透露了心中的秘密：

她新结识了一位男性朋友，而且很快地与他相恋。罗秀婷尽管不太赞同那种一见倾心式的恋爱，但却相信女儿的眼力，既然是女儿看得上的人，想来一定不错。于是，她便要求她把男朋友带回家来看看。然而，就从那一天起，女儿的男朋友却奇怪地接连失约，并且无从寻觅，竟似幽灵一般地忽然消失不见了。

"傻孩子，你就不能大胆一点，去他家里找他？"

"他没有告诉我住址。"

"那就打个电话去他的单位问问嘛。"

一句话提醒了女儿，她立即从沙发上一跃而起，拿起了电话筒。

"喂！是市化肥厂吗？请问，你们厂里有个叫赵永刚的技术员吗？"

"什……什么？赵永刚已经死了？喂，喂！他是什么时候死的？怎么死的？"蓉蓉忽然秀眉紧蹙，神色变得异常紧张。

"什么？半个月前，因公殉职……不，不，你弄错了，前几天我还和他见过面呢。你们厂里有几个赵永刚？什么？你们厂里就只有一个赵永刚……"

姑娘手拿电话筒，一时呆若木鸡。

"怎么？你那个男朋友就是化肥厂的赵永刚？"罗秀婷一怔，接着转身走向书架，拿出一沓报纸迅速翻阅起来。她很快查找到一张报纸，将它放到女儿面前，恼怒地说："蓉蓉，你看看这则新闻！你……你上当了。"

那是一张两星期前的当地报纸。报纸的第三版上刊登着一条新闻：昨天上午九时二十分，市化肥厂发生恶性事故。五号反应炉爆炸，三人受伤，青年技术员赵永刚当场死亡……

姑娘两眼茫然地瞪着报纸看了一会儿，忽然大声喊道："不，这不可能，这不可能！我要亲自去弄个明白！"

"等等！"罗秀婷拦住了女儿，坚决地说，"要去，也得让妈妈先打个电话，让你何叔来陪你一起去。"

"妈妈，你……"

"蓉蓉，听妈妈的话。这里面肯定有什么问题，你一个人去我不放心。"罗秀婷说着毅然拿起电话听筒，拨通了市公安局刑侦科的电话号码。

二

二十多分钟以后,窗外便传来了一阵摩托车的轰鸣。一位三十多岁、高大魁梧、英武干练的民警走进了客厅。他就是市公安局的刑侦科长何钊。

何钊出身工人家庭,是罗秀婷已故的丈夫——前市委书记姚炯的忘年交。也正是姚炯发现了他这个独特的人才,将他提升为公安局的刑侦科长,使他能充分发挥自己的才干,侦破了许多大案要案,为江州的治安作出了卓越的贡献。因此,他一直是姚家的常客,对他们一家怀有一种特殊的感情。今天,一接到罗秀婷的电话,他就立即赶来了。

"蓉蓉,世上有那么多好男人,你怎么左不拣,右不挑,偏偏去找了个死鬼做朋友?"

何钊一进门,就感到室内的气氛过于沉闷,因此,他坐定后的第一句话便开了一个玩笑,以缓和气氛,使对方的心情轻松一些。

他这一招果然有效,姚蓉蓉立即破涕为笑,说:"何叔叔,人家都急死了,你还开玩笑!快帮我去调查调查,把事情搞它个水落石出。"

"别急嘛。在着手调查以前,你得把事情的前因后果、来龙去脉,给叔叔说个清楚,好使我心中有底。"何钊说着收敛了笑容,拿出笔记本,开始严肃地询问,"你与那个赵永刚是怎么认识的?"

"那还是上个星期二的事了。"姚蓉蓉稍稍迟疑了一下,低垂着头,羞涩地开始了她的叙述。

那天晚上十点多钟,姚蓉蓉看完一场电影回家,途经跃进路时,由于几处路灯损坏,她不小心撞到了一堆修路的材料上,摔了一跤,把自行车给摔坏了。当时各处的店铺都已关门,那儿又比较偏僻,极少行人。正当她呆望着摔坏了的车子,无人求助、一筹莫展的时候,一个男青年骑着一辆新车飞快地从她身旁一闪而过。

"喂!同志,同志……"姚蓉蓉如获救星,连忙高声喊叫。但那人却似全没听见一般,一忽儿便消失得无影无踪了。

有什么办法呢?当今社会,活雷锋已经很少。姚蓉蓉叹了口气,只好扶起车子,正准备慢慢地推着回家,另一个骑车的男青年却忽然在她的身旁停下,关心地问:"怎么了?"

"车摔坏了。"

那人下车走过来,仔细检查了姚蓉蓉的车,摇头说:"你这一跤摔得不轻,手头没有工具,这车一时半会儿修理不好。"

"那就谢谢了。"蓉蓉又是一阵失望,推车便走。

"等等,你家住哪里?还有多远?"那人忽又追了上来,再次关心地问。

"环城西路。"

"哎呀,那可够你走的了。"那人稍稍犹豫了一下,又说,"这样吧,如果你信任我的话,就把这辆车交给我,骑我的车回家。我的家比你的近。明天早上在这里会面,我把车修好还你。"

"当然信任。"姚蓉蓉喜出望外,非常感激。直到眼看着那人推着自己摔坏了的那辆车慢慢走远以后,她这才翻身上车往家中驶去,一路上还频频回首,心中感激不已。

姑娘叙述到这里,抬头看了何钊一眼,羞涩地一笑说:"第二天早晨,我骑车赶到约定的地点,他早已到了。他不仅帮我修好了车,并且把它擦拭一新。我发现他不仅心地好,乐于助人,并且一表人材,长得也挺帅。"

何钊点点头,笑着说:"于是你就中了丘比特的箭,对他产生了爱慕之情。"

"不,那还是在我们推车同行一段路之后。一路上,我发觉他不仅风度潇洒、举止文雅,而且知识相当渊博,特别是我们之间还有着共同的兴趣:爱好文学。我的心这才由感激进而萌生了爱慕之情。"

"后来呢?"

"后来我们便早晚相见,无所不谈,直到三天前他忽然失约……"

"你知道他接连失约的原因吗?在这之前,他有过什么暗示没有?"何钊又问。

"没有。我只知道,他爱我就如同我爱他一样深。"蓉蓉回答。

"那么,你是否有可能记错了他的姓名或是工作单位?"

"绝不可能。我这里还有他亲笔写的一个地址。"姑娘说着拿出一个笔记本,翻寻到夹在里面的一张纸条,把它交给何钊。

那是从随身携带的小记事本上撕下来的一页小纸。纸上用刚劲有力的笔迹写着两行字：市化肥厂，赵永刚。

何钊看完之后点点头，把纸条夹进了自己的笔记本。

"这肯定是一个圈套，一个卑鄙可耻的圈套！何钊，你可一定要替我把这个冒死人之姓名，欺骗和伤害蓉蓉的家伙找到。"这时，一直在旁边静听着的罗秀婷，再也压制不住心中的愤怒，大声插嘴说。

"不排除这种可能。然而，那人又为什么要这样做呢？冒死人之名，尤其是假冒一个默默无闻的无名小子，去向一个姑娘求爱，又有什么必要呢？"

"你知道，蓉蓉是我唯一的亲人。这些年来我们母女相依为命，从未分离过。这人的目的也许就是要一箭双雕，伤害蓉蓉，从而也伤害我。"罗秀婷回答说。

何钊点点头，转而对她说："大姐，请你仔细回忆一下，市化肥厂那个已死的赵永刚，或是其他的什么人，可曾与你有过什么……"

罗秀婷的嘴唇翕动了一下，欲说又止。她沉默了好一会儿，终于摇头否认说："没有。"

"好吧！"何钊收起笔记本，站了起来，"蓉蓉，今天已经晚了，明天上午八点在家等我，叔叔陪你去一趟化肥厂。"

三

第二天上午，何钊驾着摩托车先带蓉蓉去她的单位请了个假，接着就直奔市化肥厂。

市化肥厂坐落在南郊的工业区。这是一个设备比较陈旧的小化肥厂，厂内锅炉林立，管道如网。半个月前因爆炸而损坏的五号炉早已修复，再也不见一点破损痕迹。

厂长王斌——一位衣着朴素的老干部，亲自在办公室里接待了他们，向他们详细介绍了半个月前那一场事故的发生经过。

那一天上午九时二十分，五号反应炉内的气压忽然急速上升。值班技术员赵永刚一连采取了许多措施，都无法使炉内的气压降下来，只好采取最后一项应急措施：开阀放气。尽管这样做会将有毒气体排放到空中，造成严重的空气污染，但却可以避免反应炉爆炸、机毁人亡的恶性事故发生。谁知他去开放气阀时,却发现气阀因年久失修,严重失控,怎么也无法打开。赵永刚发现情况危急,一边高喊"大家闪开",一边挥动大锤猛砸阀门,想把它敲开……然而,就在这时,"轰"的一声巨响,反应炉爆炸了。飞溅的钢片,强烈的气浪,将赵永刚抛出几丈远,当场气绝身亡……

王厂长叙述完这一场事故的情况之后,伤感地摇摇头,痛惜地说:"赵永刚是一位积极向上、刻苦钻研、工作认真负责的青年技术员。他的牺牲,是我厂的一个重大损失。他在关键时刻临危不惧、不惜牺牲的精神,更值得我们学习。我厂党委已追认他为中国共产党员,并报请上级部门,请求授予他英雄称号。"

王厂长的这一番话,感情真挚,语气沉痛。但不知怎的,何钊听后心里反倒不无疑问。不错,赵永刚的精神是值得钦佩和赞扬的。但他这一牺牲的价值又有多大?作为一厂之长的王斌,在这一场事故中又应该承担多少责任呢……然而,这毕竟不是他们今天来的目的,更不是一两天能够调查得清楚的事情。因此,他轻轻地一摇头,甩开了这一念头,说:"王厂长,事情是这样的,据我们了解,有人在近几天内还见到过你厂这位已经死去了的赵永刚……"

"什么?还见到过赵永刚?"王厂长发出一声惊骇的呼叫,两眼茫然地盯视着何钊。但他随即就发觉了自己的失态,哈哈一笑,平静地说:"这不可能吧,他的尸体都已经火化了。你这情报也许有误吧?"

"情报倒是正确无误,而且见到赵永刚的并非别人,就是我们的蓉蓉同志。"何钊说着向姚蓉蓉点点头。

"蓉蓉,这事是真的吗?"王斌转向姚蓉蓉问。对于他的顶头上司——轻化工业局长的这位千金,王厂长并不生疏。他今天之所以在百忙之中抽出时间来亲自接待他们,也正因为来访者中有她的缘故。

"是有这么一回事儿。不过……"姚蓉蓉点点头,沉吟地说,"不过现在看来,我遇到的一定是另外一个人。不知你们厂里还有没有第二个赵永刚?"

"没有。过去倒是还有一个老工人也叫赵永刚,但他五年前就已经退休了。"王斌从建厂起就来到这里,先任人事科长,继任副厂长、厂长,对这里的情况非常熟悉。

何钊点点头,说:"死者的亲友对那一场事故的反应如何?他们会不会出于某种动机而冒名顶替，以他的身份在外活动？"

"赵永刚是外地人，还没有结婚，在本市没有亲人。至于朋友，那就不好说了……对了，等会儿叫秘书小周带你们去看看他的相片，事情也许就能弄明白了。"王斌回答说。

四

从厂长办公室出来以后，何钊请秘书小周引导，找了几个当日事故的目击者谈了谈。他们所反映的事故发生情况，与王厂长的介绍大体相符。看来那个赵永刚是确死无疑。但为了进一步弄清事情的端倪，他们还是请小周继续引导，去看了看赵永刚的住房。

那是位于厂区边缘的职工宿舍楼里的一间单人宿舍。房间面积不大，但却窗明几净、纤尘不染。房内的布置与摆设更是落落大方、有条不紊，给人一种优雅洁净的感觉，完全不像一个房主已经逝去多日无人居住的空房。

姚蓉蓉一进房门，视线便被挂在墙上的一幅相片吸引住了。那是一个年轻小伙子放大的半身像。小伙子潇洒英俊，明亮的眼睛、端正的鼻子、微微的笑容以及启唇半露的皓齿，给人一种亲切可爱的感觉。只是相片的四周已被人围上了一圈黑纱。那不祥的饰物，更反衬出逝者的俊美可爱，使人心里倍添一种惋惜和悲痛的感觉。

蓉蓉两眼盯住那幅相片，又惊又疑，自言自语地说："不错！是他，是他！真的是他……然而，这又怎么可能……"

靠窗的写字台上，摊放着几本书和一本笔记本。看来赵永刚在上最后一个班前，还在抓紧学习。他也许是匆匆放下书本而离去的吧？何钊拿起笔记本翻了翻，又拿出从蓉蓉那儿拿来的写着地址、姓名的纸条，细心地对照了一会儿，发现两者的笔迹竟然完全相同……

"不，他没有死！他没有死！"蓉蓉忽然指着五斗柜上的一瓶鲜花，大声说道，"这一束白玉兰花，还是那天我去花店买的。"

何钊转眼看了看那瓶花，问："你真有把握，没有认错吗？"

"绝对没错。"蓉蓉回答说，"这一束花我本来是给自己买的。买后不小心与人撞了一下，碰坏了两朵，我感到不满意，想扔掉去重新买一束。他说这花虽然碰坏了两朵，其余的花都还蛮好，丢掉怪可惜的。我便把这一束花送给了他。你看，这就是那两朵碰坏了的花。"

何钊又仔细看了看那束花，见花的颜色虽不够鲜艳，但还未枯萎，确系几天前采集的。再看看她指点的那两朵花，果然见花上有明显的碰撞痕迹。何钊不觉双眉紧蹙，心里升起一丝又一丝的疑云。

正在这时，门口出现了一位臂佩黑纱的白衣女郎。她旁若无人地走进房来，从花瓶里取出那束白玉兰花，随手一扬，将它扔出窗外。

"你……你为什么把它扔了？"姚蓉蓉心疼地责问。

"因为它行将枯萎，需要换一束新的。"女郎说着将一束新采摘来的红山桃花细心地插进花瓶里，并神情专注地凝视着那一束花，用她那双白玉般的纤纤小手将花朵摆放得错落有致。虔诚而又细心地做完这一切之后，女郎这才回过头来，怀疑地打量了何钊和姚蓉蓉一眼，冷冷地问："你们是谁？干吗跑进这死人的房间里来？"

陪伴他们一同来的小周连忙介绍说："李萍，别这样。我来介绍一下，这位是公安局刑侦科的何科长，这位是姚蓉蓉同志，轻化局罗局长的女儿……"

女郎勃然变色，一双杏眼圆睁，怒视着姚蓉蓉，饱含敌意地说："原来你就是罗大局长的千金。你来干什么？你妈妈害死了赵永刚难道还不够，还要你来扰乱死者的平静……"

"李萍同志，请别误会。我们是赵永刚的朋友……"蓉蓉解释说。

"朋友？哈哈哈哈……"白衣女郎忽然迸发一阵歇斯底里的大笑，笑罢大声怒喊，"别来假惺惺地充好人了。走！你们快走！"

姚蓉蓉咬住嘴唇，拼命克制住自己的感情。最后，她终于再也忍受不住对方不分青红皂白而横加的侮辱，转身夺门而出，飞奔而去。

"蓉蓉！蓉蓉……"何钊连忙出门追赶。但蓉蓉却像全没听见似的，只顾自己拼命地飞奔。等何钊追出厂区，蓉蓉已跳上一辆刚开动的公共汽车，离他远去。

"唉！这孩子。"何钊望着远去的汽车叹了口气。但与此同时，心里却产生了一系列的疑问：赵永刚是真的死了吗？蓉蓉遇到的那个赵永刚又究竟是谁？何以会与这个赵永刚一般无二？还有那个名叫李萍的白衣女郎究竟是何许人？她为什么如此敌视蓉蓉？又为什么要说罗大姐害死了赵永刚？

生死恋人 9

何钊决定返回赵永刚的房间，找李萍详细谈谈，解开这些谜题。但等他重新返回那一间小房间时，却早已人去楼空，无论是秘书小周还是那个白衣女郎，都已杳无踪影不知去向。

五

正是上班时间，左右邻居的房门都锁着，周围阒无人迹。何钊在室外徘徊了一会儿，拾起白衣女郎扔出窗外的那束鲜花观察研究了片刻，决定重返厂长办公室去找秘书小周。

小周还未回办公室。只有厂长王斌独自一人在室内怔怔地默坐出神。直到何钊坐下之后，他这才从呆怔中回过神来，抬头看了何钊一眼，犹豫地说："何科长，有一件事，刚才当着蓉蓉的面，我不便说。"

"是有关赵永刚的事情吗？"

"是的。"王斌又犹豫了一下，这才压低了声音说，"前些日子，我曾看见过一次赵永刚的鬼魂。"

"哦，有这么一回事？"何钊立即警觉起来，说，"请你把当时的情形详细描述一下。"

"好的。"王斌点点头，开始一边回忆一边叙述起来。

那是上星期四的傍晚，已经过了下班的时间，秘书小周也已经走了，王斌正在抓紧时间圈阅最后一份档案，电灯忽然熄灭了。

时值黄昏，又是个连绵的阴雨天，电灯一熄，办公室里便显得格外阴暗，桌上的文件变得一片模糊，再也无法辨认。

"唉！这几天怎么老是停电？"

王斌叹了口气，收拾起文件，正准备离厂回家，忽然一阵阴风将门吹开，紧接着一个血肉模糊的人影出现在门口。

王斌一怔，战战兢兢地问："谁？"

那人影似幽灵一般飘飘忽忽地向前移了两步，默默地向他盯视了片刻，缓缓地伸出一双血迹斑斑的大手。

王斌大惊失色，嗫嚅道："什么？赵永刚！是你？你……"

那人影忽然发出一声惨叫，厉声喊道："厂长，你……你还我命来！"

王斌吓得连连后退，一不小心被身后的座椅绊了一跤。这一跤摔得他魂飞魄散，半晌不省人事。待他挣扎着爬起来，那血迹斑斑的人影却消失了，办公桌上的台灯也已重放光明，在他的眼前投下了一圈猩红色的灯影。

王斌叙述到这里，摇头长叹了一声，忧虑地说："原来我一直以为那是自己过度疲劳精神恍惚所产生的幻觉，所以一直没有对人说过。现在看来，我那天傍晚是确有所见，并非幻觉，而且那个装神弄鬼的人，与姚蓉蓉那个冒称赵永刚的男朋友，很有可能就是同一个人。"

何钊点点头，蹙眉深思了一会儿，望着王斌，严肃地说："王厂长，请你如实告诉我，造成五号反应炉爆炸、赵永刚死亡的主要原因是什么？你应该负多少责任？"

"关于这一点，上级部门曾派来过一个联合调查组，对这一次事故进行了深入细致的调查。他们的结论是机器年久失修。有什么办法呢？我们厂的这一套设备，早已超过了它的安全使用期，陈旧得该进博物馆了。至于我个人嘛，作为一厂之主，发生了这样严重的事故，当然要负主要责任。对此，我已经写出了书面检查，轻化局也对我进行了通报批评。"

"王厂长，请你不要泛泛而谈，说具体一点，你究竟应负哪一些责任？"

"这……"王斌抬头惊讶地看着何钊，一时语塞，不知应该如何回答。

"听说，"何钊两眼紧盯着王斌的胖脸，单刀直入地说，"在发生事故之前，赵永刚曾几次向你反映五号反应炉存在的问题，要求停炉检修，但却没有能引起你的重视。"

"不，不，对他的反映我是认真考虑过的。我曾经仔细询问过工程师老顾，老顾说五号炉虽然存在一些故障，但还能运转。而我们的生产又是一环套一环的流水线，停炉检修就会造成全厂的停产。那几天又正是月底的关键时刻，一停产就会影响生产指标的完成，这个责任谁也担负不起。"

"那么，对轻化局的指示呢？在发生事故的前一天，轻化局不是给你们来过一个电话，要你们认真对待赵永刚的意见，对五号炉做一次检查吗？你又是怎样执行这一指示的？"何钊目光炯炯地逼视着王斌，进一步追问。

"事情是这样的……"王斌掏出手帕抹了一下额上的汗珠，为自己辩解说，"那一天我和顾工都去市里开会去了，电话是秘书小周接的。直到第二天上班我才看到电话记录。我当即要顾工再去重新检查一下五号炉的情况。可是还未等顾工下去，事故就发生了。"

何钊的心里蓦地掠过一阵悲哀，为赵永刚无谓的牺牲，更为造成这一牺牲的社会原因。但他却又感到无话可说，因为像王斌这种不懂行的领导，这种遇事推诿、不负责任的工作作风，在当前的中国仍然有很多，要改变这种情况，就远非他力所能及的了。

何钊无可奈何地叹了一口气，换了一个话题问："那么死者的亲属呢，他们对这一事故的看法如何？提出了一些什么要求？"

"怎么说好呢，直到现在死者的亲属还没有来到。"王斌回答说。

"赵永刚不是死了半个月了吗？他的亲属为什么还不来？"何钊不觉大为疑惑，奇怪地问。

"赵永刚双亲亡故，只有一个弟弟赵永坚在弋阳工作。发生事故的当天，我们就给他弟弟发了一份电报，以后又给他所在的单位打了一个电话，他们单位回答说是赵永坚正在度假，外出旅游，无法联系，要十天以后才能返回。估计现在他大概已经返回单位，一两天内就能来到这里。"

"原来是这样。"何钊点点头，一时感到茫无头绪，不觉陷入了沉思。

六

直到下午，何钊才返回到姚家，向罗大姐汇报他的调查结果。他把自己调查的经过简单叙述了一遍之后，说："看来，这是一场精心策划的骗局，其目的是伤害你女儿蓉蓉的感情，或者是进一步通过蓉蓉伤害你这个轻化局局长的感情，让你尝尝亲人受害的滋味。"

"那么，这个可恶的幽灵究竟是谁呢？"罗秀婷问。

"大姐，在回答这个问题以前，请你如实地告诉我一件事：赵永刚生前曾向你反映过市化肥厂五号炉的问题吗？"

罗秀婷沉默良久,终于点点头,略带歉疚地说:"是的。他先写了一封信给我,信中反映了他们厂长的官僚主义和工程师的判断失误,指出五号炉存在严重隐患……那封信我要秘书转给他们工厂党委了。"

"后来呢?"

"后来,他又堵在我家门口,向我详细叙述了五号炉的隐患,指出目前这种不进行检修、强行运转的做法,必将造成机毁人亡的恶性事故。我听后感到事情的严重,便给化肥厂去了一个电话,要他们认真对五号炉做一次检查,如确有故障,必须停机检修……"

"大姐,你想过没有,问题如果能在化肥厂得到解决,赵永刚何必向你上书,又何必要守候在你的家门口拦驾告状?面对如此严重的问题,你怎么能不采取有力措施,仅仅给化肥厂打一个电话了事?"

"你要我怎么办?我的事务工作那么多,一个接一个开不完的会议、堆积如山的文件,还有众多的来信来访……再说,分管化肥厂的副局长又去省里开会去了,你知道,我从前学的是纺织工业,参加革命以后又一直搞政治工作,对化肥生产完全外行。"

"可是,这一切并不能成为你推卸责任的理由。"

"是的。"罗秀婷沉痛地点点头,"正因为如此,第二天,当我听到化肥厂五号反应炉爆炸的消息后,心中感到强烈的自责和悔疚。也正因为如此,我才推迟了两个预订召开的会议,亲自去化肥厂参加事故调查和赵永刚的追悼会。"

罗秀婷说到这里,以手抚额,无力地背靠着沙发,露出满脸倦容。她那本来就瘦削多皱的脸,显得更苍老了许多。

何钊忽然对这位老大姐产生了一丝同情,说:"也许,你根本就不应该担任轻化局局长这个职务。"

罗秀婷放下抚额的手,长叹一声,说:"有什么办法呢?当时我也一再推辞过。可是袁书记一再做我的思想工作,说是经过动荡,还在的老同志已经不多,像我这样有学历的老同志数量就更少了,我们不挑重担,谁挑?作为一个有着三十年党龄的老党员,我又怎么能不服从组织的安排呢?"

他们说到这里,忽然从室外的阳台上传来蓉蓉一声急迫的呼喊:"永刚!永刚……哎,你别走,你别走!你……你等等我……"

"啊——"紧接着传来她一声凄厉的惊叫。

何钊立即一跃而起，冲出房门，只见蓉蓉已着魔一般地俯身跨越栏杆，掉下楼去……

何钊急忙飞奔下楼，只见蓉蓉仰卧在地双眼紧闭，已经不省人事。何钊抱起蓉蓉，一边急奔，一边对随后赶来手足无措的罗秀婷说："快去给医院打电话！"

片刻之后，一辆急救车就风驰电掣地飞驶到他的身旁……

七

幸好姚家住的是二楼，阳台不太高，蓉蓉又是掉落在一片柔软的草地上，伤势不太严重，经过一番抢救就苏醒过来。

原来，当何钊与罗秀婷的谈话涉及妈妈的工作时，她无心倾听，便独自一人步出门来，在阳台上沐浴春风眺望街景，借此来排遣心中的忧闷。

蓦地，她见一个人影踟蹰而来，在她家对面的一处树荫里停下徘徊不前。这是一处偏僻的街道，又是上班时间，街道上行人寥寥无几。因此，尽管那人将自己隐身在绿荫里，却也无法逃过蓉蓉的眼睛。她蓦然一惊，随即喜出望外地扬手高呼："永刚！永刚……"

那人从树荫里探出身来，向前迈进了两步，忽又似受惊般地停下脚步，转身快步离去……

"永刚！永刚！你，你别走……"

蓉蓉踏遍全城寻找数日，为情人的失踪而忧心忡忡形容憔悴，现在好不容易又见到了情人的身影，又怎肯让他再次消失？于是情急地向前追去。痴情的姑娘，一时竟忘记了自己是在阳台之上，收脚不住，便掉下楼去……

何钊听了蓉蓉的这段叙述，蹙眉思索了片刻，问："蓉蓉，你没有看错，确实是他吗？"

"绝对没错，是他。"

"告诉我，如果他重新回到你的身旁，你能原谅他吗？"

"我原谅。"

"原谅他对你所做的一切吗？"

"是的，一切。"蓉蓉眼里闪着希望的光芒，喃喃地说。

从病房出来之后，罗秀婷再也抑制不住心中的怒火，着急地说："何钊，快告诉我，这个可恶的罪犯究竟是谁？"

"罪犯嘛，现在就在医院门口，一会儿你就能见到。"何钊蛮有把握地回答说。

"那你还不快去把他抓来！"

"放心，罪犯保证不会逃跑。不过，看情形，他这次好像不是故意来伤害蓉蓉的。"

"人都摔成那个样子了，怎么还不是故意伤害？"

"别着急嘛。大姐，你仔细回想一下，你是什么时候给医院打的电话，急救车又是什么时候来到的？要不是有人抢在你之前给医院打了电话，急救车能来得这么快吗？"

"那……"罗秀婷一时语塞，过了一会儿才说，"那么，他又为什么要一再地伤害蓉蓉呢？"

"事情的前因后果，我虽然已知道了一个大概，但这终究是推测，有待进一步证实。还是等一会儿让罪犯亲自告诉你吧。"

八

此刻，在医院的白色粉墙外，果然有一个二十多岁、身材修长、眉目清秀的青年在长时间地徘徊。他几次走到医院门口，却又踌躇地退了回去，始终缺乏勇气迈进医院的大门。

那青年正暗自苦恼着，忽然一只大手落在他的肩上。他回头一看，面前站立着一位中年警察。那警察威武冷峻，帽沿下两道炯炯的目光正在严厉地盯视着他。

"你是来探望姚蓉蓉的吧？"何钊盯视着他的脸看了一会儿，直到对方感到惶惑不安之后，这才开口发问。

"她……怎么样了？"青年犹豫了片刻，终于点头承认。

"来，我带你进去看看她。不过，在这之前，我需要与你谈一谈。"

何钊将青年带进医院的一间空房，要对方坐下，待他的紧张心情有所缓和之后，才说："如果我没有弄错的话，你叫赵永坚，与赵永刚是一对双胞胎兄弟。"

"你怎么知道?"青年惊讶地问。

"这很简单,因为只有孪生兄弟,才能长得一模一样,还有你的字写得也与你哥哥相差无几。"

"是的,我的确是赵永刚的孪生弟弟。他虽然只比我早出生半小时,但却一直都以兄长的身份关心我、爱护我。我们的父母去世得早,我可以说是在哥哥的抚爱下长大成人的。"

何钊点点头,又说:"请你再坦白地告诉我,你为什么要装神弄鬼去吓唬化肥厂的王斌厂长?"

"事情是这样的。"赵永坚低下头去,开始慢慢地叙述起来,"上星期,我在旅游途中偶然看到报纸上刊登的哥哥死亡的消息,心中大为惊骇;但我又怕事情有误,便先给哥哥的未婚妻李萍发了一份急电。李萍的回电当天就到了,证实了这一噩耗,并要我立即前来与她相会,有要事相商。于是我来到之后,没有去哥哥的工厂,而是先去见了李萍。

"见了李萍之后,她把事情的前因后果都告诉了我。原来杀害我哥哥的罪魁祸首,竟是轻化局的罗局长和化肥厂的王厂长,是他们的官僚主义造成了五号反应炉的爆炸。我哥哥死得实在太冤!可是调查组却把事故的原因全部归结于机器年久失修上,只让王厂长写一个书面检查,通报批评了事……"

"王厂长不是追认你哥哥为共产党员,并报请上级授予他英雄称号了吗?"

"哼!党员,英雄,这对于死者又有何意义?"

"于是,你便装成哥哥的冤魂去吓他,用这种方法进行报复?"

"是的。这办法是李萍想出来的。作为一个无权无势的小老百姓,我别无良策,只好用这个办法整治整治他,使他接受一点教训,以后办事要对得起良心,不再玩忽人命无视国家财产。"

"接着你又寻找机会接近罗局长的独生女儿,冒哥哥之名向她求爱,伤害她的感情,以此来报复罗局长。"

"不,我与蓉蓉完全是偶然相遇的。"赵永坚抬头争辩说,"只是后来,当我发现我帮助的竟是仇人的女儿,并且她又对我一见钟情之后,我才萌生了这一想法。我原来只打算适可而止,并不想过分伤害她……"

"那么,"何钊浓眉紧蹙,两眼炯炯地逼视着对方,追问说,"今天的事情,你又作何解释呢?"

"本来,我已经购买好了今晚的火车票,打算割断这一段冤债,就此离去。可是不知怎的,我心中总也放不下蓉蓉,竟不知不觉地重又走到她家附近。我这才发现,我也自食苦果,已经真正地爱上了她。我原意只想在离开这个城市之前,再偷偷地看上她一眼。我万万没有想到会被她发现,更没有想到她对我竟会爱得那么深,那么痴情……"

赵永坚说到这里,重又低垂下头,双手痛苦地绞动着衣角,感到无限愧疚。

何钊不觉为对方的痛苦所感,摇头轻轻地叹息了一声,放缓语气说:"快去病房看看蓉蓉吧!幸好她那一跤是摔在草丛中,伤势不算很重,你又迅速给医院打了电话,抢救及时。探望过病人以后,你再自己去公安局自首。你虽然没有直接伤人,但你的行为却使对方受到了伤害,已经触犯了刑律。"

"那么罗局长和王厂长呢?他们的行为难道就没有使别人受到伤害?"

何钊点点头,严肃地说:"对此,你可以写一份材料进行上诉。根据新的刑法,他们确实也都在不同程度上犯了渎职罪;而在法律的面前,是人人平等的。"

送走赵永坚后,何钊打开通往里间的房门,请出罗秀婷,说:"大姐,你都听清楚了吧?"

罗秀婷疲倦无力地点点头,心情矛盾地说:"你真要把他绳之以法?"

何钊不置可否地一笑,含蓄地说:"那就要看受害者的态度了。"

此刻,在他们隔壁的一间病房里,一对别后重逢的生"死"恋人,正在"执手相看泪眼",默默地交流着心声……

隐秘的杀机

一

故事发生在二十世纪八十年代。

邹江终于下定了杀妻的决心。

事情的起因，还得追溯到两年以前。

两年前，借着改革开放之风，邹江意外地由一名普通技术员擢升为生产科长。这一升迁宛如暗夜里爆发出了一朵耀眼的火花，使他一向默默无闻、黯淡无望的人生道路出现了一个转机，安谧、宁静的家庭生活也如同受到春潮的冲击，掀起阵阵喜悦的浪花。

在他走马上任的那一天，妻子筱琳特地准备了一桌丰盛的家宴为他庆贺。

席间，一向滴酒不沾的妻子也举起酒杯，笑吟吟地说："真没想到，你这个穷秀才还能交官运。从今以后我当刮目相看了。来！为庆祝你的荣升，咱俩干一杯。"

邹江满面春风，高兴地举杯一饮而尽，笑着说："这就是'时势造英雄'嘛。以前那是英雄无用武之地，现在到处都在讲改革开放，任人唯贤，说不定将来我还能捞个副厂长、厂长当当呢。"

妻子筱琳出身名门大家，又在市政府机关里谋到了一个秘书的职务，相比之下，他这个工厂科室里的小小技术员总有一点低她一头的高攀之感。现在，这一关系终于逆转过来了，因此，他的话在喜悦之外不免还流露出一丝骄傲。

"看把你乐的，夸你一句，尾巴就翘到天上去了！"妻子白了他一眼。

看着妻子娇嗔的模样,邹江心中一乐,伸手挽住她的纤腰,故意逗她说:"说真的,琳,当了生产科长以后,工作会更忙了,有时还要撇下你一人在家,去外地出差。另外,我还需要与各种各样的人物打交道,如果看见我和一些年轻美貌的女郎在一起,你可千万不要吃醋哟!"

"去你的!没一点正经。你难道还敢在外面偷人?你要是敢偷人,我就敢养汉。"妻子说着柔情脉脉地凝视了他一眼,接着便一头扎进了他的怀里。

于是,两人便长时地搂抱在一起,唇紧吻着唇,胶合得似一个整体。

当然,这只是夫妻之间的一句玩笑。当时,谁也不曾料想到,在事隔两年之后,这一句玩笑竟会可悲地变成事实。

二

当上生产科长以后,邹江立即变成了大忙人。由于工作的需要,他不得不经常外出,有时刚从甲地回来,脚跟还未站稳,又要匆匆地赶赴乙地去,常常是一连几天十几天不能回家。

这样一来,可就苦坏了家中的筱琳。筱琳比邹江小五岁,年方二十四,正值青春妙龄,夜复一夜,独自一人守着空房,那滋味真不好受。

于是她便在几位女友的撺掇之下,开始出入酒吧舞厅,借此来消磨时间、填补空虚。

筱琳虽然姿容一般,远非绝色佳人,但她那适中的身材、纤纤的细腰、丰满的胸部,却也颇有几分迷人的魅力。经常出入舞厅之中,自然会引起一些男人的垂青,其中当然也不乏筱琳愿意与之交往的人。时间一长,便自然而然地交上了几位男友,但都只停留在一起跳跳舞,舞后送她回家而已,未敢越雷池一步。

然而流言蜚语却因此而起,并且愈传愈广,最后终于传到了邹江的耳里。

自己经常不在家,妻子难耐寂寞,出去玩玩跳跳舞,原也无可厚非。但有了外遇,事情就非同小可了。他可不愿意戴着一顶绿帽子,让人家在背后指指戳戳地耻笑。邹江一怒之下,就要立即回家责问妻子。但过后冷静一想,无凭无据,妻子必定不认账,自讨没趣不说,弄得不好还会掀起一场轩然大波,无法收拾。还是先暗中查访查访,抓到妻子的把柄再说。

于是,邹江便谎称又一次出差,瞒着妻子搬到厂里去住,白天上班,一到晚上就出去秘密跟踪妻子。

也不知道是哪个环节出了纰漏,他的跟踪很快就被妻子察觉了。那一天晚上,他跟踪妻子到跃进路的一个繁华处,忽然跟丢了妻子的踪影。他正在人丛中四处寻找时,妻子却又忽然一下出现在他的面前。

"原来果真是你!你不是出差去了吗,怎么会在这里?"妻子压抑着满腔怒火,冷冷地问。

邹江一时手足无措,只好胡乱搪塞说:"那个订货会提前结束了。我心里惦记着你,会议一结束就连夜乘车回来了,下午刚到。"

"那你为什么不回家,跑到这大街上来盯我的梢干什么?"妻子怀疑地盯视着他,眼光中充满了不信任。

"事情是这样的,下车后我先去厂里作了汇报,回到家里已经晚了。我见你不在家,便出来吃点东西,随便走走,看看能不能遇到你,还真让我给遇上了。"

"哼!别再花言巧语地哄骗我了。打一出门,我就隐隐约约地感到有一个人在盯我的梢。最初我还以为是什么流氓扒手,可后来越看越觉得像你,没想到还真是你。"

"筱琳,你别误会。无缘无故的,我干吗盯你的梢?"

"无缘无故?不!你一定是听别人在背后瞎嘀咕什么了,对我产生了疑心。好吧!既然如此,我就坦白地告诉你:你日复一日地不在家,我一个人寂寞,便出来玩玩,看看电影、跑跑舞厅,与别的男人跳跳舞,难道这也不可以吗?"

邹江理屈词穷,只得一再向她赔不是,费了九牛二虎之力,这才平息了妻子的怒火。

这一次,邹江虽然没有抓住妻子外遇的证据,却也未能消除心中的猜疑,只是慑于妻子的争吵,不敢再对她进行跟踪盯梢了。

然而风波并未就此平息。事隔几天,夫妻俩又为此事发生了一次口角。口角之后平息了几天,又发生了一次更大的口角……每口角一次,妻子的怒火便要上升几分,最后竟从她嘴里吐出"离婚"的话来。当然,"离婚"二字只是夫妻争吵时一时的气话而已,谁也不会去认真对待它,更不会付诸实行。

但他们夫妻间的感情,却从此出现了一道难以愈合的裂痕。邹江的家庭生活,开始蒙上了一层阴影。

三

常言道:相敬如宾,关键在于一个"相"字。你若无情,我又岂能有义?

邹江既然从妻子身上得不到温情体贴,便逐渐移情于他人,爱慕上了厂里一个名叫江萍的女采购员。

江萍年方二十,长得明眸皓齿、面如桃花、腰如纤柳、楚楚动人。尤为令人销魂的还是她的眉目之间,似乎无时无刻不在向人脉脉传情,为此曾招来许多男人的追求,厂里厂外有不少她的风流传闻。

由于工作关系,邹江与江萍的接触较为频繁,有时还一起出差参加个订货会什么的,一来二往便逐渐被她的美姿秀色所吸引,产生了一些非分之想。江萍呢,似乎对邹江也有那么点意思,但鉴于邹江是有妇之夫,又是自己的上司,所以对他也仅仅只停留于眉目传情而已。

那一天晚上,他们一同去参加一位港商的晚宴。江萍席间一时兴奋多喝了几杯,待到散席时便有点步履蹒跚行走艰难了。

邹江叫了一辆出租车将她带回旅馆,送进她的房间,喂她喝了一杯酽茶,又为她盖上一床毛毯。

正在他打算离去时,江萍忽然翻了个身,微睁双眼,喃喃地说:"你……你不要走……"

她这一翻身,松开了上衣的两颗扣子,露出一片雪白的肌肤以及薄如蝉翼的内衣里若隐若现的一对乳峰。

邹江不觉怦然心动,再也压抑不住胸中不断膨胀的春潮,动手解开她的衣裙……

这一晚,邹江就睡在了她的房里。

事情过后，邹江心里也曾产生过一丝不安之感，但一想到妻子的不贞，便又坦然起来。更何况现在是改革开放性解放的年代，在西方又有几个男人能矢情于一，除妻子之外不再有情人呢？她既然愿意，自己又何乐而不为？

从那一天起，江萍便成了邹江的情妇。两人经常在一起颠鸾倒凤，过着如胶如漆的生活。当然，这种关系在当时的中国社会绝不能公开，他们的来往一直都非常隐秘。

然而，事物的发展都有一个终结。这种一妻一情妇的生活虽好，终究不能长久。上个月初，江萍忽然告诉他，她已经怀有一个月的身孕了。听了这个消息，邹江一怔，涌上脑海的第一个念头便是把孩子打掉。但这一主张却遭到江萍的强烈反对，她一再固执地说："你难道就不需要一个孩子？不！我要孩子，我一定要把孩子生下来。"

邹江不觉为之心动，也想留下孩子。他已过而立之年，确实也应该要个孩子了，但结婚许多年，妻子却一直没有生育。现在江萍有了自己的骨肉，岂不是天大的好事？然而，在这种情况之下，江萍的孩子又怎么能够生得下来呢？

"你不是答应过我要和妻子离婚吗？还不快去办手续，然后和我结婚。"江萍倒是既干脆又利落。

"江萍，你别着急，你再等我……"

"等，等，等！我已经等了你两年了。我能再等，我肚子里的孩子可不能等……"江萍说着，竟掩面呜咽起来。

答案是显而易见的，邹江别无选择，只有设法尽快地摆脱妻子，与江萍结婚。更何况这两年里，他早已将自己的心交付给了江萍。

四

然而，究竟要怎样才能尽快地摆脱妻子，与江萍结婚呢？

离婚当然是最简单易行的一个办法。但这样做有两大顾忌：第一，他新任生产科长时间不久，并且还有提升副厂长的希望，前途无限。一旦离婚，必然会招致喜新厌旧、生活作风不正派的非议，影响他的前程；其次，他现在的住房，房中的高档家具以及成套的家用电器都是妻子的陪嫁，另外妻子手里还有一笔为数不少的私房存款。虽说当初他追求妻子时并非为了钱财，但钱财在他婚后的生活中却起了很大的作用。一旦离婚，他便会失去这一切，重新变成一个穷光蛋。所以这一办法无疑是邹江所不欲采取的。

离婚不行，与江萍一起双双私奔也绝无可能，剩下的唯一办法就只有将妻子杀死了。但要杀，还须想一个巧妙的杀法。他可不愿意以命抵命两败俱亡。

然而，究竟要怎样才能不露形迹地尽快使妻子死掉，达到既能继承她的遗产又能与江萍结婚的目的呢？逼妻子自尽吗？她可不是那种生性怯弱、遇到一点打击就寻死觅活的女人，这办法显然行不通。制造车祸等意外事故将她杀死呢？这儿可不是在西方国家，自己没有汽车，也没有职业杀手可以雇佣，这办法也行不通。那么，剩下唯一可行的办法就是预先投毒了。这样做，妻子死时自己可以不在现场，另外还可以制造假象移花接木，把线索引导到别人身上去，摆脱自己的嫌疑。

然而，究竟应该选用哪一种毒药呢？砒霜、敌敌畏、老鼠药……都属于剧毒药，容易弄到，但要用这些药杀人，剂量都比较大，发作也不够快，有被抢救的可能，其中有的药还有气味，容易被察觉，都不够理想。黄曲霉菌倒是一种绝妙的毒药，它能使人在不知不觉中患上肝癌，即使是剖腹验尸，也寻找不到杀人的证据。可惜这药实在难以弄到，就是弄到了，也要设法让妻子连续服用一段日子，时间也不允许他这样做了。

那么，除此以外，还有什么更为理想的毒药呢？邹江不觉陷入了困境。

那一天，邹江独自一人漫步街头，走着走着忽又想起了这事。正在他苦无良策时，偶然遇到了在农业局工作的老同学赵冠武，忽然触动灵感计上心来。

赵冠武是在农业局搞植保工作的，经常与各种杀虫灭菌的毒药打交道。记得有一次，邹江还在他的房间里看到过一瓶氰化钠。那是他贪图方便违反管理制度私自拿回家的。每年夏秋两季，他都要用这种药物制作测螟灯的毒瓶，用来诱捕螟虫，观测和预报虫情。当时他还向邹江介绍过这种毒药，说氰化钠是一种剧毒药品，遇酸爆炸，人只要吞下微小的一粒，就会与舌酸胃酸反应，引起胃内爆炸，使血液凝固，在零点六

隐秘的杀机　　23

秒钟以内丧生。

赵冠武是一个粗枝大叶的人，还没有结婚，室内的东西乱七八糟的，去他那里偷一点氰化钠，该不会是什么难事吧。

事也凑巧，当天晚上，妻子筱琳又抱怨那台十四英寸的彩电屏幕太小，图像不清晰。邹江灵机一动，便说："那就换一台大的进口彩电吧！"

"进口彩电太贵，又难买到。"妻子说。那段时期，进口彩电十分紧俏。

"今天我遇到了老同学赵冠武，他二叔在香港，就请他叔叔在香港代买一台吧。"

"就不知道人家肯不肯帮忙。"妻子被他说动了。

"放心！赵冠武那人最肯帮朋友的忙。再说，你不是也与他在市委党校同学过几个月吗？明天请他来吃餐饭，席间把这事一提，保准能行。"

第二天，妻子果然做了几个菜，要邹江去把赵冠武邀来吃晚饭。

赵冠武是一个热心人，一提买彩电的事，立即一口应允。

席间，邹江一边与他天南海北地高谈阔论，一边连连劝酒。妻子因为心里高兴，也在一旁帮丈夫劝酒劝菜。赵冠武虽然有点好酒贪杯，但酒量却不大，没有多久便喝得酩酊大醉了。

邹江喝着喝着，忽然站起来一跺脚说："糟糕！差点误了大事。今天晚上金工车间加工试制一项新产品，其中一张图纸抽回来做了点修改，忘了给他们送去。我必须立即去一趟工厂。"

妻子看看醉伏在桌上的赵冠武，皱着眉头说："他怎么办？"

"先扶他去长沙发上躺一会儿，等我回来后再送他回家。"

邹江离家之后，先漫无目的地在大街上游荡了一会儿，接着又在秀江桥上伫立了许久。他凝目注视着灯影中的秀江河水，眼前浮现出一幅未来的美好图景，脸上露出满意的微笑。

妻子近来有点神经衰弱难以入眠，经常服用安眠药。只要自己在出差之前，把一粒涂有氰化钠的安眠药混入她的药瓶，再设法在药瓶上印上赵冠武的指印，就可以大功告成了。那时，自己远在千里之外，自然无法作案。氰化钠是赵冠武的，药瓶上有他的指纹，今晚他们深更半夜男女同居一室，又可以作为情杀动机的佐证，警察自然会确认凶手是赵冠武。

　　这样做,虽然有点对不起老同学,但若要自己平安无事,就必须找一只替罪羊。有什么办法呢?谁要他手里有自己需要的氰化钠呢?

　　当然,在这之前,他还必须尽量与妻子搞好关系,决不能给警察留下任何一点可疑的线索。

　　邹江一直拖到午夜过后,这才慢慢地踱回家去。

　　家中灯熄人寂,妻子早已入睡。

　　"赵冠武呢?"他问。

　　"早走了。"妻子迷迷糊糊地翻了个身。

　　"你怎么不留住他?他喝了那么多酒,万一路上出了事……"

　　"谁叫你不早一点回来。他坚持要走,我又怎好挽留?"妻子疲倦地打了一个呵欠,不悦地说。

五

　　第二天,邹江一下班就去找赵冠武,一再向他道歉说:"昨晚临时想起一件急事,去了一趟工厂,让你独自一人带醉回家,也没有送你,实在抱歉得很。"

　　"哪里,哪里。"赵冠武却毫不介意,乐呵呵地说,"昨天蒙你盛情款待,饮得实在痛快。"

　　"那你就应该回敬我一餐啰。"

　　"好!咱这就走。是去仙桃园还是去聚仙楼?"赵冠武倒是爽快,站起来就要往外走。

　　"去酒馆开销太大,花了钱还吃不到好的。再说那地方人多口杂,谈话也不方便。倒不如买两瓶酒和几样熟菜,在你这里慢斟细饮开怀畅谈,既实惠又痛快。"邹江建议说。

　　"好!就依你的。"

　　赵冠武一走,邹江立即戴上手套忙碌起来。他先在书架的底层找到那瓶氰化钠,打开盖子倒了一点,小心地包藏好。接着拿出事先准备好的一块胶泥,贴在赵冠武刚使用过的茶杯上,取下他的指印。然后悠闲自得地坐在电视机前,一边欣赏文艺节目,一边等待赵冠武买酒回来。

现在是万事俱备,只欠东风,只需要等待一次较长的出差机会了。

机会很快就来了。

半个月之后,厂长要邹江跟随他去羊城参加交易会,会期十天加上往返的路程,大约需要两个多星期。妻子瓶里的安眠药已经所剩不多,这个时间对于邹江来说,是非常充裕的了。

临行的前一夜,邹江乘妻子不备,取出她的药瓶,将一粒涂有氰化钠的安眠药混进瓶里,接着又拿出那块胶泥,在药瓶上印上赵冠武的指纹。尽管他做这事时心情有点儿紧张,但却无一丝歉疚不安之感。

第二天,邹江又当着邻居的面,一再叮嘱妻子在家小心要注意身体,演出了一场依依惜别的假戏。接着便离开了潜伏着杀机的家,与厂长一起登上了飞驶的列车……

到达羊城的第八天,厂长忽然满怀同情地转告邹江,说是厂里来了一个长途电话,要他火速返家……厂长虽然含糊其词没有说明原因,但邹江心里却明白如镜,他苦心经营了半个多月的计划终于成功了。

六

邹江怀着满腔的悲痛,风尘仆仆地赶回家中,喘息甫定,一位警察就推门而入。

"我是市公安局刑侦科的何钊。"他亮出证件给邹江看了一下,说,"事情你已经知道了吧?"

"刚从单位听说……"

"关于你妻子的死,有几个问题想询问你一下,请你如实回答。你认为,你妻子有自杀的可能吗?"

"绝不可能!我们的日子过得还不错,她又不是那种心胸狭窄遇到一点事就寻死觅活的人。怎么会自杀?"邹江并非傻瓜,当然不会承认妻子有自杀的可能。

何钊点点头,又问:"那么,你可知道你妻子有什么仇人没有?包括工作中的和生活中的。"

"没有。我妻子一向与世无争,怎么会有仇人?不过……"

"不过什么?请你接着说下去,不要隐瞒。"何钊立即抓住这句话,紧紧追问。

"事情是这样的,"邹江舔了舔干燥的嘴唇,继续说道,"因为工作的关系,我经常出差,妻子一人在家难耐寂寞,经常出去看看戏跑跑舞厅。她在娱乐场中是否有什么特殊的遭遇,因而树立了仇人,我就不得而知了。"

"你知道经常与你妻子一起看戏、跳舞的都有一些什么人吗?"

"不大清楚。我只认识她的几位女友,至于男的嘛,虽然也见过一两位,但都叫不出名字。"

邹江说到这里忽然停住,抬眼望着何钊,情急地说:"请告诉我,我的妻子究竟是怎么死的?你们掌握了什么线索没有?"

"你妻子是死于氰化钠中毒。氰化钠是涂在一片安眠药上,让你妻子在睡前误吞下去的。"

"什么?氰化钠?天啊!难道竟会是他……不!这不可能,绝对不可能!"邹江故设诱饵,欲说又止。

"谁?你是想说,你们的熟人之中有人有氰化钠吧?"

"赵冠武,我的一个老同学,他是搞植保工作的。他与我妻子也曾在市委党校同学过几个月。不过他为人正直作风正派,绝不会干出这种事来。"

何钊点头一笑,反驳说:"不过,你也别太过于自信了。常言道,知人知面不知心嘛。我们已经掌握了一些线索,有种种迹象表明在你妻子死前的那一天,曾有一个男人到过你们家里,并在你妻子的那只安眠药瓶上留下了指纹。通过查对,那个男人就是你的老同学赵冠武。"

"那么,他是怎么解释的?"邹江紧张地问。

"赵冠武承认那天他确实到过你们家里,说是你们曾托过他,请他二叔代买一台进口彩电。那一天,他接到叔叔从香港寄来的回信,说彩电已经买好,他是特地来告诉你们这一消息的。至于那一只药瓶,他却一再矢口否认,说他根本就没有碰过。"

"是的,我们的确曾托他代买一台进口彩电。可是,那药瓶上的指印究竟又是怎么一回事呢?"

"我们接着又检查了他房里的那瓶氰化钠,现在是春天,还没有开始测报虫情。据他自己说,从去冬以来根本就没有动过那一瓶药,可是那一瓶药却有新近倒过的明显痕迹……"

隐秘的杀机

邹江心中暗喜。看来，一切全都如同他所预料的那样。那个可怜的赵冠武，就是跳进长江大海也无法洗清自己的嫌疑了。

"本来根据这些线索也就可以确定罪犯就是赵冠武，是他蓄意谋杀了你的妻子。只是还有两个疑点，我们一直无法得到解释，所以暂时还不能下结论。"

"什么疑点？"

"第一，就是作案动机。"何钊两眼盯视着邹江，慢慢地说，"你刚才说了，赵冠武是你们的老同学，为人正直作风正派，并且还热心地帮助你们去买进口彩电，相处得不错。那么，他又是出于什么动机要谋杀你的妻子呢？不知你能否仔细回忆一下，在这方面为我们提供一点线索？"

邹江沉思了片刻，说："想倒是想起了两件事，不知道能不能说明一点问题。"

"请讲！"

"几个月以前，我曾见过一次赵冠武单独与我妻子在一起。那一天我出差回家，发现赵冠武在我家里，正在与我妻子有说有笑地谈得很亲密。据妻子说，那一天她去参加了一个聚会，在会上偶然遇到了赵冠武，因为顺路，散会后赵冠武就送她回家了。"

"那么，第二件呢？"

"第二件，就是半个多月以前的事了。为了托赵冠武买彩电，我们曾请他来我家吃过一餐晚饭。席间，我忽然想起一件急事，需要立即去厂里处理一下，便要妻子继续陪他饮酒，自己先走了。作为一个客人，在这种情况下照理应该自觉告辞，可是他非但没有告辞，反而要我妻子陪同，一直饮得酩酊大醉。我夜半回家，竟发现他还醉倒在我家的长沙发上。"

"你的意思是，赵冠武与你妻子可能有暧昧关系？"

"是的，以前我也没有注意，现在仔细回忆起来，实在可疑。会不会是赵冠武有什么把柄落在我妻子手里，而他又另有新欢，为了摆脱我妻子而下此毒手呢？"

"情杀？嗯，这个动机可以考虑。"何钊点点头，停顿了片刻，又说，"不过还有一个疑点，那就是使你妻子致死的那只安眠药瓶上的指纹，是间接印上去的。"

"什么？那指纹是间接印上去的？"邹江猛吃一惊，紧张地问。

七

"是的，通过化验，我们在指纹上发现有微量的胶泥细粒，因此，那指纹是间接印上去的。是用一块胶泥事先取下赵冠武的指纹，再把它贴在那只药瓶上印上去的。"

何钊漫不经心地看了邹江一眼，忽然急转直下，滔滔不绝地分析起来："根据这一线索，我们不难推断出如下结论，那就是真正的罪犯并不是赵冠武，而是那一个把赵冠武的指纹印到瓶上去的人。因为凶手要是赵冠武，就只有两种可能，一是投毒时以手拿瓶，直接在药瓶上留下指纹；二是戴上手套，或是使用别的什么工具，不在药瓶上留下指印。绝不可能在投毒以后还别出心裁，不厌其烦地用胶泥取下自己的指纹，再把它印到药瓶上去。真正的罪犯这样做的目的是想嫁祸于人，把谋杀你妻子的罪责转嫁到赵冠武身上。但结果却适得其反，恰好证明了赵冠武的无罪。

"那么，真正的罪犯究竟又是谁呢？这人必须具备以下几个条件：第一，对赵冠武非常熟悉，并且知道他私自藏有剧毒药物氰化钠；第二，对你的妻子也非常熟悉，知道她近期患有神经衰弱，经常要服用安眠药；当然还有第三第四，那就是作案动机和作案时间……"

邹江忽然感到一阵口干舌燥，拿起杯子喝了几口水，接着又掏出手帕抹了抹额上的汗珠。

"根据以上条件，我们对你妻子周围的人逐一进行了调查，通过筛选，我们找到了一个嫌疑最大的人。这个人就是你。"

"什么？我？"

"是的，你。因为只有你才具备上述的种种条件。"

"可是，我又为什么要谋杀自己的妻子呢？"邹江苦笑一声，说，"我与妻子有时虽不免发生一点口角，但那是夫妻间常有的事。尤其是这一年多来，我们相处得很和睦。无缘无故的，我为什么要杀她？"

"不！你们相处得并不和睦。从两年前你擢升生产科长起，你们夫妻间就有了隔阂，感情日益疏远。你甚至还在暗中盯过妻子的梢。

"根据这一线索，我们对你进行了全面的调查，发现你与厂里的女采购员江萍来往甚为亲密，有几次你们还一同外出，以夫妻的名义在旅馆里同居一个房间。最后，我们又从医生那里了解到，江萍已经怀有两个月的身孕。毫无疑问，她所怀的就是你的孩子，而江萍又不愿意打掉孩子。因此，你必须尽快摆脱妻子和江萍结婚，否则她肚子里的孩子一天天长大，露出形迹，事情就不好办了。如果江萍一怒之下去法院告发，那你更会丢尽脸面身败名裂。"

"就算是这样，我也没有必要杀死妻子呀。我完全可以和她离婚。"

"不错，离婚是解决这一类问题的一个好办法，有许多人也都是这样做的。但对于你来说，却有两大因素阻碍你去采用这一办法。

"第一，你升任生产科长以后名利双收，日子过得相当满意，并且还有进一步提升副厂长的可能。一旦离婚另娶，你的作风问题肯定会受到非议，影响你的前程。

"第二，你目前的收入，包括你的工资、奖金和种种补贴，还有一些提成，虽然远远地高于一般的工人，但你为了讨好江萍，保持与她秘密姘居的关系，却生活奢侈挥霍无度，这笔收入还不够你的开支。而你家的这幢住宅、全套家具用品，都是你妻子的财产，另外你妻子还有一笔可观的私房存款。一旦离婚，你便会失去这一切，变得身无分文。

"因此，你想要摆脱妻子，唯一的办法就是将她杀死。"

"但你没有证据！"

"证据吗？会找到的。"

何钊从衣袋里拿出一只微型录音机，把它放在桌子上，平静地说："我已经把我们刚才的谈话全部录下来了。第一，你已经供认不讳，你曾经邀请赵冠武去你家吃晚饭，却又借故中途离席，故意让赵冠武和你的妻子单独待在一起，制造他们之间关系暧昧的证据；第二，在第二天晚上，你又去找了赵冠武，曾经单独一人在他的房间里待了二十多分钟，完全有窃取氰化钠的作案时间；第三，你也默认了你与江萍的秘密姘居关系，不予反驳，这便构成了你的作案动机；第四，你最后那一句'但你没有证据'的话，恰好成了你承认我这一推理的最好证据……"

"对不起！请允许我喝一杯酒。"

邹江疲倦无力地站立起来，摇摇晃晃地走向食品柜，打开柜门。

就在邹江伸手去取酒时，一眼看见柜里放着一盒他平日最爱吃的酒心巧克力。他忽然想起这盒巧克力还是在他出差的前一天，妻子特地买来给他路上吃的，后来不知出于何故，代他收拾行装时却又忘了把它放进去。现在看来，妻子对自己还是一往情深颇为体贴的。唉！要不是发生那一系列倒霉的事情，不错走这一步就好了。当然，现在追悔为时已经太晚……

邹江不觉拿起那盒酒心巧克力，打开盒子，拿了一粒丢进嘴里。但他立即感到一种异味，发觉事情不妙。

一闪念间，他就两眼一黑，失去了知觉。

女车手之死

一

　　仲春的一个上午，阳光明媚，鸟语花香。
　　市公安局院子里的几棵白玉兰花开了。一阵微风将窗外的花香吹送进来，清香扑鼻，使人感到无比舒爽。
　　"嘟嘟嘟嘟……"桌上的电话铃声急促地响了起来。
　　"喂！这里是市公安局刑侦科……"猎神何钊拿起话筒说道。
　　"喂，猎神，东亭湖旁发生了一起命案，一名女摩托手冲进湖里淹死了。"话筒里传来东亭派出所所长罗刚的声音。
　　"什么？一名女摩托手驾车冲进湖里？喂！你确定是她自己驾驶着摩托车冲进湖里去的吗？"
　　"当然。湖岸离公路不远，尸体与摩托车都浸没在水里，不是她自己驾驶着摩托车冲进湖里去的，又该怎么解释？"
　　"那你们处理一下不就行了。"
　　"不行呀，她的母亲坚持说是谋杀，是她的女婿杀死了她的女儿。"罗刚说。
　　"好吧，我们这就去现场。"何钊回答说。
　　何钊放下话筒，迅速收拾起桌上的东西，对他的助手赵忆兰说："去东亭湖！那儿发生了命案。"
　　"好的。"赵忆兰回答说。
　　赵忆兰是一位二十多岁聪明热情而又机智勇敢的女刑警。她从警校毕业分配到江州公安局那一年，局长把她交给何钊，要何钊以老带新。这几年一直跟随着何钊，担任他的助手。

因为路程较远,何钊驾驶着警车一路风驰电掣,也用了一个多小时才到达现场。

东亭湖是江州著名的风景区之一,白天游人如云非常热闹。但由于距离市区较远,一到晚上便一片寂静人迹寥寥了。

罗刚一见何钊,就迫不及待地向他介绍说:"尸体是早上两位晨练的老人发现的。他们一发现就打110报了案。"

"死者的身份查明了吗?"何钊问。

"查明了。死者的身上有一部手机,手机的防水性能很好,在水里泡浸了一夜还能使用。通过机内储存的号码,我们很快就找到了死者的亲属,查明了死者的身份。死者叫谢木兰,今年二十八岁,是申花实业公司的一名业务员。"罗刚说。

"死者的摩托车也打捞上来了。经检查,车子的转向与制动器都没有毛病,可以排除车辆故障这个车祸因素。"罗刚又补充说。

法医汤平也向何钊介绍说:"尸体腹内积水很多,确系溺水而死。根据尸斑状况与胃内提取物的分析,死亡时间应该是在昨晚七点到八点之间。"

何钊点点头,问:"有死前与人博斗过的痕迹吗?"

"没有。死者所戴的头盔与衣服完好无损,手指甲内也未留下任何衣服纤维以及皮屑等物。"汤平回答。

"那么,胃里有酒精成分吗?"

"没有。"

"有巴比妥、安定、安泰乐等安眠药,或大麻、吗啡、可卡因等麻醉药以及其他的能使人昏迷的药物成分吗?"

汤平不觉回头看了他一眼,说:"当然没有。你问这一些干吗?"

何钊指指湖畔的现场,说:"你看,这湖岸距离公路虽近,但也有五六米的距离。公路在这里又是直线,没有急转弯。一个没有醉酒、没有服用安眠药或麻醉药的神志清醒的人,又怎么会让摩托车驶离公路,越过那么长一段距离,冲进湖里去呢?"何钊解释说。

"原来是这样。那我可就不得而知了。"汤平笑着回答说。

此案看似简单明了,很像是死者驾驶摩托车操作失误,越过马路冲进了湖里,属于失足落水淹死。但何钊总觉得还有一个疑点,那就是湖岸距公路有一定的距离,且此处公路又未转弯,一个清醒的车手又怎么

女车手之死　　33

会让车子驶离公路，跨越那么长一段距离冲进湖里去呢？

二

死者的母亲与丈夫都已经传唤至现场，何钊便决定先对他们进行一些询问。

死者的母亲是一位六十多岁的老人，矮小瘦弱，但精神却很矍铄。

"老人家，请节哀顺变！"何钊试探着向她了解说，"请您仔细回忆一下，在最近的一段时间里，您女儿有没有因为什么事情而烦躁不安精神无法集中？"

"没有，绝对没有。"她说。

"那么，她会不会是遇到什么挫折或打击，一时想不通……"

"同志！你是怀疑我女儿是自杀或是意外失足落水？"老人忽然打断他的话，愤怒地说道，"不！我女儿不是失足，更不是自杀。是他，是那个丧尽天良的东西，杀死了我的女儿，杀死了我的女儿……"

"你是说你的女婿万平吧？可是，您又凭什么这样怀疑他呢？"何钊问。

"凭什么？就凭他死乞白赖地追我女儿，不到两个月就一再央求我女儿与他结婚；结婚不到两个月，又急急忙忙地去给我女儿买人寿保险。这不，刚一买保险，我女儿就死了，他就能得到两百万元的赔偿……"

何钊听后一怔，忙问："你是说你女婿为你女儿买了一份两百万元的巨额人寿保险，而受益人就是他自己？"

"就是这样。一开始他还瞒着我们。后来我女儿寻找东西，发现了两份保单，才知道这件事。"老人说到这里，忽然站起来拉住何钊的手，哀求说，"公安同志，请你们一定要把这个案子调查清楚，还我女儿一个公道。绝对不要放过那个恶棍！"

"大妈，您放心！我们一定会认真调查，还你女儿一个公道。"何钊说。

死者的丈夫万平，三十二岁，是华茂机电公司的一名职工。他中等身材、五官端正、仪态大方，给人一个诚实正派的印象。

"你能告诉我们,你与你妻子是怎么认识的吗?"何钊开始问道。

"当然。"万平点点头,开始说道,"我们是在网上认识的。在这之前,我也曾在网上先后与几位姑娘聊过天,发现她们都很浅薄,没有一个可以与之深谈的人。后来遇到了她,很快就被她的聪慧和博学所吸引,与她成了无话不谈的网友。

"后来,我又发现她勤奋好学涉猎很广,在历史、地理、文学等方面都有丰富的知识,尤其是她心地坦荡、见识不凡,在为人处世方面有着自己独到的见解。于是,我便将她视为红粉知己,开始了对她的追求。"

"听说,你们认识还不到两个月,你就频频向她求婚了?"何钊说。

"是的。我今年已经三十二岁,她也二十八岁,年龄都不小了。既然找到了心目中的她,就想尽早结婚,组建一个幸福的家庭。"他说。

"我还听说,结婚不到两个月,你就去替她买了一份两百万元的巨额人寿保险?"

"是的。不过,我并不是特地去为她买的。你知道,我在厂里是做产品维修工作的,经常要出差去外地。近来常有一些飞机失事、客车出车祸的报道,朋友们便劝我去买一份人寿保险。那一天,我去保险公司购买保险,保险公司的业务员劝我为自己的妻子也买一份。我说我的妻子长年在家,很少外出,买那保险干什么。她说你妻子总要乘地铁、乘公交车吧?总要在街道上行走吧?不怕一万,就怕万一。万一哪一天出了车祸,后悔可就晚了。再说,这是一款保本付息的保险,即使不出什么事,到了期限,也会还你本金,另外还会付一些利息,有什么划不来的呢?我一想也是,就为我妻子也购买了一份保险。"

"原来是这样。"何钊听后点点头,又问,"那么,你能告诉我,昨天晚上七点到八点之间,也就是你妻子遇难的那一段时间里,你在哪里呢?"

"怎么,你难道还怀疑我,怀疑是我把我的妻子推进湖里去的吗?"

"请别生气!这只不过是例行的询问。在案子真相大白以前,任何人都有嫌疑。"

"昨天晚上我在厂里加班,帮二车间修理一台机器。你可以去问一下,二车间的人都可以为我做证。"他说。

三

"看来,这个万平有充分的不在场证明。死者妈妈的怀疑恐怕不能成立。"结束询问以后,赵忆兰说。

何钊点点头,对她说:"事情还不能就此下结论。你下午去做两件事,第一件事是去这条公路的两头,把所有十字路口昨晚七点到八点之间的录像带都调来,查一查死者谢木兰昨晚是单独一人乘坐的摩托车,还是与别人一起共乘一辆摩托车?"

"你怀疑并不是死者自己驾驶着车子冲进湖里的?"

"是的。如果是前者,就很有可能是她自己驾车不慎而掉入湖里的。但如果是后者,情况就完全不同了。"

"那么,另外一件事呢?"

"另外一件事就是去万平的单位查一查,看看他昨天晚上是否确实在厂里加班?"何钊说。

"好的,我这就去。"赵忆兰说。

何钊笑了,说:"别性急嘛!也不看看时间,都要吃午饭了,等吃了饭再去。"

下午,上班没有多久,赵忆兰就返回了局里。她把几卷录像带交给何钊,说:"找到了!在这几卷录像带里,都有死者谢木兰的录像。她不是一个人,而是与另一个人一起,两人共乘一辆摩托。在前面驾车的是一名男人,谢木兰双手扶着那男人的腰坐在后座。只是晚上光线差,那男人又戴着头盔,头盔遮住了半边脸,无法看清他的面貌。"

何钊将录像带放入计算机,荧光屏里果然出现了谢木兰的摩托车。但摩托车一闪而过,根本看不清驾车人的面貌。何钊不甘心,又换了一卷录像带,但他一连换了几卷录像带,结果都是一样。他不觉叹了一口气,说:"这个男人是谁呢?会不会是她的丈夫万平?"

"不会。我去他们厂里调查了。万平昨晚确实在厂里加班,有许多人为他做证。他有不在现场的充足证明。"赵忆兰说。

"那么,我们的下一步工作就是要设法去寻找到这一个摩托车手。"

"可是既无面貌,又无姓名,这个人又应该怎么去找?"

"第一,这个人能驾驶谢木兰的车,驮着她去市郊,一定与谢木兰非常熟悉;第二,此人一定能从谢木兰的死上获得巨大的利益,包括经济上的和非经济上的;第三,此人一定会游泳,能够在落水之后挣脱谢木兰,独自游上岸来……"何钊分析说。

　　"茫茫人海,单凭这么三点去寻找一个人,还不是大海捞针。"

　　"也有一个简捷的方法,那就是去一趟移动公司,把谢木兰昨天的通话记录拿来……"

　　"你是说,在谢木兰昨天的通话记录里,会有那个人的电话?"

　　"那是当然,若不是事先相约,两个人又怎么会走到一起,坐上同一辆摩托车呢?"何钊说。

　　"没错,没错!我这就去。"赵忆兰说。

　　没有多久,赵忆兰就从移动公司回来了。她交给何钊一张单子,说:"昨天一共有三个男人给谢木兰打过电话。我都一一查实了,这三个人是张伟东、李宁与杨晓飞,都是与他们夫妻同乡、同学或是同厂的工人。"

　　"好!我们明天就去会一会这三个人。"何钊说。

四

　　张伟东,二十九岁,高大瘦削,待人热情,是谢木兰的中学同学。

　　"你与谢木兰很熟吗?"何钊问他。

　　"当然,我们中学同学六年,现在又在同一家公司上班,又怎么会不熟。"他说。

　　"前天你给她打了一个电话?"

　　"是的,那是在中午十二点多钟。"

　　"能告诉我电话的内容吗?"

　　"当然。我们几个同学商量着要在这个星期天聚会一次,我是打电话通知她聚会的时间和地点的。"

　　"你知道她已经死了吗?"

　　"什么,谢木兰死了?她什么时候死的?怎么死的?"他听后一惊,连连问道。

"就在前天晚上,把摩托车骑进了湖里。"

"什么,她把摩托车骑进了湖里?这不大可能吧?"

"也许,并不是她自己把摩托车骑进了湖里,而是有人开车把她带进湖里,故意将她淹死的。我想,这个人应该不会是你吧?"何钊说。

"当然不是。你怎么会有这样的想法?我为什么要杀她?杀了她我又能得到什么好处?"他抬头怒视着何钊,生气地问。

"那么,你能告诉我,前天晚上七点到八点之间,你在哪里吗?"

"前天晚上我去彩霞电影院看了一场电影。"

"影片的名字?都有一些什么内容?"

"美国大片《盗梦空间》。讲的是一名催眠师将一个人催眠入梦,在梦中引导他放弃自己的财产继承权……对了,我这里还有一张那天的票根。"他说着把手伸进衣袋,摸出一张皱皱巴巴的电影票。

何钊接过电影票一看,果然是彩霞电影院前天晚上七点二十分的电影票,座位是九排十二号。

李宁,三十一岁,长得比较矮小,人也有一点腼腆,也是谢木兰同一个公司的同事。

"你与谢木兰很熟吧?"何钊用同样的方法开始了他的讯问。

"是的。我与她在同一个公司工作,又是在同一个科室里,天天见面,怎么会不熟悉?"他的回答也与张伟东的回答大体相同。

"前天,你曾经给她打过一个电话?"

"是的,大概是在上午八点多钟。"

"是与她约会吗?"

"笑话!人家是有夫之妇,我怎么会与她约会?"他说。

"那么,你能把电话的内容告诉我吗?"何钊说。

"事情是这样的,前天我回乡下的老家去了一趟,正好那一天是老家赶集的日子,我便打个电话去问问,要不要为她带点什么东西。"

"你知道她已经死了吗?"何钊又问。

"知道。昨天我去公司上班,就听说了。唉!她怎么会把摩托车骑到湖里去了呢?"他说。

"如果不是她自己把车子骑到湖里去的呢?"

"你是说,是有人把她推到湖里去的?"他听后一怔,怀疑地说,"那不可能吧?那么好的一个人,有谁会对她下这样的毒手呢?"

"你能告诉我,前天晚上七点到八点之间,你在什么地方吗?"何钊最后问道。

"前天我在乡下的老家待了一天,吃了晚饭才回来。老家离城里有几十里路,那一段时间我肯定是在回城的路上。"他回答说。

杨晓飞,三十岁,长得比李宁高一点,是谢木兰的丈夫万平的同乡。

"你与谢木兰很熟吗?"何钊还是这样问道。

"是的。我与万平是老乡,来往较多,与他妻子自然也很熟。"他说。

"前天,你给她打过一个电话?"

"是的,那大概是在下午四点多钟的时候,有一位朋友要我打电话给她,问一问他们公司打折的床上用品还有没有,我那朋友想买一套。"

"是吗?你不会是借这个由头与她约会吧?"

"同志,你想到哪里去了?常言道,'朋友妻不可欺'。这一点道理我还是懂的。"

"那么,你知道谢木兰死了吗?就在你给她打电话的那天晚上死了。"

"是的,我昨天听说了。唉!她怎么就会碰上这么倒霉的事,枉死在那么一个湖里?"他说。

"你是说,她不是自己把摩托骑到湖里去的,而是有人把她推进湖里去的?那么,这个人会是谁呢?"

"这我哪儿知道。哎,哎,我可没说是有人把她推进湖里的,这可是你自己说的。"他忽又改口说。

"那么,前天晚上七点到八点之间,你在什么地方?"何钊又提出了最后一个问题。

"前天晚上我一直在家里看电视。"

"就你一个人吗?"

"我还没有结婚,当然是我一个人。"

"那么,是没有人能为你做证了。"何钊说。

"笑话,在家里看电视,难道也要有人证明吗?"他说。

讯问完三人,一个上午的时间也就差不多了。赵忆兰摇头叹了一口气，失望地说："今天这一个上午算是白问了。"

"也不完全是白问，至少我们已经知道了他们与谢木兰的关系，知道了他们对谢木兰之死的反应。"何钊说。

"那么，你认为他们之中，谁最有可能是那个摩托车手呢？"赵忆兰问。

"那就要靠你去调查印证，甄别一下他们今天所说的话里面，有哪些是真，哪些是假的了。"何钊回答说。

五

赵忆兰的调查印证工作花费了整整一天。直到第二天下午，她才回到局里向何钊汇报说："我去了一趟李宁的老家。那一天他的老家那里确实是赶集，有不少人证明李宁那天确实是回过家，直到吃过晚饭才走。按时间推算，在案发的那一段时间里，他应该是在回城的路上。他没有作案时间。"

"嗯，这就减少了一名嫌疑人。"何钊点头说。

"我又去了那家彩霞电影院。那天晚上他们放映的也确实是美国大片《盗梦空间》，电影的故事情节也与张伟东所说的相符。只是在电影放映的那一段时间里，九排十二号的座位有没有人，那就不得而知了。他完全可以事先购买一张电影票而不去看，或者进去转了一圈又走了出来。至于电影的故事情节，他完全可以从别的渠道知道。因此，他的不在现场的证明无效。"赵忆兰又说。

"嗯，这是一名真正的嫌疑人。"何钊说。

"杨晓飞虽然没有提出自己不在现场的证明，但我还是去他的家里走了一趟。听他的邻居说，那天晚上他的房里确实有灯光，并且可以隐隐约约地听到一些电视剧的音乐声与对话声从他的房间里传出来。至于他本人是否在房里，那就不得而知了。他完全可以打开电灯、打开电视机以后再出去作案。"赵忆兰又说。

"不错，此人也值得怀疑。"何钊说。

"但是，此二人虽然都与谢木兰很熟，但也仅止于此，并没有进一层的关系，根本不能从谢木兰的死上得到什么好处。因此，他们虽然有作案时间，却没有作案动机。"赵忆兰说。

"你还忘了一个动机，那就是为人收买。"

"你是说，在他们的身后，还另有一名主犯？"

"是的，我怀疑这名主犯就是谢木兰的丈夫万平。两百万元保险赔偿金，那可不是一笔小数。"

"那我们下一步应该怎么办？"

"立刻对此二人进行二十四小时监视。他们是一定会再与主犯联系的。"何钊说。

但案子随后的进展却很不顺利。一天过去了，两天过去了，三天过去了……一连十多天，他们对二人的监视却毫无收获。

然而，正当他们灰心丧气失望得想要撤下时，却监听到杨晓飞的一个重要电话：

"喂！你是晓飞吗？"

"我是。"

"钱伯来了！他要见你。"

"好的。什么时候？在哪里？"

"明天中午，百佬汇。"

"好的。百佬汇，不见不散。"

看来罪犯终于要碰头了。

听到电话录音，大家都感到非常兴奋。

"可是，百佬汇？他们难道要去美国见面吗？"赵忆兰犹豫地说。

"当然不是。你查一查，在我们江州是不是也有一家名叫百佬汇的餐馆。"何钊说。

"好的。"赵忆兰立即打开电脑，调出江州市餐饮业的网页查看起来。没有多久，她就高兴地说道："找到了！还真有一家名叫百佬汇的餐馆，开在跃进路与秀江路的交界处。"

"好！"何钊高兴地一拍桌子，开始布置下一步的工作，"明天我们分两个组，一组跟踪监视杨晓飞，另一组去百佬汇蹲控，准备抓捕罪犯。记住，一定要设法监听到罪犯的对话，掌握了确凿的证据以后再行抓捕。"

六

翌日上午十点多钟,杨晓飞就离家出门了。负责监视他的赵忆兰立即跟踪了过去。

但他走了没有多远,就拐进了一条小巷。等赵忆兰追进小巷,已经不见了他的踪影。那是一条与另一条小巷交叉的巷子。她站在十字巷口,一时不知该往哪个方向去追寻。

"喂!杨晓飞被我跟丢了。"赵忆兰只好拿出手机向何钊汇报说。

"怎么搞的?"何钊咕噜了一句,接着又说,"好吧,你立刻过来支援这一边。"

但百佬汇的蹲控也没有成功。他们从上午十点一直蹲守到下午两点,一直都没见杨晓飞与那个钱伯到来。

对这次行动的失败,何钊感到很气恼。他回到局里,拿出那个电话的录音,一遍又一遍地放着,苦苦思索着失败的原因。

"也许,这百佬汇并不是那家餐馆……"赵忆兰试探着说。

"不错不错,电话里是说'明天中午,百佬汇',而不是说'在百佬汇见面'。"一句话提醒了何钊,他开始从另一个角度思考起来。

"我想,这百佬汇应该是他们的一句暗语。"

"那么,这暗语又应该是什么意思呢?'百''白''北'……"何钊忽然激动地一击掌,兴奋地说,"对了,它应该就是'北郊,老地方,会面'。你快去查一查,在城北的郊区有什么地方适合罪犯们接头?"

"好的,我这就去查。"赵忆兰说。

没有多久,赵忆兰就拿来一张地图,指点着图上的一处地方说:"老师你看,这里有一座废弃的砖窑厂。"

"不错,这正是适合他们会面的一个好地方。我们立即去那里!"何钊说。

然而,等他们赶到砖窑厂,已经为时太晚,他们只在一孔废窑洞里找到了杨晓飞的尸体。尸体的胸前插着一把匕首,全身凉透,已经死去两三个小时了……

何钊看了一眼尸体,铁青着脸,咬牙切齿地说道:"立即逮捕万平!"

当天晚上,调查组就对万平进行了突击审讯。

"说说吧,你是怎么谋杀你的妻子谢木兰的?"何钊说。

"你们不是去调查了吗?她死的时候,我正在厂里加班,厂里的师傅都可以为我做证。我又怎么去杀害我的妻子?"他说。

"那么,就说说你是怎么杀死杨晓飞的吧?"

"什么?你说我杀死了杨晓飞?杨晓飞什么时候死了?怎么死的?"

"就在几个小时之前,在北郊那座废砖窑厂里,被你用一把匕首刺死的。"

"不,不!公安你可别开玩笑。我没有杀杨晓飞,我干吗要杀杨晓飞?"

"是吗?我这里有一段录音,可以放给你听听。"何钊说着拿出一台录音机,把它放在桌上,打开开关,录音机里立即响起两个男人的声音:

"平哥,钱带来了吗?"这是杨晓飞的声音。

"带来了。"这是万平的声音。

"怎么只有一百万?不是说好一百二十万的吗?"

"我总共只拿到两百万。二一添作五,分你一半,已经够多的了。"

接着是一阵轻微的交接与清点钱币的声音。

"啊——"忽然发出一声撕裂人心的惨叫。

"一百二十万?哼!到阴间去花吧……"这又是万平的声音。

"这……"万平的脸色变得像纸一样惨白,哆哆嗦嗦地说,"你……你们是怎么录到这一段话的?"

"没有想到吧?今天上午,杨晓飞离家出门后,我们的一位同志与他擦肩而过,把一枚微型录音器粘在了他的身上。"何钊回答说。

女车手之死

神秘杀手

一

故事发生在本世纪初。

江州市土地局副局长夏中和的住宅,建造在西山风景区旁的一个高级住宅区里,是众多别墅中最显眼的一幢。说它最显眼,不但是因为它高大美观,还因为它附有一座美丽的花园。进入高高的院墙,便是一片红花绿荫,蜂飞蝶舞,宛如进入一片仙境。

夏中和闲暇之时,常爱在花园里坐坐,一边饮茶一边赏花,以缓解工作的劳累。

这一天又到了难得的星期天,妻子带领孩子回娘家了,夏中和因为有事没有一起去。他上午去局里处理了两份文件,接着赴约去与一位开发商共进了午餐。饭后回到家里,看看园子里的阳光明媚、鸟语花香,便让张嫂泡了一杯茶,搬来一张躺椅,在园子里躺下。

正是桂花飘香的仲秋时节,听着鸟语,闻着花香,夏中和感到无比舒适,没有多久就呼呼入睡了。

也不知睡了多久,夏中和忽然从梦中醒来,感到有点口渴,拿起椅旁的那杯茶喝了两口,接着又迷迷糊糊地睡了过去。但他这一睡,就再也没有醒来。

大概是在下午四点多钟的时候,张嫂忙完了手中的活,准备进屋去做饭,看见主人还睡在躺椅上,便好心地叫道:"先生,天凉了,进屋去睡吧!"叫了两声不见回答,走过去一看,只见夏中和脸色铁青,躺在那里一动也不动,伸手去他的鼻子底下一试,已经没有了呼吸。她一惊,这事可非同小可,连忙奔入客厅,拿起电话筒拨打了110,接着又打电话给女主人,要她赶快回家……

二

江州市公安局刑侦科长何钊和他的助手赵忆兰,是在案发的第二天才接手这个案子的。

那一天上午,何钊他们正在办公室里整理一份案卷,忽然接到西山区派出所刑警队李队长打来的报案电话:"喂!猎神,有一件奇案需要你们介入。昨天下午三点多钟,市土地局的副局长夏中和死在他自己家的小园中,是中毒身亡……"

"昨天下午……现场留下什么线索了吗?"何钊问。

"就是没有线索呀,没有指纹,没有脚印,除了一杯死者喝过的有毒的茶水以外,现场什么线索都没有留下。"他说。

"是吗?那么请法医汤平做过尸检了吗?"何钊又问。

"当然做了。汤平还把尸体运回去做了尸体解剖。快来吧!我和汤平都在现场等你。"老李又催促说。

"好的,我们这就去。"

何钊放下话筒,对赵忆兰说:"又是一件奇案,立即随我去现场。"

"好的。"赵忆兰迅速收拾起桌上的案卷,回答说。

因为路途较远,何钊驾着警车一路风驰电掣,用了半个多小时才赶到现场。

老李一见何钊立即向他介绍说:"死者叫夏中和,现年三十八岁,是我市土地局的副局长。他昨天下午独自一人在这院中躺着休息,是他家的女佣张嫂发现主人死亡打电话报的案,当时是四点三十五分。我们接到报案的电话后立即赶到现场,进行了一系列的现场勘查工作……"

法医汤平也向他介绍说:"死者眼睑有出血点,嘴唇与舌头呈青紫色,是明显的中毒死亡。根据尸僵与尸斑的状况以及胃内食物的消化程度,可以确定死亡的时间是下午三点至四点之间。另外,在躺椅旁的茶几上,有一杯死者喝过的茶。我在茶里检测出一段断肠草。断肠草是一种剧毒毒草,喝了它浸泡出来的液汁,是会立刻使人死亡的。"

汤平接着拿出一只装了一段草梗的塑料袋,将它交给何钊说:

"看！就是这根毒草。这是一根经过晒制，很快就能将毒质浸泡出来的断肠草。"

何钊接过塑料袋看了看，点头说："不错，是断肠草。这草梗比茶叶大，应该不会是一早就混在茶叶里的吧？"

"当然不是。"汤平说。

"那么，杯上有指纹吗？"何钊问。

"有。从杯上提取到两个人的指纹，一个是死者的，另一个则是这家的女佣张嫂的。"汤平回答说。

"现场勘查呢？有什么发现没有？"何钊又问。

"这园子昨天上午打扫过，现场只有死者与女佣张嫂两人的脚印。我们里里外外仔细地勘查了几遍，都没有发现有外人进来过的任何印迹。"老李回答说。

"怎么只有死者与女佣的脚印？这家的其他成员呢？死者总不至于会没有妻子儿女吧？"何钊问。

"事情是这样的。"老李解释说，"昨天是星期天，死者的妻子一早就带着孩子去外婆家了，死者因有事没有一起去，所以家中只有死者与女佣二人。"

"唔，是这样。"何钊点头说，"那么，这个张嫂为人如何？她有可能投毒谋害主人吗？"

"那不可能。这个张嫂已经在他们家帮佣五六年了，为人诚实可靠，与他们一家人相处得也不错，她干吗要投毒杀害主人？再说，这杯茶是张嫂泡的，也是她发现主人死亡而报的案，这也完全不像是凶手的做法。"老张回答说。

何钊点点头，开始查看现场。他发现这个园子虽不算大，总共也只有一百多个平方米，但却绿色掩映、花草芬芳、金菊盛开、桂子飘香，整治得有条有理十分美好。在园子的中心处摆放着一张躺椅，这就是死者生前躺着午睡之处；紧靠着躺椅放着一只茶几，那是摆放这杯茶水的地方。茶杯不大，距离四周的院墙又远，凶手又是怎样将那一段小小的毒草投放进茶杯里去的呢？

何钊想了一下，得不出结果，便对老张说："老张呀，看来这还真是一个难以解释的疑点。现在，你去把这家的女主人和那位女佣叫来，让我们一起再对她们做一些询问吧。"

"好的。"老张回答说。

三

死者的妻子是一位三十多岁、瘦弱美丽的女子。她告诉何钊说："昨天一早我就带着孩子去外婆家了,老夏因为局里还有些事要处理,没有一起去。午后,我还接到过他的一个电话,说他午饭多喝了一点酒,想睡一会儿,就不过来了,晚饭再开车来接我。谁知到下午四点多钟,却忽然接到张嫂的电话,说他竟然死了……"她说到这里,终于忍不住心中的悲伤,掩面痛哭起来。

张嫂是一位四十多岁健壮的妇女,虽然来自农村,但在城市打工多年,见多识广,遇事倒也镇定,并不慌张。她告诉何钊说："先生是午后一点多钟回来的。他回来后看这园子里阳光很好桂花又香,便叫我给他搬来一张躺椅,躺在这园子里休息起来。"

"他经常会躺在这园子里午睡吗?"何钊问。

"是的,遇到天气好而他又有空闲的时候,先生总爱在这园子里躺一会儿,常常躺着躺着就睡着了。"

"那一杯茶,应该是你给他泡的吧?"何钊又问。

"是的,先生的茶一直都是我泡的。"

"泡那杯茶时,你发现茶叶里有什么杂质没有?"

"当然没有。我把茶泡好,送去给先生,先生当即就喝了两口,也没见有什么不妥。"张嫂回答说。

"唔,"何钊点点头,又问,"昨天下午,有没有外人进来过这个园子?"

"没有。我一下午都在这园子里没有离开过,根本没有人进来过这园子。"

"会不会有人趁你不注意偷偷地溜了进来?"

张嫂笑了,说："先生你真有意思!这园门一直锁着,院墙又高,我不去开门,又有谁能溜得进来?"

"那么,在那一段时间里,有没有发生过什么特别的事情?比如说一阵大风把一些树叶和灰尘从墙外吹了进来。"赵忆兰忽然插嘴问道。

"没有,绝对没有。昨天下午天气很好,根本没有刮风。"张嫂回答。

何钊忽然笑了,对赵忆兰说:"你怀疑那段毒草是被风刮进茶杯里的?哪有那么巧的事。"

"我还有一个想法,"赵忆兰又说,"凶手会不会是利用一架能遥控操作的飞机模型,把这一段毒草投掷进茶杯里去的?前几天我在电视上看到过一段新闻,我国的空军可以遥控无人驾驶飞机准确无误地把炸弹投掷到目标物上。"

"不错,我也看过那段新闻。但那种高科技的飞机模型,市场上恐怕还没有吧。退一步说,就算有那种模型,凶手在园子外面,隔着高墙根本看不到茶几上的茶杯,又怎么去做投弹操作呢?"何钊说。

何钊说到这里停顿了一下,见赵忆兰不再说话,便转身询问死者的妻子:"夏夫人,请你仔细想一想,你丈夫生前是否有过什么仇人,那种必欲置之死地而后快的仇人?"

夏中和的妻子此刻已停止了哭泣,但仍然满脸泪痕十分悲痛。她抬眼看了一下何钊,犹豫了片刻,这才缓缓地回答说:"老夏为人还比较低调,从未与人结下私仇。只是这几年他负责市里的土地购销和房屋拆迁工作,您知道,这是一个容易得罪人的工作,就比如三年前小柳村强行拆迁民房那一场风波,就有不少人误解老夏,对他记恨在心。"

她说的这件事何钊也知道。那年,为了城市发展的需要,征购了小柳村的一片土地。土地上有十多家农户的住房需要拆迁,但却遭到一些住户的反对,抗拒拆迁。市里几次派人去调解都无效,最后只好动用公安的力量,稳住带头的那几户人家强行拆迁……

他们说到这里,忽然"哇"的一声,传来一声乌鸦的叫声。何钊抬头一看,发现头上的一根树枝上挂着一只鸟笼,笼里关着一只小乌鸦,那叫声正是那只乌鸦发出来的。

何钊不觉有点惊讶地说:"这个鸟笼是怎么一回事,怎么养着一只乌鸦?"

"这只乌鸦是前几天老夏的一个叫邓世华的朋友送来的。当时,我觉得乌鸦不吉利不愿意收。老夏说:'乌鸦是一种很聪明的鸟,它不但能做许多别的鸟类做不到的事,还能恪守孝道反哺老鸟。在日本,人们还把它当作神鸟加以供奉礼拜。既然是神鸟,又怎么会不吉利呢?'我见老夏喜欢，也就没有坚持，让他把这只小乌鸦给留了下来。"夏中和的妻子说。

"说起这只乌鸦，我倒想起一件事来。"张嫂忽然开口插嘴说，"昨天下午还曾飞来过另外一只乌鸦，不停地叫着在这园子的上空飞来飞去。当时先生睡得正香，我怕吵醒先生，连忙去找来一根竹竿，费了好大的劲才把它赶走。"

"哦，还有这样的事？我想，那应该是这只小乌鸦的妈妈飞来寻找孩子的吧！"何钊说。

"我想也是的。"张嫂说。

"张嫂，你仔细想一想，在这以前，那只乌鸦飞来过吗？"何钊问。

"没有，从来也没有飞来过。"张嫂回答说。

"昨天你把它赶走以后，它还飞回来过吗？"何钊又问。

"也没有。它总共只飞来过那么一次，前后不过十几分钟。"张嫂肯定地回答说。

何钊心里不觉浮升起一丝疑云，说："如果那只乌鸦是自己寻找过来的，那么它一定记得路径，虽被张嫂赶走，一定还会再来；而那只乌鸦却仅仅是只飞来过一次，再没有来过。但如果是有人将它带来这里，将它放飞进园里，事后又将它带走了呢？如此则乌鸦不知道路径，自然就不能再飞回来了。那么这个人是谁？他又为什么要这样做……"

"我想，那人也许是想用那一只乌鸦来分散张嫂的注意，自己乘机潜入园子里来投放毒草的吧？"赵忆兰又说。

"那不可能。园子就这么大，我再怎么专心驱赶那只乌鸦，也不会看不到有人进来。"张嫂回答说。

"是呀，即使张嫂一时分神，没有发觉那人，但他也会在园子里留下脚印呀。"老李赞同地说。

四

离开现场以后，何钊对赵忆兰说："下午，你去一趟小柳村，了解一下当年那次拆迁带头反对的都有哪些人，其中损失最多、怨气最大的又都有谁？我去找一下那个邓世华，问问他何以要送给夏中和一只乌鸦，他那只小乌鸦又是从哪儿弄来的？"

"你还是认为这个案子与乌鸦有关？"赵忆兰问。

"是的。整整一个下午，没有外人走进过那个园子；而那只乌鸦却不早不迟恰好在案发之前，凶手能够投毒的那一段时间里飞来，实在有点蹊跷。何况，乌鸦还是知名的投掷高手，能飞到高空准确地把一枚坚果往地面上的一块岩石掷去，将坚果击碎……"何钊说。

"乌鸦的这个本领我也知道。但把坚果投掷到岩石上是一回事，把毒草投放进茶杯里又是一回事，现在就把两者联系在一起，是否太牵强了一点？"赵忆兰说。

"不错，是有一点牵强。但既有疑点，就有必要去弄清楚；更何况我们手头并没有任何其他线索。"何钊说。

何钊很快就找到了死者的那位朋友邓世华。

邓世华四十多岁、矮小精明，是华茂房地产开发公司的老总。他对何钊的来访感到非常意外。他客气地请何钊坐下，说："不知我能为您提供一些什么帮助？"

"您知道夏中和死了吗？"何钊开门见山地说。

邓世华大吃一惊，连忙问道："什么，夏中和死了？什么时候死的？怎么死的？"

"就在昨天下午，是中毒死亡。有人在他的茶杯里下了毒。"何钊说。

"凶手查到了吗？是什么人下的毒？"邓世华又问。

"哪有这么容易？"何钊笑了，说，"凶手无踪无影，没有留下一点线索。"

邓世华自觉失言，改口说道："那么，我能为您做点什么？"

"请协助调查，回答我两个问题。"何钊说。

"请讲！"邓世华说。

"第一个问题：您知道夏中和有没有什么仇人？那种必欲置他于死地的仇人。"

"应该没有。我与老夏交往多年，从未听说过他与什么人结下过仇，更何况是那种生死仇人。"

"第二个问题是您为什么要送给他一只乌鸦？"

"怎么，这事也与案子有关吗？"邓世华奇怪了，惊讶地问。

"现在还说不准,也许有关,也许无关。但案发现场既然发现您送给他的那只乌鸦,我们就必须查一查。"何钊说。

"好吧,我就把事情原原本本地告诉您。其实,这也是一种机缘与巧合……"

那是一个晴朗的秋天。天高云淡,和风宜人;菊花盛开,金桂飘香。

在江州市郊的一处高地上,一高一矮地并肩走着两个人。高的那个一米七左右,三十多岁,方头大面,年纪虽不算大,却已开始发福,有了啤酒肚。他叫夏中和,是江州市土地局的副局长。矮的那个四十出头,虽然比前者矮半个头,但由于长得瘦,看上去也不见得怎么矮小。他叫邓世华,是江州市华茂房地产开发公司的老总。他们是一起来这里察看一块山地的。邓世华看上了这块地,想请夏中和帮忙把它从农民手中买过来,改为商业用地。

两人看完山地,沿着一条小路往下走时,忽然"啪"的一声,从空中落下一颗核桃,砸在他们前方不远处的一块岩石上,碎成了几瓣。紧接着"哇"的一声,从天而降地飞下来一只乌鸦落在岩石上,开始一点一点地啄食核桃里的果肉。夏中和看了,不觉感叹地说道:

"这只乌鸦还真够聪明的。"

"是呀,乌鸦是飞禽中最聪明的鸟类之一。待会儿我带你去看看另外一只乌鸦,那才真叫绝呢。"邓世华说。

下山以后,邓世华果然将夏中和带往一处闹市,在一个测字摊前驻足停步。

摆摊的是一个四十多岁的汉子。看相貌和衣着也没有什么特别,只是他用来测字看相的却不是一般相士所用的纸笔,而是笼子里的一只乌鸦。那是一只全身漆黑、活泼伶俐的小乌鸦。只要一打开鸟笼,它就会蹦蹦跳跳地走出来,从折叠在一起的一大叠签纸条中抽出一张来交给汉子。汉子便打开纸条,按照纸条上的签语头头是道地为顾客解析起命相与时运来。

"真没想到,一只乌鸦也能调教得如此听话。"夏中和说。

"怎么样,也弄一只乌鸦去调教调教吧?"邓世华听出他话中的喜爱之意,趁机说道。

夏中和笑了,说:"只听说有养鹦鹉、养八哥、养黄鹂、养翠鸟的,没听说有养乌鸦的。那种不吉祥的东西，有谁会去养它？"

"这你就真冤枉它了！"邓世华说，"乌鸦与喜鹊同科，属于雀形目鸦科动物，哪有什么吉利不吉利之分。再说，乌鸦却要比喜鹊聪明得多，是一种高智商的动物。在日本，人们还把它视作神鸟加以供奉礼拜；我国古代也有许多地方把乌鸦敬为神鸟。既然是神鸟，又怎么会不吉利呢？"

"哦，你这么说，有什么根据吗？"夏中和说。

"有。南宋的辛弃疾有词云：'可堪回首，佛狸祠下，一片神鸦社鼓。'辛弃疾就把乌鸦称作神鸦。"邓世华说。

"这么说来，这个乌鸦也还是可以养的了。"夏中和说。

说者无心，听者有意。邓世华回去以后，立即交代他的一名手下，要他设法去弄一对小乌鸦。也是机缘巧合，几天以后，那名手下果然就给他弄来了一只小乌鸦。邓世华大喜过望，立即把那只小乌鸦给夏中和送去。夏中和见那乌鸦小巧伶俐，一身羽毛油光水滑，在笼子里不停地跳动，十分可爱，便要女佣张嫂收下，拿去挂在园子里。

邓世华把那天与夏中和一起去市郊，一路所遇所见，一五一十地叙述了一遍。最后，他叹了一口气，总结似的说道："也是出于一点私心，想要他帮忙拿下那块地，回来之后，我便要手下设法去弄了一只乌鸦来送给老夏。"

"那么，您是否知道那只小乌鸦又是从哪里弄来的吗？"

"这就不清楚了。您等一下，我立刻把那人叫来问一下。"邓世华说着就拿起电话筒打了一个内部电话。

片刻之后，就有一位年轻人敲门进来。他恭恭敬敬地向邓世华行了一个礼，说："邓总，您叫我？"

邓世华指点了一下何钊，对他说："阿招，这位是市公安局的何科长。你把弄到那只小乌鸦的过程，向何科长说一说！"

"事情是这样的。"阿招开始说道，"那天，我接到这个任务后，就一连往鸟市跑了好几遍。谁知鸟市里五花八门什么鸟都有，就是没有乌鸦。后来我想了一个办法，请人写了一张高价征求小乌鸦的招贴，张贴在鸟市最显眼的地方。没承想这办法还真有效，没隔几天，就有人打电话给我，约我去鸟市交易。我如约去到鸟市，果然见到了那人，花了一千元的高价从那人手里买来了两只小乌鸦。由于时间太晚，公司已经下班,我就先把乌鸦带回家去,准备第二天交给邓总。谁知当天晚上竟被邻居的猫叼去了一只……"

"好了好了,你知道那人叫什么名字,住在哪里吗?"邓世华打断他的话说。

"那我怎么知道。您只叫我去买鸟,并没有交代要把人家的姓名和家庭住址都登记下来。"阿招说。

"别急别急,那人多大年纪,是高是矮,是胖是瘦,面貌有什么特点,你总该记得一些吧?"何钊说道。

"那人二十多岁,中等身材。至于面貌特征,我真的没有注意,实在想不起来了。"阿招回答说。

何钊叹了一口气,心中感到一阵失望。他之所以追查这只小乌鸦的来历,是为了寻找那只大乌鸦;而寻找那只大乌鸦,又是为了拨开迷雾,寻找到那个隐藏在乌鸦身后的罪犯。然而现在,这所有的一切都将化为泡影了。

五

第二天上午,何钊刚走进办公室在自己的桌旁坐下,赵忆兰就走了过来,向何钊汇报说:"小柳村那年拆迁的事调查清楚了。那一次,带头闹事抗拆的人虽然有好几个,但后来都得到了补偿,不再记恨了。只有一个名叫彭志文的人,因为妻子在被强行拆迁中受到了惊吓,建造新房时又劳累过度,没等新房造好就病倒。他妻子的病时好时坏拖了两年,最后还是不治身亡。因此,他心中的怨恨最深,至今仍未平息。"

"那个彭志文现在人在哪里?还在江州吗?"何钊问。

"还在江州。这几年他驯练了一只会帮他抽签测字的乌鸦,每天在菜市口摆个摊子,靠给人家测字算命为生。"赵忆兰回答说。

"怨恨至今,又驯养了一只乌鸦……"何钊不觉一拍桌子,兴奋地说道,"好!疑犯终于现身了。我们这就去会一会那个彭志文。"

但他们在菜市口却扑了个空。一位卖水果的老汉告诉他们,彭志文已有两天没有来摆摊了。于是他们便转身去小柳村直奔彭志文的家。

谁知他们在彭志文的家里也扑了个空。他的一位邻居告诉他们说:

彭志文这几年为了给妻子治病，欠了一身的债。为了还债，他把自己的新屋租出去了，自己一个人搬到山背后的一间破屋里去住了。于是他们又往山背后跑。

最后，他们终于在山背后那间破屋里找到了彭志文。

那是一间被人遗弃的破旧小屋。小屋四处漏风，屋里除了一张床、一张小方桌、几张竹椅和一副锅灶以外，就没有别的什么摆设了。

彭志文四十多岁、瘦小赢弱，一副病恹恹的样子，但他那一双眼睛却仍然很有精神。

刚一开始，彭志文对待他们还是很热情的，但一待何钊亮明身份说明来意之后，立刻换了一副嘴脸，变得冷冰冰了。

何钊为了缓和气氛，先不谈案子，而是关心地问道："大叔，您这两天怎么没有去摆摊测字？"

彭志文伸手往他身旁的鸟笼一指，说："它病了，无法帮我去测字看相了。"

何钊往那鸟笼里一看，果然见笼里的那只小乌鸦呆呆地站着，一副没精打采的样子。他不觉问道："您怎么没多养一只，这只病了，也可以用那一只来替补？"

"以前也还有一只，就是这一只的妈妈。过去都是带它妈妈去帮我测字的。这两年它妈妈长大了长胖了，不再小巧活泼惹人喜爱，我就训练了这只小乌鸦来取代了它。"彭志文说。

"那么，现在它的妈妈呢？"

"早儿大，让我给放了。"

何钊一怔，不觉惊讶地问："什么？放了？您真的把它放了？"

"当然，那一天我是当着许多村民们的面将它放生的，他们都能为我做证。"

"那您干吗要把它给放了？"

彭志文看了他一眼，有点不太耐烦地解释说："今年我让它的妈妈又孵化了两只小鸟，准备驯养一只来做它的替补。前几天，不知哪个没良心的，趁我不在家的时候偷走了那两只小鸟，惹得它妈妈又叫又闹的，吵得我几天几夜都无法休息。我就干脆把它放了，让它去寻找自己的孩子。"

"那么大一座城市，几百万人口，它能找得到吗？"何钊问。

"谁知道呢？乌鸦虽然聪明，但毕竟不是信鸽。就是信鸽，也要事先给它提供路线和目标。"

"那您还要放它去寻找？"

"也不过是这么一句话，为自己找个理由。其实我是真心可怜它，把它放回大自然去，让它舒缓舒缓自己的心情。"彭志文回答说。

何钊点点头。说到这里，他决定换个话题切入案子，于是改口说道："大叔，想问您一件事，您认识夏中和吗，市土地局的副局长夏中和？"

"认识。那年他带人来强拆民房，我见过他一面。"彭志文说。

"他前天死了，让人下毒给毒死了。"

"我听说了。那家伙作恶多端，死有余辜！"

"您怎么能这么说？"何钊说。

"你是真不知道，还是假不知道？这些年他四处强行征购土地、拆迁民房，弄得老百姓苦不堪言；而他与他手下的那一批贪官却一个个暴富。"彭志文忽然一下变了脸色，愤愤地说。

"可是征购的土地都给了你们补贴，拆迁的房屋也给了拆迁费，让你们去重新建造新房子呀。我到过你们的新村，一幢幢都是两三层楼的漂亮洋房，比你们从前的住房好多了。"何钊说。

"不错，我们是拿了补贴，造了新房；可是却失去了土地，失去了祖祖辈辈留传下来的、让我们赖以生存的土地。那些二三十岁的年轻人还好，可以出外去打工。我们这些四五十岁的人就只能闲居在家里，依靠每月一两百元微薄的救济款过着艰难的生活。"彭志文回答说。

何钊一时语塞，不知如何回答才好。他想了一会儿，决定撇开这事，另换话题，于是说道："大叔，您可知道，在我们江城，还有没有别人饲养乌鸦？"

"应该没有。除了我以外，还有谁会去饲养这种不吉利的东西。"彭志文回答说。说完他想了一下，又反问了一句："你问这事干吗？"

"事情是这样的，前些日子，有人送了一只小乌鸦给夏中和。据送鸟的人说，这乌鸦本来有一对，不小心被邻居的猫叼走了一只……"何钊说。

"哦，竟有这么巧的事！那两只乌鸦莫不就是从我这里偷去的那两只吧？"

"还有更巧的呢。那天下午,夏中和的园子里又飞来了一只乌鸦,不停地叫着在园子的上空飞来飞去,好像是那只小乌鸦的妈妈。"

"是吗?乌鸦妈妈终于找到了它的孩子。它可真够聪明的。唉!可惜它们都已经不是我的了。"彭志文叹了一口气,摇头惋惜地说。

"还想问您一个问题:您平时都对它们做了哪些训练?除了训练它们帮您抽签测字以外,还有没有训练它们数数?训练它们投掷游戏?"何钊又说。

"什么投掷游戏?"彭志文问。

"比如把一粒石子投掷进碗里、杯里,或是瓶子里……"何钊说。

"我训练它们做这些有什么用?我只训练它们如何按照我的指示,去抽取出我需要的签纸,帮我测字算命。"彭志文不以为然地回答说。

六

告别彭志文出来,两人的心里都充满了疑惑。

这个彭志文究竟是何许人?他的话里既有公愤也有私怨,既有正义也有邪恶,让人摸不着头脑。而对于他所驯养的乌鸦,却又说得滴水不漏。当然,他在话里表达了对夏中和极大的怨恨,有明显的作案动机;他这两天没有去摆摊,也有作案时间。但他究竟又是怎样作案的呢?是借助那只小乌鸦,还是借助那只乌鸦妈妈?但前者这两天正在生病,后者却早已被他放生,离开了他……

他们正走着,忽然"啪"的一声,从空中掉下一颗核桃,砸在他们身旁的一块岩石上,碎成了几瓣。紧接着"哇"的一声,一只乌鸦飞了下来,旁若无人地落在岩石上,一口一口地啄食起核桃里的果仁来。

"这只乌鸦的胆子也真大,一点也不怕人。"赵忆兰说。

"它一定是经常与人接触,甚至是被人豢养过的。"何钊说。

"难道它就是被彭志文放掉的那只乌鸦妈妈……"

说话之间,那只乌鸦已吃完了核桃展翅腾空,向不远处的一棵松树飞去。

"快看!那只乌鸦好像又在投掷什么了。"赵忆兰叫道。

"不错。"何钊说道,说着拔腿就往前跑。

跑到近前，他们这才发现有人在树下燃了三支香，摆了一杯酒，正在祭奠土地菩萨。何钊拿起那杯酒看了一下，发现酒杯里赫然浸着一片核桃的碎壳。

"太准了！投掷得实在太准了！简直是匪夷所思。"何钊不觉连连称道。

"这一定是被彭志文放掉的那只乌鸦。看来彭志文还是对它做过许多投掷训练，虽然他不承认，但他一定是做过的。"赵忆兰说。

"不错！现在事情已经很清楚了。"何钊点头说道，"昨天下午，彭志文将这只乌鸦带到夏家的院墙外，给它嘴里衔了一段毒草，然后把它放飞进夏家的花园。乌鸦飞进花园以后，一眼看到茶几上的茶杯，便习惯性地将毒草往茶杯里一掷，然后再循着小乌鸦的叫声去寻找自己的孩子。"

"不错！就是这样。这只乌鸦虽然已经被彭志文放走了，但养熟了的动物，大多会经常回来看望主人的。"赵忆兰赞同地说。

"但所有的这一切，都只是我们的推论。要证实它，还需要去搜索寻找证据。"

"但这一证据又该去哪里寻找呢？唉，要是刚才把乌鸦投掷的景象拍摄了下来，那就好了。"赵忆兰说。

"不用后悔。你就是拍下了那一段录像，也不能证明毒死夏中和的那一段毒草，也是这只乌鸦投掷到茶杯里的；更不能证明是彭志文把它带往夏家，放飞进夏家去投的毒。"何钊说。

"那么，下一步我们应该怎么办？"

"没有办法，看来这个案子的侦查就只能到此为止了。"

"难道我们就只能眼睁睁地看着他逍遥法外吗？"赵忆兰说。一个案子侦查到这个程度，却无法进一步采取措施，将罪犯绳之以法，她心里总感到有些窝囊。

"有什么办法呢？他作案的手段实在太过神奇了。然而，法律现在虽然对他无能为力，但不会永远如此。如果他不思悔改继续作恶，就一定会受到法律的制裁。"何钊说。

七

其实，对于这样的结果，何钊也心有不甘。他从事刑侦工作十多年，侦破过许多大案要案，还从未让一名罪犯从自己的手中逃脱逍遥法外。然而，这个案子实在过于神奇，不同于他以前侦破过的任何一个案子，他又应该如何去进一步搜寻罪证坐实案子，将罪犯绳之以法呢？

登上警车离开小柳村时，何钊将驾驶席让给了赵忆兰，自己则坐在副驾驶席上苦苦地思索起来。

是的，这个案子的特点就在于罪犯没有亲临现场，而是训练了一只乌鸦，让它代替自己去投毒杀人。这只乌鸦并且已经被他放生，消失在大自然中了，想要寻找到它，谈何容易？退一万步说，即使寻找到了这只乌鸦，将它捕获，一只哑鸟也不会供认自己的犯罪事实，更不会供出隐藏在它身后、指示它去犯罪的主人。那么究竟要怎样的证据才能证实罪犯的犯罪事实呢？最直接的证据当然莫过于罪犯放飞这只乌鸦去犯罪现场和这只乌鸦投掷毒草的录像，但那显然是不可能的事。因此，他就只能退而求其次，去寻找那些能证明罪犯有可能进行犯罪的间接证据了。既然如此，那么他下一步又应该去哪里，如何去搜寻这一些间接证据呢……

何钊想到这里两眼忽然一亮，心中有了主意。

何钊一回到局里，立刻开始了他的第二步侦查工作。他首先给邓世华打了一个电话，问他说："喂！邓总，问您一件事，那个阿招买鸟的一千元钱报销了吗？"

"您以为我会自掏腰包吗？当然报销了。"邓世华在电话里回答说。

"我想应该是临时发票吧，那上面应该有售货人的签名吧？"

"当然。不但有售货人的签名，还有他按的一个指印。"

"什么，还有指印？您没有搞错吧？"何钊说。

"怎么会呢，那张发票是我亲自签字批准报销的。"邓世华说。

"没想到那个阿招在这一件事上倒是挺细心的。"

"不是阿招细心，而是我们的财务制度严。凡不是正式发票，都必须有开发票人的签名盖章，否则不予报销。"

"好极了！请您通知一下财务，我们要借用一下那张发票。一会儿我就派人去取。"何钊说。

"好的，我这就通知财务。"邓世华回答说。

何钊放下话筒，接着对赵忆兰说："你去一趟华茂房地产开发公司，去把那一张发票取来。我估计那发票上签的是假名，但好在有一个指纹。取到发票以后，你直接去资料室，请他们协助把指纹库里的指纹都调出来，一一进行比对，看能不能找到那个卖鸟人。"

"好的，我这就去。"赵忆兰回答说。

何钊又打电话给西山区分局的李队长，吩咐他说："老李，请你带两位同志拿着彭志文的照片去一趟夏中和家那个别墅区，挨家挨户地去问一问，在夏中和被害的那一天，也就是前天下午一点到三点之间，有没有人在小区里见到过彭志文这个人？如有人见到过，就再问一问，当时彭志文手里是否拿着一只鸟笼，或是拿着一个能藏住一只乌鸦的其他的什么东西？"

"好的，我这就去。"老李也这样回答说。

何钊最后又叫来两名刑警，带领他们来到小柳村山背后彭志文的住处，亲自选择了一处地方，要他们隐蔽在那里，轮流对彭志文进行监视。

八

对发票的检查最先有了结果。

当天下午，赵忆兰就一阵风似的跑回办公室，兴奋地对何钊说："找到了！找到了！我与资料室的同志花了三四个小时，一个指纹一个指纹地比对，终于找到了一个与发票上的指纹一模一样毫无差别的指纹。指纹的主人叫彭军，也是小柳村人。这个彭军一向不务正业，每天在市场里鬼混，倒卖影碟、帮人卸货、为卖家做托，什么能挣钱就干什么。"

何钊点点头，说："好！我们今天就传讯这个彭军。"

然而，对彭军的传讯却很不顺利。从一开始起，他就抱着明显的对抗情绪。

"请问，你们凭什么抓捕我？"他一进来就大大咧咧地往椅子上一坐，挑衅地说。

"不是抓捕，是传讯。"何钊纠正他的话说。

"那还不是一样。"他说。

何钊不再与他纠缠，开始直截了当地进行询问："我们把你传来，是请你帮助我们弄清楚一件事，此事与一个案子有关。"

"什么事？"他的态度稍好了一些。

"那就是前几天你以一千元卖给华茂房地产开发公司的两只小乌鸦，是从哪里弄来的？"何钊问。

"当然是我从乌鸦窝子里掏来的。"他说。

"不对吧？据我所知，乌鸦的窝都是筑在大树的高处，你能爬得上去吗？"何钊说。

"是有点困难。但为了钱嘛，总得想办法爬上去。你知道，那可是一千元钱呀，并不是什么时候都能一下子挣到这么多钱的。"他说。

"那好，这窗外就有一棵高树，你爬上去给我们看看。"何钊指着窗外的一颗大树说。

那是一棵高达十多米，枝叶参天的梧桐树，树干笔直光滑，极难攀爬。

彭军向那棵树看了一眼，一吐舌头，说："别，别！我可爬不上那棵树。算了，我还是实话实说吧，那两只乌鸦是我偷来的，从彭志文的家里偷来的。他每天都要出去摆摊测字，家中无人。他那破屋又很容易进去。"

"还是不对吧！那乌鸦见到生人是会大喊大叫的。应该是彭志文把它们交给你，托你去卖的吧？"何钊说。

"不，不，不！那乌鸦确实是我去他家里偷来的。彭志文爱鸟如命，又怎么会舍得把它们卖了呢？"彭军急忙说道。

"彭军呀，我实话对你说吧，"何钊见他有点慌张，便乘机说道，"本来，两只乌鸦的事小而又小，我们干吗要这么追查？那是因为它们牵涉到一个大案，一个投毒杀人的凶杀大案，正是这其中的一只乌鸦，引来的凶手。你可千万不要把自己牵涉到里面去。"

彭军忽然笑了，说："我说同志，你也太会糊弄人了，这世上有谁会为了一只乌鸦去杀人？再说，那只乌鸦至今不是还好好地在那里吗？"

"你这个人，怎么胡搅蛮缠的。"何钊也有点生气了，说，"算了，反正我已经给你提醒过了，怎么办，你自己去考虑吧。"

"同志，你别生气！那两只小乌鸦我可真是偷来的呀。"彭军说。

放走彭军以后，赵忆兰说："这家伙的嘴还真紧，始终不肯把彭志文招出来。"

"等着看吧，他会说的。"何钊说。

九

第二天，另外两处的侦查也都有了结果。负责监视彭志文的小组先送来两卷录像，汇报说："那只乌鸦飞回小屋，与彭志文在一起的录像，昨天就已经拍摄下来了。拍乌鸦投掷的录像花了一点时间。昨天我们就在小屋的附近扔了一些核桃，放置了一只茶杯，但直到今天那只乌鸦才发现。它一连叼去了几颗核桃，将它们在岩石上砸碎，吃完了之后，这才衔了一片碎壳飞起来，将它投掷在茶杯里。"

何钊打开录像看了一下，点头说："好！现在只差彭志文将这只乌鸦带往现场的证据了。"

"这个证据也找到了！"他的话刚说完，就响起了西山区李队长兴奋的声音。紧接着老李高大的身影就出现在大家的面前。他向何钊汇报说："我们花了一天多的时间，分头访问了那一片住宅区的住户，终于找到了一个在那天下午见到过彭志文的人。那是一个叫王大山的老人。他说那天下午两点多钟，他出去购物，在距夏家不远的地方看见过彭志文。当时彭志文手里提着一只小篮子，一只能装得下那只乌鸦的小篮子。"

"好！"何钊一击桌子，兴奋地说，"立即逮捕彭志文，对他进行突击审讯。"

但对彭志文的审讯却十分艰难。

在按规定程序讯问完对方的姓名、年龄和家庭住址以后，何钊开始发问："彭志文，你知道我们为什么要把你带到这里来吗？"

"应该不会是与乌鸦有关吧？"彭志文冷淡地说，态度显得非常镇静。

神秘杀手　61

"不错,是与乌鸦有关。你先说说,你的那两只小乌鸦到底弄哪儿去了?"何钊问。

"我不是对你说过吗?是哪个没良心的,趁我不在家时给偷走了。"彭志文回答。

"是吗?可我这里有一份证据,可以证明事情不是这样的。"

何钊说着示意赵忆兰拿出一台录音机,将它打开。录音机里立刻传出两个男人的声音:

"刚才公安找过我,查问那两只小乌鸦的事。"这是彭军的声音。

"你是怎么说的?"这是彭志文的声音。

"我起先说是从乌鸦窝里掏来的。他们不信,要我当面爬上公安局院子里的那棵大树给他们看看。你知道,我哪里会爬树,就只好改口说是从你这里偷来的。"

"很好,你只要一口咬定是偷来的,就没有事。"

"可是他们说,那两只乌鸦牵涉到一个命案……"彭军说。

"别信!他们那是诈你的。"彭志文说。

何钊伸手"啪"的一声关掉录音机,说:"没有想到吧?我就知道彭军一定会去找你,趁他不注意,把一个微型录音器粘在了他身上。"

"这又有什么,我只不过是自己不想露脸,托彭军去替我把乌鸦卖了。这难道也犯法吗?"彭志文说道。

"那你为什么要对我们加以隐瞒呢?"何钊问。

"我怕事情传出去,会有一些亲友来向我借钱。你知道,借出去的这种钱,是永远也收不回来的。"彭志文说。

"好吧,在这一点上,我姑且相信你的说法。现在请你回答第二个问题:你到底对你的乌鸦进行了哪些训练?除了训练它们帮你测字算命以外,还训练它们数数,训练它们做投掷游戏了吗?"

"我不是告诉过你吗?除了训练它们按照我的指示,抽取出一张签纸条,帮我测字以外,我再也没有训练过它们什么。"彭志文回答说。

"你真的把那只乌鸦妈妈放掉了吗?"何钊又问。

"当然,我是当着许多村民们的面将它放生的,他们都能为我做证。"彭志文说。

"真是这样吗?我再给你看一个证据。"

何钊说着拿起桌上的一个遥控器,打开了墙上的一个电视机。电视机的荧屏上立刻出现了一只羽毛丰满的乌鸦。那乌鸦飞到空中，将一颗核桃对准一块岩石掷去，将核桃击碎。随即飞落下来，一口一口地将核桃肉啄食完了以后，又衔了一片核桃碎壳飞到空中，"啪"的一声，将它投掷进一只茶杯里。

"真准！你们是在哪里拍摄到这只乌鸦的？"彭志文说。

何钊笑了笑，将遥控器一点，那只乌鸦又出现在一座小屋的顶上。只见它展翅而起，在空中盘旋了两圈，接着径直而下，落在一个男人的脚下，开始啄食他撒下的谷粒。那个男人就是彭志文。

"这……这是怎么一回事？"彭志文故作惊讶地说。

"请注意看乌鸦的翅膀！在这两段录像里，那只乌鸦的右翅上都有一个白色的斑点，那是它小时候你做的记号。"何钊说。

"我还真佩服你们的本领，能拍摄到这样的录像。"彭志文说着脸色忽然一变，冷冷一笑，接着狡辩说，"但那又怎样？就算我对它进行了投掷训练，你也不能证明夏中和茶杯里的那一段毒草是它投掷的，更不能证明是我指挥它去投的毒。"

"你别急，我还有一个证人。"

何钊说着拿起桌上的电话筒，叫进来几个人，与彭志文站在一起，接着要赵忆兰去领进那位名叫王大山的老人，请他进行指认。

老人走进审讯室以后，向几个人看了一眼，立即指着彭志文说："就是他！那天下午两点多钟，我出去购物，就看见他提着一只小篮，往夏中和家的院子走去。"

"老人家，您千万别认错！这可是人命关天的大事。"彭志文连忙说。

"绝对不错。因为有点脸熟，当时我还与你点头打了一个招呼。后来仔细一想，才记起你就是那个常在菜市口摆摊测字的相士，我还请你测过字呢。"老人说。

送走老人以后，何钊两眼盯着彭志文，揶揄地说："怎么样，是否要我把这些证据归拢到一起，说说你的作案过程呢？"

彭志文终于泄气软了下来。他两眼怔怔地看着何钊，嘴唇嗫嚅着，许久说不出话来。

"你把你妻子的死和你为妻子治病欠债的账，都算到了夏中和的身上，对他恨之入骨，时时想着要对他进行报复。那一天你听说华茂房地产开发公司的老总在为夏中和征购乌鸦,便认为机会来了。你早对夏中和的生活起居了如指掌,知道他经常在花园里饮茶赏花,有时还会在园子里睡上一个午觉,而乌鸦却又是你手中现有的工具。于是你煞费苦心地制定了这么一个报复计划,利用乌鸦去替你投毒杀人。你先对那只乌鸦妈妈进行投掷训练,看看训练得差不多了,就以三七开的条件要彭军替你把那两只小乌鸦拿去卖给华茂的老总,让华茂的老总辗转送给夏中和,为以后引诱乌鸦妈妈飞进夏家花园布下内线。那一天下午,当你侦知夏家的女主人外出,夏中和又独自一人在花园里睡午觉后,心中大喜,立即带着那只乌鸦妈妈潜行到夏家的院墙外面,给乌鸦的嘴里衔了一段毒草,将它放飞。小乌鸦的叫声立即将乌鸦妈妈引进了夏家花园。那乌鸦飞进园子以后,看到夏中和的茶杯,又习惯性地将毒草投掷进茶杯……"

彭志文听着听着,脸色变得愈来愈惨白,最后身子一软,从椅子上滑下来,瘫倒在地上。

恶谑的玩笑

一

这天上午，黎明公司的经理钱中发刚上班不久，就接到女儿的学校打来的一个电话。

"喂！是萌萌的爸爸吗？"电话是女儿的班主任何老师打来的。

"我是。"他回答说。

"萌萌今天怎么没有来上学？"

钱中发听了一怔，连忙说："什么？萌萌没上学？她早就去了呀。"

"可是教室里没有她的人。我问了一下班里的同学，也都说没见过她。"

"怎么会这样……"钱中发这一惊非同小可。他连忙打电话告诉妻子，接着又一连打了几个电话给萌萌有可能去的亲友家进行询问，但回答都是没有见到过萌萌，也不知道萌萌去哪儿了。

萌萌是钱中发的独生女儿，今年十二岁，读小学五年级。学校离家里不远，加上萌萌又是一个听话的孩子，学习认真，从来没有过旷课的现象，怎么会发生这样的事情呢？

"嘟嘟嘟嘟……"正当钱中发着急万分，不知如何是好的时候，衣袋里的手机忽然响了起来。他拿出手机一看，竟是萌萌的电话，于是连忙问道："萌萌，喂！萌萌，你在哪里？"

"你是萌萌的爸爸钱经理吗？"然而手机里传来的却是一个陌生男子的声音。

"你是谁？怎么有萌萌的手机？"他问。

"别问我是谁。这是绑票，萌萌现在在我手里。要救你女儿，立即准备一百万元赎金,要现金。不要报警!你如果报警我就撕票。"对方说。

"可是,我怎么能相信你呢?"

"我会把你女儿的录像发给你。"

没隔多久,对方果然发来了萌萌的录像。但见萌萌坐在一张木椅子上,背靠着椅背,低垂着头,闭着双眼,好像在睡觉。

"喂,喂!你把我女儿怎么了?"他连忙问。

"你放心!为了减少你女儿的恐惧和紧张,我给她用了一点迷药,要过两个小时才能醒来。你最好抓紧时间,在她醒来之前把钱送来。"对方说。

"喂,喂……"钱中发还想再问详细一点,但对方已经关机。

怎么办?怎么办?钱中发开始紧张地思索起来。赎金,当然要立即准备,他不能让女儿有一丝一毫的危险。但让绑匪就这样轻易得手,逃脱法律的惩处吗?不!当然不行。他绝不能放过这个可恶的罪犯,让他逍遥法外,再去害人……

钱中发想到这里立即拿起手机,果断地给他读高中时的老同学,市公安局刑侦科的猎神何钊打电话。

二

二十多分钟以后,何钊就带着他的助手赵忆兰赶到了钱家。

钱中发夫妻已先行回到家中,在焦急地等待着何钊。

钱中发一见到何钊就急切地说:"何钊,你看这事……"

他妻子更是一把抓住何钊的衣袖,哽咽着说:"你快想想办法,救救萌萌!"

"别急,别急!我们一定会把萌萌救出来。"何钊连忙劝住他们,问,"留下绑匪的电话号码了吗?"

"绑匪很狡猾,用的是萌萌的手机。"钱中发说。

"那么,录下了音吗?"

"录下了。我的手机有自动录音装置。"钱中发立即打开手机,播放出他与绑匪的通话。

何钊将通话录音仔细倾听了几遍,叹了一口气,摇头说:"绑匪说的是普通话,不带乡音,听不出是哪里人;通话中又没有掺杂任何一点别的声音,很难判断出他是在一个怎样的环境里打的电话……"

"那怎么办?"

"像这种情况,就只有一个办法:准备赎金,拿赎金去交换人质,在交换时抓捕罪犯。"何钊说。像这样的案子,他曾经侦破过好几个,其中有两个就是这样抓捕住罪犯的。

"只是这样做,萌萌会不会有危险?"钱中发担心地问。

"当然,我们会确保人质的安全。赎金准备好了吗?"何钊说。

"准备好了。"钱中发指指放置在桌子上的一只小手提箱。

"嘟嘟嘟嘟……"就在这时,手机的铃声又响了。

钱中发打开免提,说:"喂!"

"钱准备好了吗?"手机里传来绑匪的声音。

"准备好了。"钱中发说。

"你再去银行取一百万元。"

"什么?还要一百万?能不能少一点,我实在没有这么多钱……"绑匪的要求使钱中发感到非常为难。

"少废话!限你一个小时内备齐。到时候我再给你打电话。"对方打断了他的话,说完就关了机。

"怎么办?还去取钱吗?"钱中发问。

何钊苦笑一声,说:"按他说的办吧。"

三

一个小时以后,绑匪果然又打来了电话:"喂!两百万备齐了吗?"

"备齐了。分别装了两个小手提箱。"钱中发回答说。

"好!带上钱,立即开车去跃进路天堂珍宝拍卖行。那里正在举办一个拍卖会,很容易找。"对方命令说。

临走前,何钊在钱中发的衣领内装了一个微型监听器,交代他说:"注意。一定要先看到萌萌之后,再交钱。接到萌萌后,迅速离开交换地点,一刻也不要耽误。"

然而，当钱中发把车开到跃进路，在天堂拍卖行门口停下后，却又接到绑匪一个新的指令："拍卖会已经开始了。你进去替我把四号拍品——一颗十一克拉的钻石买下来！"

钱中发听了一怔，说："喂！你有没有搞错？要我去替你买钻石？"此时此刻，他哪有心情进去替别人参加拍卖会。

"你以为我会拿着两只那么笨重的钱箱子，等着警察搜捕吗？"

"可是，这要耽误许多时间，再说钱也……"

"你放心，马上就要竞拍四号拍品了，不会耽误多少时间。四号拍品的起价是一百万元，两百万元钱绝对够了。"对方回答说，语气非常强硬。

钱中发无奈，只好提了两箱子钱币走进拍卖行。

绑匪的这一决定，也使何钊颇感意外。他已经布置好，待钱中发用赎金换回女儿，进入安全地带之后，再抓捕绑匪。那时绑匪虽有可能逃离了一段距离，但拿着那两箱钱币行动不便，加上他又在箱子里安装了定位器，将绑匪抓捕，应该是十拿九稳的事。然而现在，绑匪要将两箱钱币换成一枚小小的钻石，那样，他将行动灵活自如，加上又失去了箱里定位器的指示，就必定会为抓捕行动增添许多困难了。

钱中发进入竞拍厅，刚在椅子上坐下，第四号拍品的竞拍就开始了。只见竞拍员打开一个精美的匣子，一颗晶莹剔透光芒四射的钻石就展现在大家的眼前。

"这是一块十一克拉的钻石。经CIA验证，是一块产于非洲的天然钻石。它的起拍价是一百万元。"竞拍员说。

会场的气氛顿时热烈起来。

一百万，一百零五万，一百一十万……

竞购者的报价在不断上升。最后，一位三十多岁的男子报出了一百四十万元的高价。

"十七号报价一百四十万元。"竞拍员喊道。

"一百四十万元第二次！"

"一百四十万元第三次！"

钱中发看看没有人加价，便举牌说道："一百四十五万。"

"一百五十万。"十七号立即加价说。

于是两人便你五万我十万不断地竞相加起价来。当对方把出价加到一百九十万后,钱中发一咬牙报出了两百万元的天价。全场登时一片哗然。那位男子再也没有加价……

钱中发刚交款办完手续,拿到钻石,绑匪就打来电话问:"钻石买到了吗?"

"买到了。"钱中发回答。

"好!你立即去泉江路的西段,那里有一片待拆的旧房,旧房的对面有一个电话亭,我会带着你的女儿去那里等你。"

然而,当钱中发赶到那里,找到那个电话亭时,四周却空无一人。

"喂,喂!你在哪里?"钱中发连忙拨打绑匪的电话。

"哈哈哈哈……"过了好一会儿才传来绑匪的声音,"对不起!与你开了一个玩笑。你女儿就在对面的一间空房子里,赶快去吧,一会儿她就会醒了。"

"什么什么?玩笑……"钱中发怒道,但对方已经把手机关了。

何钊早已带领一队刑警潜伏在那周围,听了绑匪的这个电话也吃了一惊。这一情况的变化,实在是他始料未及的。但当他与钱中发一起飞跑过马路,打开那待拆的一间间房屋的房门后,果然在一间空房里找到了萌萌,找到了坐在一张木椅子上,还在酣睡的萌萌。

待萌萌醒后,何钊问她说:"萌萌,你还记得是一个什么样的人绑架了你吗?"

谁知萌萌却摇头回答说:"我不知道。今天早上我刚一出门,就被人从后面用一块布蒙住了嘴,接着我就迷迷糊糊的什么也不知道了。"

这样的结果实在出乎大家的意料。赵忆兰说:"这个绑匪也真奇怪,费了那么大的周折,结果什么东西也没要。难道这真是一个玩笑,一个恶劣的玩笑?"

"真是玩笑吗?不,就算是玩笑,他也犯了绑架罪,犯了非法拘禁人质罪。"何钊说。

"但他毕竟没有伤害萌萌,我也没有财产损失……"钱中发说。他宅心仁厚,看来,他还有一点儿想相信这真是一个恶作剧的玩笑。

何钊回头看了他一眼,说:"真没有财产损失吗?你把那颗钻石拿给我看看!"

"您怀疑那颗钻石的价值?"赵忆兰问。

"不错,应该就是这样。"何钊回答说。

何钊接过钱中发递交给他的钻石，仔细看了看，又把它交给赵忆兰，说："你把这颗钻石拿去请专家鉴定一下，看看他们的估价是多少。另外再去一趟天堂珍宝拍卖行，调查一下这块钻石的卖主和那个与钱中发竞价的十七号顾客。"

　　"好的。"赵忆兰回答说。

四

　　调查很快就有了结果。

　　第二天上午，刚一上班，赵忆兰就过来向何钊汇报说："那块钻石请专家鉴定过了。专家说，它的实际价值应该在八十万到九十万元之间。不过专家又说，在珍宝市场，尤其是在竞拍会上，它的成交价可能会更高一些。但两百万的成交价却太过离谱，实在高得出奇。"

　　"也就是说，卖主在这一颗钻石上，多赚了一百多万？"

　　"对，就是这样。"

　　何钊点点头，问："那么，它的卖主究竟是一个什么样的人，调查清楚了吗？"

　　"调查清楚了。它的卖主叫高小泉，是一家茶楼的老板。听说这家茶楼最近的生意不大好，他欠了不少债。"赵忆兰回答说。

　　"那个哄抬价格的十七号呢，又是一个什么样的人？"

　　"那人的真名叫陶二春，是一个长期在市场里厮混，帮人作假蒙骗顾客的托儿。"

　　"好！立即传讯这个陶二春。"

　　陶二春很快就被传来了。这是一个三十多岁干瘪瘦小的男人，一脸的奸诈谄媚之相。

　　何钊要他坐下，开始询问他说："有一件案子的侦破需要你的帮助。"

　　"公安你讲，是什么案子，我一定知无不言。"他说。

　　"昨天，你在天堂珍宝竞拍会上，为什么对四号拍品——那颗非洲钻石一再加价，一副志在必得的样子？"

　　"那还用说，我喜欢那块钻石嘛。"

"别打马虎眼了,我们了解了你的经济情况,你根本就买不起那颗钻石。"

"我不可以借钱把它买下,再高价把它卖出去吗?那么一件稀世罕见的珍宝,绝对能够赚上一大笔钱。"

"是吗?我们请专家鉴定了,那颗钻石实际只值八九十万元,你报价报到了一百九十万,超过了两倍,又怎么还能以更高价钱倒卖出去,赚取差价呢?"

"那,那……"陶二春一时语塞,无言以对。

"说吧,是谁要你为他做托,哄抬价格的?"何钊说。

陶二春终于垮了下去,老实承认说:"还能有谁?不就是那颗钻石的卖主高小泉嘛。他许诺我,如果能把价钱哄抬到二百万元卖出去,就给我五万元的报酬。"

审问完陶二春以后,何钊舒了一口气,说:"案情终于大白了。"

"可是,这也只能证明高小泉与陶二春在竞拍会上串通作弊,扰乱市场,与绑架案并无关系呀。"赵忆兰说。

"你忘了,我们还有一套绑匪的通话录音。你立即去拜访一下这位高小泉,设法弄一份他的讲话录音,把它与绑匪的这一套通话录音一起送省厅技术科去,请他们做一个声谱对比。我估计两者一定会完全相同。"何钊说。

原来,每个人的声音都有不同的特点,通过仪器将声音的振动变为电磁波,再将电磁波图解显示出来,就能得到每个人特有的声谱。

"好的。我这就去。"赵忆兰说。

两天以后,声谱对比结果出来了。两盘录音的声谱完全一致,是同一个人的声音。

"好!"何钊兴奋地一拍桌子,大声说,"立即申请逮捕高小泉!"

案子迅速侦破了。

原来高小泉的茶楼这几年经营不善,负债累累。他被迫无奈,只好拿出家传的一颗钻石来出售还债。但就是出售了这一颗钻石,也只能偿还一半的债务,还有一半的钱无处筹措。他绞尽脑汁想来想去,终于想出了用这种奇怪的绑架方法来抬高钻石价格的妙计,筹措到了全部债款。原以为既不伤害人质,又不索取钱财,对方也许会认同是一场恶作剧,而不予追查。即使是追查,他自始至终都不曾露面,没有留下任何线索，对方也无法查找到他。谁知却遇到了何钊这个无案不破的猎神，轻而易举地就识破了他的计谋，将他缉拿归案。

冷冻的女尸

一

仲夏的一个上午,刚上班没多久,就烈日炎炎,暑气逼人。

江州市公安局刑侦科科长,被誉为"当代猎神"的何钊,正在电风扇下埋头研究一份案卷。桌上的电话铃声忽然"嘟嘟嘟嘟"地响了起来。

何钊伸手拿起话筒,说:"喂!这里是市公安局刑侦科,我是何钊。"

"喂!何科,绿地食品公司的冷库里发现了一具尸体,一具被冻僵了的尸体。"打来电话的是西城区派出所所长高田。

"什么,冷库里发现了一具冻尸?这可是一件奇事!喂,是陈尸还是新尸体?"何钊问。

"当然是新尸体。死的是一位叫白书萍的公司职员,一位二十多岁的姑娘。初步估计是昨天晚上在冷库里冻死的。"高田说。

"公司的人怎么说?"何钊问。

"他们说,有可能白书萍是在管理员不在场时进的冷库,下班时还未出来,管理员不知她在冷库里,便把她误锁在冷库里了。"

"这个说法大家能接受吗?"

"不,死者的母亲首先就通不过。她认为自己的女儿根本没有必要进冷库,更不会不跟管理员打声招呼就进入冷库,到了下班的时间还不出来。"

"那么,你的看法呢?"

"我也觉得这事有点蹊跷。就算是她没有与管理员打招呼就进了冷库吧,又怎么会在冷库里待那么久,直到下班的时间还不出来呢?要知道那冷库里的温度是零下十几度,可不是一个好待的地方。"高田说。

"不错不错,你的怀疑有道理。对了,你通知法医汤平了吗?"何钊说。

"通知了。汤平说他马上就到。"高田说。

"好的,我们也马上就到。"何钊说。

接完电话,何钊立即收拾起桌上的案卷,对他的助手赵忆兰说:"去绿地食品公司!那里发生了命案。"

二

他们与汤平几乎同时到达绿地公司。高田立即带领他们去看现场。

那是公司用来贮存食品的大型冷库。冷库里冷气飕飕,使人毛骨悚然。一具女尸四肢蜷曲着靠墙坐在门旁。

"从冷库关闭到她冻死,这其间一定经过了几个小时,这姑娘也真够可怜的。"高田指点着尸体同情地说。

何钊仔细向尸体看了一眼,断然说道:"她不是在这里冻死的。"

"你怎么知道?"高田一惊,连忙追问。

"因为人被冻死和热死时,其外观表现是一样的。人快冻死时,体温调节中枢麻痹,产生一种极其燥热的幻觉,会拼命地撕扯衣服,这在医学上叫反常脱衣现象。可是你看,这具尸体的衣服一点也没有撕扯坏。"何钊解释说。

"他说得没错,事情就是这样的。看来我得把这具尸体弄回实验室去,将它解冻之后再进行检验,确认她的死亡时间和真正的死因。"汤平说。

"那你就快去吧!记住,一有结果立即打电话告诉我。"何钊说。

"那是当然。"汤平说。

汤平把尸体运走,何钊也立即开始了他的调查审讯工作。他要公司腾出了一间办公室,逐一将有关人员叫来进行审讯。最先被叫来的是公司负责人事工作的副经理,一位三十多岁的高个子男人。

"请你详细说一说白书萍的情况。她来你们公司多久了?平时表现怎么样？"何钊问。

"白书萍是去年五月应聘进我们公司的。她大学毕业，成绩优秀，来我公司这一年多里，工作认真负责，成绩优异，各方面的表现都很不错，是一个很好的姑娘。"他回答说。

"那么，她的人际关系如何？有没有什么仇人，那种必欲置她于死地的仇人？"何钊又问。

"仇人？她一个姑娘家能有什么仇人？更何况她为人老实，从不与别人争吵。不！绝对没有那种仇人。"他说。

接着被叫来的是冷库的管理员，一位四十多岁的妇女。

"请你告诉我，那冷库的门是不是经常不锁的？"何钊问。

"是的。每天都要进货出货，有零有整，有时陆陆续续一天要进出十几二十次，因此库门在每天上午打开后一般都不再加锁，直到下午下班时才把它锁上。"她回答说。

"也就是说，的确有人可以趁你不注意溜进冷库里去？"何钊说。

"是的。但有什么人会这样做呢？再说，我每天下班前锁冷库的时候，都会打开门来看一下。昨天我锁冷库时也打开门往里面看了看，冷库里确实什么人也没有呀。"她听后有点急了，连忙为自己辩解起来。

何钊不觉笑了，说："你别急！我不会追究你的责任……"他刚说到这里，兜里的手机忽然"嘟嘟嘟嘟"地响了起来。他连忙拿出手机接听："喂！是汤平吗？"

"不错，是我。"手机里响起汤平的声音。

"检验结果如何？"

"尸体全身无伤痕，也无中毒的症状，手足的皮肤有大片冻伤，看来姑娘确实是在冷库里冻死的。"

"可是，她的衣服并没有撕扯的痕迹呀！"何钊疑惑地说。

"你别性急呀。"汤平继续说道，"从死者胃里抽取出来的胃液里，检测出大量安眠药硝基安定的成分。死者是被人强行灌入大量安眠药，在接近死亡的极度昏迷状态下放进冷库里去的，因此没有临死时那种撕扯衣服的动作。"

"原来是这样。那么死亡的时间是……"

"昨晚七点到八点之间。"汤平说。

"好。"何钊点头关上手机，转而对管理员说，"冷库的钥匙你平时都放在哪里,都有哪些人拿过那把钥匙?"

"那把钥匙就放在我办公桌的抽屉里。有时来冷库取东西的人来得早,冷库还没有开门,而我手头正好有事,也会把钥匙交给他,要他自己去开门。"她回答说。

"你再仔细想一想,都有哪些人拿过那把钥匙?"何钊又问。

"那可就多了,有王大朋、单小春、钱家齐……"她想了想,一连说出了七八个人的名字。

送走管理员之后,何钊把记下的名单交给赵忆兰,交代她说:"你立即去查一查,这些人平时与白书萍的关系如何,昨天下班之后都去了哪里?"

"好的,我这就去查。"赵忆兰说。

三

因为人数较多,赵忆兰的调查工作直到下午才结束。她告诉何钊说:"这七八个人虽然都认识白书萍,但关系都只一般,没有过节,不存在作案动机。昨天下班之后,他们也都返回了自己的家里,也无作案时间。"

"看来在这些人之外,还另有一个接触过并配制了那把钥匙,能打开冷库的人。然而,这个人会是谁呢……"

"看来,我们还得另找线索,是不是去寻找一下昨天最后见到白书萍的那个人?"赵忆兰建议说。

"不错!"何钊点头说,"你去一下白书萍的科室,问问看昨天下午是谁最后见到过白书萍,把他带来见我。"

"好的。"赵忆兰回答说。

没有多久,赵忆兰就带回了一位二十多岁的姑娘,说:"她叫李婉萍,是昨天最后见到白书萍的人。"

何钊客气地请姑娘坐下,问:"请你详细说说,昨天你最后见到白书萍是什么时候,在哪里?"

"是在昨天下午四点多钟,就在我们的科室里。当时科室里只有我和白书萍两个人。白书萍接了一个电话,说了句'邓经叫我'就出去了。没想到她这一去就再也没有回来。"姑娘说。

"邓经是谁?"何钊问。

"邓经就是我们的部门经理邓世昌。"姑娘回答说。

"好的。麻烦你走一趟,去把你们的邓经理叫来。"何钊说。

"好的。"姑娘回答说。

没有多久,他们的部门经理邓世昌就来了。

"据反映,昨天下午四点多钟,你曾经打电话叫过白书萍?"何钊开门见山地问。

"是的,我找她谈了一次话,总共也不过二十多分钟。四点半左右就让她走了。"邓世昌回答说。

"能告诉我谈话的内容吗?"何钊又问。

"当然。"邓世昌回答说,"最近我听到一些反映,说白书萍在四处打听八年前发生在公司里的一个案子,一个会计跳楼自杀的案子。我觉得这很不好,便找她谈了谈,要她加以注意。"

"什么?她在打听八年前公司一名会计跳楼自杀的案子?说说看,那是一个什么案子?"

"八年前上级组织来公司查账,查出五百多万元的现金缺额。当时的会计是一个名叫谢子文的四十多岁的男人,平常兢兢业业,为人非常老实,谁也没有想到会出现那么大的一个漏洞。但谢子文既说不出这一笔钱的去向,又不承认是他贪污挪用了这一笔钱。也是一时想不开,他竟从十二层楼的平台上跳了下去,当即命绝身亡……"

"这个案子公安机关介入了吗?"

"介入了。公安局来了两位同志,但他们查来查去也没查出个什么结果,最后便不了了之。"邓世昌回答说。

"白书萍这事,你向上面汇报了吗?"

"没有。这事上面要知道了,会对白书萍在公司的工作不利,我不能害她丢掉饭碗。"

"那么,你知道白书萍为什么要四处打听这个案子吗?"何钊又问。

"我没有问。我想,就是问了,她也不会直说。"邓世昌说着想了想,又补充了一句,"对了,白书萍生前与财务科的助理会计王斌走得很近,你找王斌来问问,也许他能知道。"

"好的。"何钊转身对赵忆兰说,"你去一趟财务科,去把那个王斌叫来。"

没有多久，赵忆兰就把王斌找来了。

小伙子二十多岁，精明能干，他一坐下就主动说道："你们找我来，是为了了解白书萍的事情吧？"

"不错。你可知道，白书萍在打听八年前公司跳楼自杀的老会计的事？"何钊说。

"知道。白书萍不仅在打听老会计自杀的事，还要我设法查看一下当年公司的账目，拍摄或是下载一份给她。"

"你知道她为什么要这么做吗？"

"我问了。她说老会计的女儿是她大学的同学，最好的闺蜜。老会计的女儿一直不相信自己的父亲会贪污巨款，更不相信他会畏罪自杀……"

"那你帮她查看了那本账吗？"何钊又问。

"没有。"他说。

"没有？"何钊一怔，问，"你爱她吗？"

"很爱。"

"那你为什么不帮她？"

"因为以前的旧账都锁在档案室的保险柜里，我根本无法接触到。"他回答说。

"唔，原来是这样。"何钊点头说。

送走王斌以后，何钊沉思地说："看来，白书萍进入这家公司，并不只是为了寻找一份工作，而是另有所图。"

"你怀疑白书萍就是那位老会计的女儿？"赵忆兰说。

"是的。看来我们得去一趟白书萍的家，去拜访一下她的母亲了。"何钊说。

四

白书萍的家在城郊的一个贫民区，房屋虽然破旧，但却窗明几净，收拾得非常干净。

白书萍的母亲是一位五十多岁，瘦小羸弱的老人。一提起案子，她就老泪纵横，伤心地说道："唉！好端端的一个人，咋就会死了呢……我的书萍，她死得冤呀……"

"大娘，请节哀！大娘，您放心，我们一定会查出凶手，替白书萍报仇。"何钊与赵忆兰连忙劝她。

待老人平静了一点之后，何钊这才开口说道："大娘，我们今天来，是想问一问白书萍是谢子文的女儿吗？"

"是的。谢子文就是我男人，我那冤死的男人。"老人沉默了一会儿，终于点头承认说。

"那么，大娘，当年究竟发生了一些什么事情，您能给我们详细说说吗？"何钊问。

老人叹了一口气，抹掉眼泪，开始叙述起来："虽然已经过去八年了，但那天的事情我仍然记得清清楚楚。那一天，我男人去上班时心情很好，他说他夜里做了一个梦，梦见我们一家人去北京旅游去了。带着孩子去北京旅游，看一看雄伟的天安门城楼，是我们俩藏在心里很久的一个心愿。在下午四点多钟的时候，他还打回来一个电话，说是公司查账，需要加班，他可能要很晚才能回家。谁知那一晚我们等呀等呀，一直等到天亮，都没有等到他回来。等到第二天，却意外地等到了一个噩耗，说他贪污五百万元巨款，畏罪自杀了……"

"他真贪污了吗？"何钊问。

"哪能呀？他为人一向老实，公私分明，连公司的一张纸都不往家里拿，又怎么会贪污那么一笔巨款呢？再说，他如果贪污了那五百万，又拿到哪里去了呢？他可是除了工资之外，连一分钱也没有往家里多拿过呀。"

"报警了吗？"

"报了，上面也派来过两个警察。但他们只找几个人随便问了问，就走了，以后就再也没有了消息。"

"后来呢？"何钊问。

"后来，公司强行收缴了我们仅有的一点存款，把我们赶出公司的宿舍，使我们流落街头，一无所有……"

何钊双眉紧蹙，心情感到异常沉重。

"更可恨的是，他们还给我们扣上了一顶罪犯家属的帽子，使我找不到工作，使书萍在学校里入不了团，拿不到助学金……

"我们娘俩咬紧牙关熬呀熬呀，总算熬到书萍长大成人，大学毕业了。书萍成绩非常优秀，原以为能找到一个好工作。谁知她投出去的应聘书，一份也没有回音。托人一打听，原来还是她父亲的问题，人家都不愿收一个罪犯的子女。这一次书萍再也忍不住了，她一咬牙出去弄了几份假证件，改名换姓去绿地公司应聘，进入他们的公司，去暗查当年的事情……"

"可是，她知道这样做的危险吗？"何钊问。

"知道。书萍说，就是冒生命危险，她也要把当年的事情查个一清二楚，还她父亲一个清白。"

何钊点点头，不禁对这位姑娘产生了一丝敬意。

"对了，你们在书萍的身上搜到了一些什么东西？"老人停顿了一会儿，忽然改口问道。

"一部手机、一张公交卡和少量现金。可惜的是手机里什么线索都没有，没有录像，也没有录音。"赵忆兰说。

"那是当然。就是有录音，也早就被凶手删掉了。"何钊说。

"你们……有没有找到一支笔？"老人说。

"什么笔？"何钊忙问。

"上星期，书萍又买回来一支笔。我说家里已经有好几支笔了，你写东西又是用电脑，从不用笔，又买笔干什么？她说，妈，这可不是普通的笔，万一遇上什么大事，它能自动记录下来。"

"录音笔？"赵忆兰叫道。

"什么？您是说白书萍身上还有一支录音笔？"何钊忙问。

"不错！录音笔，就是录音笔。书萍还说，要是万一遇到危险，她会首先打开录音笔，将它藏好，用它来录下现场的声音。"

"是吗？"何钊连忙起身，对赵忆兰说，"我们赶快回绿地公司，去寻找那支录音笔！"

五

他们刚一回到绿地公司，王斌就找来了。他告诉何钊说："昨天你们走后，我想起了一件事。那天，白书萍来财务科找我，她刚一走，科长就过来问我,白书萍找我干什么。"

"你是怎么回答的?"何钊问。

"我撒了一个谎,说是她家里经济困难,来向我打听是不是可以预借工资。"他说。

"这个谎撒得好。"何钊点头说。

"看来上头已经注意到了白书萍。这会不会与白书萍的死有关系?"

"不错!事情就是这样。不过,现在请你先帮我们一件事,想一想,公司里有什么地方可以秘密关人?"何钊说。

"秘密关人?"

"是的,秘密关人。你看,前天下午四点半左右,白书萍离开他们部门经理的办公室以后就失踪了。如果没有猜错的话,当时她一定是被凶手控制住了。从那时起到公司下班,再到她被关进冷库,这中间至少还有两三个小时,凶手必须先找一个秘密的地方把她藏起来。"何钊说。

"杂物间!"王斌叫道,"那里面堆放着清洁工具和一些乱七八糟的东西。每天上午,保洁员打扫完卫生以后,就不会有人再去那间房子了。"

"那还等什么,快去!"何钊说。

杂物间就在电梯间旁边,房间很小,里面堆满了扫帚、拖把、垃圾袋以及一些乱七八糟的东西。

他们一进去就仔细地搜寻起来。他们搜寻得很仔细,把每一个角落、每一样东西都翻过来仔细地看了看。但他们反反复复搜寻遍了整个房间,也没有找到那支录音笔。

"会不会是被凶手拿走了?"赵忆兰失望地说。

"不会,凶手并不知道有那么一支录音笔。王斌,你再想一想,除了这里以外,还有什么地方可以关人?"何钊说。

"档案室!那也是一个没人去的地方。只是那里的门一天到晚都锁着。"王斌说。

"就是那里。"何钊说,"凶手既然能打开冷库的门,也就一定能打开档案室。"

档案室远比杂物间大得多。室内有两排置物架,架上堆放着一捆捆的档案,另外还一字排开地摆放着几只保险柜。

一待管理人员打开室门,他们就进去仔细地搜寻起来。

搜着搜着，赵忆兰忽然兴奋地叫起来："在这里！"说着她伸手从一排置物架的底下摸出一支录音笔，把它交给了何钊。

何钊接过录音笔，一按开关，录音笔里立即响起一男一女两个人的对话声：

"你为什么要抓我？"
"因为你威胁到了公司的安全。"
"我会告你非法绑架，侵犯人权。"
"你以为你还能出去吗？"
"怎么，你要杀我？"
"你说呢？"
"你就不怕被公安抓去，判处死刑？"
"那就不劳你操心了，我会做得天衣无缝。比如说先给你服下几片安眠药，等你昏睡之后，再把你放进冷库去。那样，你就会在昏睡中毫无痛苦地死去。明天，人们发现你的尸体之后，也会认为是你擅自进入冷库，管理员在不知情的情况下把你锁在了冷库，属于意外的事故……"

"好！"何钊激动地一击掌，说，"立即对公司中层以上的干部进行录音，一一与这个录音进行声谱比对。"

两天以后，声谱比对结果出来了。凶手是一个名叫陶军的男人，公司的安保科长，总经理陶正华的亲信。

对陶军的审讯很顺利。在充足的证据面前他不得不低头认罪，交代了自己的作案过程。

那天下午，他在走廊上遇到白书萍，见四周无人，便走上前去说："白书萍，正有事要找你，请随我去经理办公室一趟。"但他并没有把白书萍带往经理办公室，而是把她关进了档案室……

"说说看，你为什么要杀白书萍？"何钊问。

"不是我要杀白书萍，是老总陶正华要我杀她。老总已经知道白书萍就是老会计谢子文的女儿。"

"这么说，八年前谢子文贪污五百万元巨款，畏罪自杀一案，确系冤案？"何钊说。

"那是当然,要不然,陶正华干吗要杀她?八年前陶正华还只是公司的副总,是他拿走了那五百万。他那总经理的位置,也是用那五百万活动来的……"他说。

失窃的名画

一

故事发生在二十一世纪一十年代。

仲春的一个夜晚，万籁俱寂。

在江州美术馆的监控室里，两名保安人员正全神贯注地凝视着面前一排排的荧光显示屏，监视着一个个展馆内的情况。忽然眼前一黑，室里的电灯熄了，面前那一排排显示屏里的图像也都消失了。

"怎么回事？小周，你快去看看！"其中的一人连忙开亮备用灯，对另一个人说。

"好的。"小周回答说。

小周去了一会儿，电灯就又亮了，那一排排显示屏里又显出了图像。

"老张，是保险丝断了。"小周随即走了回来说。

然而在这深夜里，许多电器都关了，每个展馆内也只留下少数几盏电灯，负荷很小，保险丝又怎么会烧断呢？一个念头蓦地在老张的脑中一闪：会不会是有人捣鬼？这么一想，他立即紧张起来，连忙紧盯着面前那一排荧光屏，一个图像一个图像地仔细审视起来。直到看完最后一个展馆的录像，没有发现一点异常的情况，这才放心地松了一口气，打开值班记录本，提笔在上面记下这一次停电事故："凌晨两点十五分，意外停电两三分钟，引起录像中断，事故原因为保险丝烧断。恢复录像后，未发现异常情况。"

上午，来接班的是他们的组长李晓飞与另一名保安。李晓飞看了记录，又询问了一下具体情况，觉得事有可疑，应该向上级汇报，便打电话报告了馆长。馆长老金也觉得事有可疑，便召开紧急电话会议，要各展厅的管理员将展厅内的展品及重要设备认真检查一遍，立即向他报告。

"报告！三展厅无异常情况。"管理员们的报告电话相继打来。

"五展厅无异常情况。"

"一展厅无异常……"

"馆长，馆长，我这里有一幅画好像有点不大对头……"在一片正常的汇报声音之后，忽然响起了二展厅管理员小莫急促的声音。

老金当机立断，立即通知保安组长与技术科的负责人一同前往第二展厅。

他们一进第二展厅，展厅的管理员小莫立即把他们带到展厅中央的一幅主展品面前，指点着那件展品说："最初我也没有注意。听了您的电话指示以后，我把展厅里的每一幅展品都仔细看了一遍，忽然觉得这幅画好像有什么地方有点儿不大对头，究竟哪儿不对头，我也说不清楚。"

他指的是该馆的主展品，郁子江的名画《晚秋》图。

郁子江是二十世纪三十年代我国著名的画家之一，早年曾与林风眠一起留学法国，留学时的一些画作就已经参加了巴黎的国际画展，与林风眠、刘海粟齐名。可惜他英年早逝，三十多岁就离开了人世，这才远不如林、刘二人出名，他留下的画作因而也少之又少，弥足珍贵。

那是一幅别具异国风情的风物油画：在暮色苍茫的原野上行驶着一辆四轮马车，马车背后是深秋季节里落叶的树、空旷的原野以及原野上空被寒风卷起的尘沙。那拉车的驽马昂着头，顶着迎面扑来的风沙，拼命地往前飞奔……

老金抬头把那幅油画仔细看了看，神色忽然大变，顿脚说道："赝品……"

"不错！是赝品。此画虽然临摹得很好，几乎可以乱真，但画技终究有限，你看这风中的飞叶、奔马的神态，还有这飞沙、这车轮……都缺少原画的风韵。"技术科的负责人老向点头说道。

"你们是说真画被人调包了？"小莫惊问。

"就是这样。"老金说。

事情重大，老金不敢耽误，立即拿出手机打电话向公安局刑侦科报案。

二

  由于案情重大,市公安局刑侦科的科长猎神何钊亲自出动,带领一组刑警迅速赶到现场。

  何钊到达后的第一件事,就是要助手赵忆兰把那幅《晚秋》图拍摄下来,标明尺寸,分别发送到机场、车站、码头以及各个高速公路的入口处,要他们协助搜查这幅名画。

  "现在的当务之急是防止这幅名画流出我市。"他说。

  "好的。"赵忆兰立即开始拍摄油画,丈量尺寸。

  "要他们特别注意检查那些高度与宽度超过这一尺寸的大型包装物。"何钊又说。

  "为什么只注意大型包装物?罪犯不可以把画从画框里取出来,加以折叠或是卷成筒吗?"赵忆兰问。

  "你忘了,那是油画。油画是不能折叠和卷筒的,否则就会使画面受损。那可是一幅价值连城的名画呀!窃贼又怎么会舍得将它弄坏呢?"

  "嗯,对!"赵忆兰猛然醒悟,立即按照何钊的指示去打电话发图片。

  何钊这才转过身来,开始带领其余的两名刑警进行现场勘查。他查得很仔细,连一片纸一个墙角都不放过。没有多久,勘查结果就出来了:

  1. 展厅的门锁完好无损,锁上锁旁均无指纹,看来窃贼是一名开锁高手,并且是戴着手套开锁作案的。

  2. 该厅的管理员一上班就做了清洁工作,拖洗了地板,没有留下窃贼的脚印。

  3. 调包的赝品挂在原画的位置上,尺寸完全一致。画上及画框的周边也未留下一个指纹。

  4. 在距展厅不远的一处院墙下,发现两点硬物搁地的印迹,像是窃贼架梯越墙出入之处……

何钊看着勘查结论，双眉紧蹙，弯成了一张弓。作案手法天衣无缝，现场未留下任何一点线索，看来他们是遇到一个作案的高手了。

"现在怎么办？"赵忆兰问。

"没有任何线索，看来我们只好回局里去翻阅那些窃贼们的旧档案了。"何钊苦笑一声说。

"您认为作案的是一名惯偷？"

"从种种迹象来看，应该是这样。只是还有一个疑点，一名惯偷又怎么会来美术馆盗窃名画呢？要知道，像这样的名画是无法在国内销赃的，这可有点不大像他们行窃的习惯。"

"也许，他们勾结上海外的某个盗窃集团了吧。"赵忆兰说。

"也只好做这样的猜想了。"何钊说。

三

回到局里以后，他们立即打开电脑，调出有关窃贼的库存资料，一份一份仔细查看起来。他们花费了两个多小时的时间，终于从众多的窃贼档案中筛选出了一份，确定为下一步的调查对象。此人名叫万胜利，现年三十八岁，是窃贼中的一名开锁高手，无论多么复杂的名锁，到他手里，都能打开。只是此人已戒偷多年，在一家机修厂从事正当的工作，是否会重操旧业，参与这次盗窃名画的活动呢？

何钊考虑再三，决定还是去会会这位开锁高手。

万胜利矮小瘦削，其貌不扬，颇有点神偷鼓上蚤的神态。他颇为疑惑地看着何钊说："我已经脱离那一行许多年了，对道上的人物和事情都不太清楚，不知两位要找我了解什么？"

"别紧张，我们只是来向你了解一些开锁的事。"何钊笑着解释说，"听说你是我市的开锁高手，无论多么复杂的锁，都能打开。"

"同志你高估我了。其实，那已是许多年以前的事了。现在，科学技术高度发达，制造出来的锁愈来愈复杂，愈来愈精密，能不能都打开，那就很难说了。"

"不会吧？我们今天来找你，还正是想请你去开一把新式的门锁呢。"何钊说。

"是丢了钥匙吗?"万胜利笑了,说,"现在开锁修锁的师傅到处都是,随便找一两个就是了,何必一定要找我?"

"找了。一连找了几位师傅,都打不开那锁。屋主又不想把锁给砸了,要知道,那可是一把高级的进口锁,咱江州的市场上还购买不到呢。"

"于是……"

"于是就有人向我们推荐你,说你是江州的第一高手。"

"是吗?好!我就随你们走一趟。我倒要看看那是一把怎样高级的锁。"万胜利被他说得高兴起来,对那把难开的锁产生了兴趣。

何钊立即将他带到美术馆第二展厅的门前,指着门上的暗锁说:"就是这把锁。"

万胜利弯腰仔细看了看门锁,说:"不错,是一把进口锁。"说毕随即打开工具箱,拿出一副听诊器戴在耳上,把听诊器的探头紧贴在锁眼的上方,然后又拿出两支似探针一般的工具,伸进锁眼,开始细心地一边倾听一边拨弄起来。

何钊点点头,确定对方确实是这一行的高手。

万胜利不停地拨弄着,拨弄着,一直拨弄了许久,也没能把锁打开,而汗珠却开始一颗一颗地从他的额上冒了出来。

时间一点点地过去。何钊看看表,已经快半个小时了。看来,这位开锁高手也无能为力了。

正当何钊以为他已经无能为力,开不了这把门锁时,门锁却"咔"的一声打开了。

万胜利伸手揩一揩额上的汗珠,兴奋地说:"终于打开了!"

"但也花了你不少时间。"

"这锁的结构很复杂,以前没有开过,这是第一次。以后开就容易了。"

"说真的,除了你以外,江州还有人能开这种锁吗?"

"应该没有了。"万胜利想了想说。

送走万胜利以后,何钊叹了口气,说:"看来,他并不是我们要找的那个人。"

"现在我们应该怎么办?"赵忆兰问。

"去字画市场,找那幅《晚秋》假画的作者。能把一幅名画临摹得这样好，达到可以乱真的程度，这样的画家应该不会很多。"何钊说。

四

江州的字画店大多集中在南山路一带。在那长达两三里路的街道上，布满了大大小小的画店与画廊。

何钊他们没花多少时间，就打听到了两位专门临摹名画出售的画家。第一位名叫郑海，四十多岁，自己开了一间小店，店里摆放了一些欧洲文艺复兴时期经典名画的仿制品。

何钊看看那些临摹的画作，发觉临摹得还不错，有一定的绘画功底，不觉好奇地问："郑老师，你的画技不错，为什么不自己画画，而要去一直临摹人家的作品呢？"

郑海叹了一口气，说："当今世界，学画的人多如牛毛，我这种水平的人，成千上万，我自己的画根本就卖不出去。"

"那么，你临摹的这些画好卖吗？"何钊又问。

"当然。有许多人只是买一两幅画去装饰一下新屋，提高一点文化氛围，并不在乎它的真假。"

"那么，你平常都临摹一些什么画？"

"你这不是都看到了吗？主要是临摹一些欧洲名画家的宗教人物画，这些画最受欢迎。"

"不知你临摹过我国二十世纪初名画家郁子江的画没有？他有一幅《晚秋》图，非常有名。"

"你说的那幅画我知道。但不是凡名画就有人买的。他的那幅《晚秋》色彩阴暗，有一种萧瑟冷寂的气氛，不为一般人喜爱，我临摹它干吗？"

"那么，是否曾经有过一个有特殊爱好的人，请你临摹过它呢？"何钊最后问道。

"没有，绝对没有。"他斩钉截铁地回答说。

另一位专搞临摹的画家叫成仿雨，比郑海年轻一些。他没有自己的画室，住在租来的一间房间里，起居工作都在这间房里。何钊他们去的时候，他正在临摹一幅简单的风景画。何钊看看他画完的一些临摹作品,都是一些小尺寸的构图比较简单的风物画,便说:"你临摹的都是这些简单的风物画吗?"

"也画一些简单的白鸽、兔子、仙鹤一类的动物,要看画商需要一些什么画。他们拿什么画样来,我就临摹什么。"他回答说。

"成天重复地画着这种画,你不觉得厌烦吗?"何钊又问。

"有什么办法呢?"他无奈地一笑,说,"不过,他们每张画给八十元。像这样的画,我一天可以画上三四张,收入也还算可以的了。"

"那么,你临摹过郁子江的《晚秋》图吗?"

"郁子江的《晚秋》图?郁子江我知道,二十世纪初我国著名的油画家,他的《晚秋》图却没有印象,也许看过,但不记得了。"

"你一定看过,它就陈列在我市的美术馆里,画的是一辆迎着狂风奔驰的马车……"

"哦,对!我记起来了。那拉车的驽马昂着头,顶着迎面扑来的风沙,拼命地往前飞奔……那气势真让人感动。不过,并没有人要我临摹过那幅画,就是有人要我临摹,那么复杂的一幅画,我也临摹不了。"他说。

从画市回来以后,何钊沉思了许久,摇头说:"看来我们得改变一下思路,从美术馆的内部入手了。"

"你是说窃贼有可能是美术馆内部的人?"赵忆兰说。

"外部调查的两条线索都断了,也只有从这方面去考虑了。你看,这两天调查的结果告诉我们,展室的那把门锁不是窃贼中的开锁高手打开的,而有可能是用一把配制的钥匙打开的;至于临摹那一张足以乱真的《晚秋》图,也不一定局限于美术馆以外的画家。"

"可是院墙底下的那两个印迹,却清楚地告诉我们,窃贼是从那里架梯翻墙进来的呀。"

"如果那是窃贼故意布下的一个疑阵呢?"

"你是说,这两天我们是中了窃贼故意布下的声东击西的疑兵计?"

"应该是这样。"

"那我们下一步应该怎么办?"赵忆兰问。

"没有别的线索,你先去一趟文化局,查阅一下美术馆所有成员的档案,看看能不能有什么发现。"何钊说。

五

第二天上午,赵忆兰就拿来一份名单,向何钊汇报说:"美术馆有四十多名工作人员,除了会计和几名保安人员以外,几乎人人都会绘画。"

"这可是一个庞大的人群。"何钊笑着说。

"不过,从事油画创作的画家只有十二人。我对这十二个人一一做了比较,从中筛选出了四个人,他们都是四十多岁,事业无成,而家境比较困难的人,最有作案的可能。我想对他们做一次检查,看一看他们的绘画作品。"

"你以为窃贼会把偷来的那幅画放在他的绘画之中吗?"何钊说。

"那就将美术馆所有的存画都查看一遍,那幅画一定还在美术馆内,没有弄出去。"赵忆兰说。

"万一仍然查不到呢?"何钊想了一下,毅然地说,"我看还是不要打草惊蛇了。刚才我翻阅了一下美术馆的工作安排,两周后,他们会运送一批字画去香港参加一个大型国际画展。我想,郁子江的那幅《晚秋》图,届时一定会掺夹在那批字画内。"

"不会吧?把一幅经典名画掺夹在那一些普通的字画里,一眼就能看出来。"赵忆兰怀疑地说。

"窃贼当然会做一些伪装与掩饰,让海关人员辨认不出来。"何钊说。

"让海关的人辨认不出来,能有这样的伪装技术吗?"

"你可知道,在十八世纪六十年代,欧洲曾经爆发过一场严重的经济危机,物资非常匮乏。有一些画家因为购买不起昂贵的画布,便把年青时期画得不成功的一些画拿出来当作画布,在上面重新绘画新画。据说凡·高和米勒也这样做过……"

"像凡·高和米勒这样的大师,也会有买不起画布的时候?"赵忆兰怀疑地说。

"是的。你先听我给你讲一个故事。"何钊说。于是,他便津津乐道地向赵忆兰讲叙了下面这个故事:

公元一八四八年，法国现实主义画家米勒完成了他的名作《被囚于巴比伦的犹太人》。画作一问世，立即轰动了西方画坛。不久，他的这幅画便与达·芬奇、拉斐尔等人的画作一起在巴黎展出，随后又辗转送往好几个国家轮流展出，最后被美国波士顿美术博物馆收藏。

谁知五十年后，把米勒的这一幅画拿出来观赏时，发现原画已经失踪，变成了米勒的另一幅画《牧羊图》。米勒的《被囚于巴比伦的犹太人》的原画系存放在一个坚固的大铁箱里，铁箱有三道密码锁，密码分别由三名保管员掌握。铁箱又是存放在一间坚固的地下室里，地下室又有三道铁门，每一道门又都有三把锁，钥匙分别由三个人掌握。窃贼又是怎样进入地下室打开铁箱的呢？再说，偷盗走米勒的一幅画，却又换上了他的另一幅画，窃贼又为什么要这么做呢？破案的警察花费了许多时日，仍然弄不明白究竟是怎么一回事。

一九七五年，莎菲亚女士出任波士顿美术博物馆馆长，为纪念美术大师米勒逝世一百周年，便把这幅《牧羊图》拿了出来，与大师的其他一些画作一起进行展览。有一天，莎菲亚十四岁的女儿来找母亲。见母亲正忙，便独自一人在展厅里看起画来。她看着看着，忽然吓得惊呼一声，跌倒在地，晕了过去。醒来之后，她告诉母亲说，她在那幅《牧羊图》上看到了一个血腥的画面，画面上不但有血淋淋的人的手足，还有被砍下来的头颅……莎菲亚听后一惊，女儿描叙的不正是《被囚于巴比伦的犹太人》一画的画面吗？此画已经失踪将近百年，自己也从未对女儿谈起过此画，她又怎么会描述得出它的画面呢？

怀着这一疑问，莎菲业开始注意那一幅《牧羊图》。经过一连许多天的观察，她终于在一个阴雨天看到了女儿看到过的画面。那一天，她正在那幅画旁边与一位馆员谈话，谈罢一回头，忽然发现那幅《牧羊图》里的牧人和羊群都消失了，取而代之的是血淋淋的人手人脚，还有被砍下来的头颅……

后来，博物馆请来几位专家，用高科技手段对这一幅画进行检测，探讨研究。但他们检测来检测去，研究来研究去，始终也没有一个确切的结论。只有一点是专家们的共识，那就是不知出于何种原因，米勒的《被囚于巴比伦的犹太人》并不是画在空白的画布上，而是画在他早年创作的《牧羊图》一画的画面上的。至于前者的油彩何以会褪尽颜色，只显露出画底的《牧羊图》？又何以会偶尔复原，显出原貌？这一切的一切都不得而知。"

"你是说窃贼也可以把那幅《晚秋》当作画布，在上面画一幅新画？"赵忆兰说。

"正是这样。"何钊回答。

"那么，后来，波士顿博物馆把米勒的那两幅画切分开来了吗？"赵忆兰又问。

"没有，当时还没有这样的切割技术。再说，那是一幅价值连城的世界名画，就是有这种技术，也没有谁敢冒险把它拿去进行切割。"

"如果不能切分，恢复原画的面貌，这样做，那幅《晚秋》不也就毁了吗？窃贼把它偷去又有什么意义呢？"赵忆兰说。

"当然，他在这样做之前，还得先想好下一步，如何去掉新画上去的那一层油彩，恢复原画的本来面貌。"何钊说。

何钊估计得不错，两周以后，机场的海关就打电话来通知何钊说："喂！何钊，美术馆的那一批字画已经报关申请出口，运往香港。"

"有长一米二，宽八十公分的油画吗？"何钊问。

"这一规格的油画最多，有十几幅，但都没有你说的那幅《晚秋》图。"对方说。

"没关系。你先把那十几幅油画都扣下来，我们马上就到。"何钊说。

何钊与赵忆兰很快就驾车赶到了海关。他要人把那十几幅油画都从画框里取出来，一张一张仔细地查看着。看了几遍之后，他抽出一幅题名为《绿野》的油画，问美术馆负责运送字画的负责人："这幅油画是谁的？"

"是我们馆里一位叫刘艺星的馆员的作品。"负责人老向回答说。

"你知道他这幅画是哪一天交上来的吗？"何钊又问。

"是前几天才交上来的。"老向说完又补充了一句，"不过，在半个月以前他就把这幅画交上来过，院长看后提了一点意见，要他拿回去做一点修改。这是他修改后第二次交上来的。怎么，这画有问题吗？"

"一会儿你就知道。"何钊说着拿出手机给局里打了一个电话，要他们立即派人去把刘艺星带来。

一个小时后，刘艺星被带来了。

这是一个三十多岁，高大瘦削，精明能干的年轻人。

失窃的名画

"这幅油画是你画的吗？"何钊问他。

"是的。"他平静地回答说。

"你能告诉我，画这幅画时为什么不用新画布，而用了一块旧画布吗？"

"这个吗？原因很简单。当时画室里的画布恰好用完了，我见画室的角落里有一幅遗弃无用的废画，就把它拿来做画布了。"

"该不会是那一幅失窃的《晚秋》图吧？"何钊笑着说。

"请别开玩笑！当然不是。你以为我会愚蠢到把一幅名画偷来，又把它毁掉吗？"刘艺星生气地说。

"好吧！我带你去一个地方，一会儿就见分晓了。"

何钊说毕就将他的人与画一起带往市物理研究所。

在物理研究所，著名的物理学家黄宾教授在他的实验室里热情地接待了他们。他把那幅《绿野》从画框里取出来，放进一个透视镜框内，打开光源仔细地看了一会儿，对何钊点头说："不错，这幅画的底下还另有一幅画。你们看，这两幅画的叠影非常清楚。底下的那一幅画，很像是你所说的《晚秋》图。"

"不！那不可能。我已经说过，这幅《绿野》画是画在一幅旧画上的，尽管画面有一点相似，但绝对不会是那幅《晚秋》图。"刘艺星说道。

"那么，教授，您能把这两幅画切分开来吗？"何钊问。

"这两幅画的油彩的厚度还不足一毫米，想要把它们丝毫无损地切分开来，这在以前是根本不可能的。但现代技术的高度发展，使许多本来不可能的事变成了可能，纳米技术的问世，就解决了这一难题。"教授说。

"是吗？那就把它们切分开来看看。"何钊说。

"不，不！我这幅画还要送到香港去参展，决不能损坏！"刘艺星急了，大声争道。

黄宾教授笑了，说："你也许还不知道纳米技术的神奇吧？不错，这两幅画的油彩厚度还不足一毫米，用常规的方法是无法把它们切分开来的。但纳米技术不同，一微米是千分之一毫米，一纳米又是千分之一微米，也就是说一纳米只相当于一根头发丝的十万分之一。你说，使用这样的技术，还不能够把它们毫发无损地切分开来吗？"

他说着打开一台纳米切割机，把那幅画放了进去。他先细心地往画面上喷一层胶水，再把一张塑料薄膜覆盖在画上。

"一旦切分开来，上面这一幅画的油彩没有依托，就会分散开裂，所以先要把它黏附在一张塑料薄膜上。"教授一边工作一边解释。接着他就盖上机盖，开动了机器。

过了好一会儿，待机器停止工作，教授才打开机盖，小心地揭下那张薄膜，于是在他们的眼前便展现出两幅完整无损的油画，一幅是正的，一幅是反的。正面的那一幅赫然就是郁子江的《晚秋》图。

"现在，你还有什么好说的？"何钊问道。

"……"刘艺星张口结舌，无言以对。

"其实，你早就知道，使用纳米技术可以把它们切分开来。"何钊又说。

在事实的面前，刘艺星只好低头认罪。

原来，上个月，他的一位远房亲戚前来找他，说是国外有一位老板，愿意出五百万美元的高价购买郁子江的《晚秋》图。他听后怦然心动，一连许多晚上都无法入睡，最后终于经受不住金钱的诱惑，精心策划，制定了这个巧妙的盗窃计划。原以为用一幅赝品偷梁换柱地取代了原画，就不会引人注意。谁知这一骗局当天就被馆里识破，并且请来了何钊这位无案不破的猎神。

百密一疏

一

江州的三月,莺飞草长,鸟语花香。

这天上午,何钊刚上班,就接到西山区报案的电话:"喂!猎神,山口湾的一幢别墅里发生了一起命案,请你们赶快来!"

"好的,我们就来。"何钊挂掉电话,立即要助手赵忆兰准备好工具,前往现场。

山口湾地处市郊,距离较远,何钊驾着警车一路风驰电掣,也用了半个多小时才赶到现场。

那是一幢私人建造的二层楼房,房内宽阔明亮,布置优雅。命案就发生在楼下的客厅里。

"死者名叫关大庆,四十岁,是华源贸易公司的副经理。关大庆父母双亡,夫妻离异,单独 人与一名保姆住在这里。昨天他的保姆请假回乡下给母亲过生日去了,是今天回来发现主人被杀而报的案。"片警小钱一见何钊立即向他汇报说。

何钊点点头,立即组织大家进行尸检和现场勘测。

没有多久,尸检与勘测结果都出来了。

勘测报告:一、室内凳倒椅翻,一片狼藉,像是发生过一场打斗。二、每个房间都被翻搜过,抽屉、柜门大开,贵重财物尽失。三、案后现场被清理过,凶手没有留下任何印迹。

尸检报告:一、死者后脑有一伤痕,为硬物打击所致,但不是致命伤。二、死者手脚被捆,口内塞了一块毛巾,估计是打昏后被捆。三、死者颈部有指痕,系被掐窒息而死,死亡时间为昨夜八时左右。

赵忆兰看了报告以后，猜测说："老师，这应该是一个盗窃杀人案吧？盗贼入室之后被死者发现，于是发生了一场打斗。结果是死者不敌，被盗贼打昏。盗贼打昏死者后，怕他醒来反击或呼叫，便把他捆了起来，用毛巾塞住他的嘴巴……"

何钊笑了，摇头说："既是打斗，身上必定会有不少伤痕，为什么死者身上只有后脑一处伤痕，别的地方连一丝轻微的擦伤都没有？再说，晚上八点也不是一个入室偷盗的好时间，有哪一个盗贼会在人们都还未入睡的时候入室偷盗呢？另外，盗贼既然已经将死者打昏，并将其捆绑起来，就尽可以放心大胆地去盗窃，又为什么还要将他掐死呢？"

"那么，依老师的意见……"

"我想，这应该是熟人有预谋地作案。你想，晚上八点钟左右，如果不是熟人，死者又怎么会放他进去呢？也正因为是熟人，死者才会毫无防备，让凶手从后面一击成功，将他打昏。"

"这么说，这打斗的现场是凶手故意布置的？"

"当然是故意布置的。不过……"何钊沉思地说，"凶手也有可能是在寻找什么东西？要不然，他何必每一间房间都要翻遍？"

"那么，你认为凶手是在寻找什么呢？"

"当然不是钱财，现在，还有谁会从银行里取出大批现金来存放在家里？一定是什么极其贵重的东西。"

"那我们应该怎么办？"赵忆兰说。

"没有其他线索，还是得从调查死者周边的人群入手。我们先去一下他的公司吧！"何钊说。

二

死者所在的华源贸易公司，是一个员工不足百人的小公司。公司的经理吴云亲自接见了他们，告诉他们说："关大庆是一名出色的商业人才，他负责的外销工作成绩一向很好，他的死是我公司的一大损失。"

"那么，他的人际关系如何？有没有什么仇人，那种对他恨之入骨，必欲将他除之后快的仇人？"何钊问。

"他与公司里的员工相处得都还好，并没有得罪过什么人。"

"那么公司以外呢？他不是搞外销的吗，会不会是因为商业竞争……"

"那更不可能。"吴云笑了，说，"我们不过是一家代厂商销售产品的小公司，销售成绩主要取决于产品的质量与价格，当然与营销方法也有一定关系，但与别的贸易公司并不存在什么商业竞争。即使有竞争，对方仇恨的人首先也应该是我。"

"另外，你可知道关大庆家中有没有什么特别贵重的东西，那种价值连城，令人垂涎的珍宝或是文物？"何钊又问。

"从未听说过。这样吧！关大庆有一个未婚妻，两人恋爱已久，已经到了谈婚论嫁的程度。我建议你们去找一找她，我想，她一定会为你们提供更多的情况。"他说。

关大庆的未婚妻叫黄秋芸，一位三十多岁姿容俏丽的姑娘。她听到关大庆的死讯后十分震惊，说："好好的一个人，怎么说死就死了呢？"

"请节哀顺变！"何钊沉默了一会儿，等她的情绪平静了一点之后才说，"请你告诉我们，关大庆有什么仇人没有？那种有着刻骨仇恨，必欲将他除之而后快的仇人。"

"我不知道，应该没有吧。"她说。

"那么，他家中有没有什么珍贵的宝物，那种价值连城，令人垂涎的宝物？"何钊又问。

"我不知道，我真的不知道。"

"你们不是谈了两年恋爱吗，怎么什么也不知道？"

"不错，我们是谈了两年恋爱，但他隐藏得很深，很少谈他自己的事情。"

"那你还准备与他结婚？"

"我都已经三十二岁了，已是人们所说的剩女。你说，我还能有多少选择的余地？"

"对不起！我不该这样问，还请你原谅。"何钊深感自己的话问得欠妥，连忙向她道歉。

"没有关系。"姑娘倒不介意，淡淡一笑，换过话题说，"对了，你们不妨去问一问他的前妻。他们同居多年，并且还生了一个女儿，她对关大庆的了解一定比我多。"

"什么，你是说关大庆还有一个女儿？"何钊问。

"是的,一个五岁的女儿。离婚时,法院把女儿判给了他的前妻。"她说。

何钊忽然眼前一亮,看到了破案的曙光。是的,如果关大庆没有仇人,家中也没有什么价值连城的珍宝,那么关大庆死后的最大受益人就是他的前妻。

三

关大庆的前妻叫谭一萍,是一位三十八九岁,但仍然显得相当年轻的女人。她对何钊二人的来访,抱着明显不欢迎的态度。

"你知道关大庆死了吗?"何钊开门见山地说。

"听说了。他活该!"对关大庆的死,她表现得很冷淡。

"孩子呢?"何钊沉默了一下,换过话题说。

"放乡下她外婆家了。我一个人又要上班,又要做家务,带不了她。"她的态度终于好转了一些。

"你知道关大庆有什么仇人吗?那种必欲将他除之后快的仇人?"

"没有。他那种人八面玲珑,从不得罪人,哪来的什么仇人。"

"那么,他有没有什么祖传的珍宝,那种令人垂涎价值连城的珍宝?"何钊又问。

"当然没有。"谭一萍笑了,说,"他一个从农村出来的穷学生,哪里会有什么价值连城的珍宝?"

"那么,你知道他有多少财产吗?"

"前年离婚时,分割财产,每人分了一百五十万。这两年他又赚了不少钱,应该有个三百万吧。"

"现在,这笔钱都将交付给你的女儿了。"

"这是她应该得到的。"

"但如果关大庆不死,并与黄秋芸结了婚,那你的女儿就只能有一半的继承权。再如果黄秋芸又给关大庆生儿育女,而关大庆又立下一个把遗产全部留给她的儿女的遗嘱,那么,你的女儿将一分钱也继承不到。"

"你这话是什么意思?"她听后一怔,连忙追问。

"不必紧张,我只不过是进行事理分析。"何钊说。

"你怀疑是我杀了关大庆?"

"至少,你有作案的动机。"

"请告诉我关大庆遇害的具体时间!"

"前天晚上八点钟左右。"

"谢天谢地!"她如释重负地舒了一口气,说,"前天晚上七点到九点,我与江大的钟文明教授在一起,我有不在现场的证明。"

"是吗?请问当时你们在哪里?又为什么会在一起?"何钊说。

"当然就是在这里,我的家里。前天我去文物市场买了一个清乾隆时期的青花瓷,特地请他来鉴定一下真伪。不信,你们可以去向他调查。"她说。

四

江大的钟文明教授五十多岁,是江州文物界的权威。他热情地欢迎何钊他们,告诉他们说:"不错!前天晚上七点到九点,我是与谭一萍在一起。她请我去为她鉴定一件清乾隆时期的青花瓷。"

"这时间是她定的吗?"何钊问。

"不,是我定的。是她事先打电话邀请我,我白天要上班,只有晚上有空闲。"他说。

"鉴定一件瓷器要化两个小时吗?"

"当然不要。其实我一眼就看出了那是一件赝品,是民国初年仿制的一件赝品,只不过向她解释花费了一点时间。接着她又挽留我,请我饮茶喝酒,向我请教一些文物知识。你知道,与一位年轻美丽的女士一起饮茶喝酒,谈论文物,是一件非常惬意的事情。"

"你们两人是一直在一起谈论文物吗?在这期间她有没有离开过?"何钊问。

"让我想一想。不错,她是离开过一次。那是在八点钟左右,冰箱里的啤酒喝完了,她说要出去买两瓶。我说,算了,不要去买了。她非要去,说是楼下就有一家便利店,几分钟就能回来。果然,没有多久她就提了两瓶啤酒回来了。"

"这'没有多久'是多久？"何钊追问说。

"我没有看表，最多不过十几分钟吧。"他说。

告别教授出来以后，何钊陷入了深深的沉思：从谭一萍家到案发现场，有半个多小时的车程，十多分钟是绝对不可能前去作案的。然而，除了谭一萍，究竟还有谁会去作案杀人呢？关大庆没有仇人，现场的迹象又表明作案者并非一般的盗贼，而是关大庆的一个熟人……而能从关大庆的死获得最大利益的又只有谭一萍一人，但现在，她却有着不在现场的充分证明……

"老师，她会不会是雇凶杀人？"赵忆兰建议说。

"不像。从现场的种种迹象来看，绝不像是一个职业杀手所为。你看，凶手与被害人很熟，能在夜间进入他的家中，偷偷一击将他打昏，打昏以后又将他的手脚捆绑起来，嘴里塞上毛巾……之后才将他掐死。"何钊分析说。

"是呀，凶手干吗不一下把他打死，而要这么麻烦地……"

"等等！"何钊忽然打断她的话，说，"你说凶手为什么要把他的手脚捆起来？难道仅仅是为了怕他醒来后呼叫或逃跑，而不是为了便于搬动吗？"

"你是说那里不是第一现场？"

"对！第一现场应该是在另一个地方，一个离谭一萍的家很近，她几分钟就能到达的地方，当然，这个地方还要既隐蔽，又便于藏匿人体和转移尸体……"

"轿车的后备厢！谭一萍没有购买小区停车场的车位，她的车子平时都停放在楼前。"赵忆兰叫道。

"对！就是后备厢。"何钊点头说。

五

两天以后，何钊获得批准，对谭一萍实施逮捕。审讯时，谭一萍的态度非常强硬，她大声叫嚷道："我抗议！在我的律师到达以前，我什么也不会说。"

"你可以不说话，但这无益于你的案子。我们已经掌握了充分的证据，完全可以进行零口供结案。"

何钊淡淡一笑，接着便直接分析起了她的案子："案发的当天，你先给江大的钟文明教授打了一个电话，与他相约，晚上七点钟去你家鉴定那件青花瓷器，接着你就在七点钟以前开车去关大庆家，实施你的罪恶计划。你先用一件硬器出其不意地将关大庆打昏，打昏后迅速用绳子捆住他的手脚，用毛巾塞住他的嘴巴，将他背出去，放进你轿车的后备厢里。当时，关大庆家门前的行人很少，那里没有监控录像，他家的女佣又恰好请假回家去了，这为你的行动提供了方便。接着，你就开车返回自己的家，等待教授的到来。"

谭一萍悠闲地坐着，若无其事地看着他。

"晚上七点钟，教授准时到达。在鉴定完那件青花瓷器以后，你又热情地挽留他喝茶饮酒，谈论文物。八点钟左右，你借口啤酒完了，出去买了两瓶。实际上你是下楼去你的轿车旁，打开后备厢，将厢里的关大庆掐死。然后带着事先准备好了的两瓶啤酒返回家里，继续与教授饮酒谈天。直到九点钟教授走了以后，你才又开车返回关大庆的家，把他的尸体从后备厢搬进客厅……"

谭一萍再也坐不住了，她猛地站起来，大声咆哮："你胡说！这都是你的主观臆断，你没有证据！"

"不错，事后你清洗了后备厢，没有留下一点痕迹。但你百密一疏，没有清洗厢盖，在后车盖的边缘上留下了一个擦痕，是你把关大庆放进后备厢，或是把他的尸体从后备厢里抱出来时蹭上的。我们在那上面提取到一丝纤维，通过化验，与关大庆裤腿上的棉线纤维一般无二，这一丝纤维成了你作案杀人的有力证据。"

谭一萍颓丧地一下跌坐在椅子里，脸色变得像纸一样白。

"告诉我，你为什么要杀他？难道就为了他的三百万吗？"何钊问。

"当然不是。"她说。

"那又是为什么？"

"因为我恨他。我与他是一个村子里的人，从小青梅竹马。他家里穷，是我中断了自己的学业，出去打工，挣钱供他读的大学。现在他却喜新厌旧，抛弃了我，要去和那个黄秋芸结婚……"

"请你再告诉我，你翻箱倒柜地搜遍了每一间房子，是在寻找什么？"

"遗嘱。关大庆曾威胁我,说他会立一份遗嘱,废除我女儿的继承权。我不能留下那一份遗嘱。"

"你没有找到吧?"何钊说。

"是的,他并没有立下什么遗嘱。"她回答说。

倩女迷踪

一

一个天高云淡，鸟语花香的大好日子。

上午，何钊走进办公室，刚在自己的桌前坐下，助手赵忆兰就给他带来了两位靓女，向他介绍说："老师，这位叫刘燕，这位叫向文秀，都是我中学时的同学。她们的一位好友沈楠两个月前离奇地失踪了，特地来请求我们的帮助，帮助她们寻找一下沈楠。"

"失踪两个月了？"何钊沉吟了一下，把她们带到会客室，请她们坐下，要赵忆兰分别为她们倒了一杯水，待她们稍稍平静一下之后才说，"请你们详细谈一谈，究竟是怎么一回事？"

"事情是这样的。"刘燕开始激动地叙述起来，"我们和沈楠三人是大学同学，大学四年都是住的同一个寝室，毕业以后又一起来到江州，二个人合租一套公寓，相互之间无所不谈，亲密得如同姐妹一般。直到两年前我与文秀相继结婚，这才分开来，不再住在一起，但相互之间也还经常联系，感情亲密如初。"

刘燕二十八九岁，中等个子，身材苗条，眉清目秀，仪态端庄，是一位标准的美女。

"那么，沈楠呢，她为什么没有结婚？"何钊问。

"一直没有找到合适的对象呀。"刘燕回答说，"论条件，论长相，沈楠都不比别人差，也有不少人追求过她，只是她心高气傲，一个也不接受。"

"是呀，我们也为这事替她着急，帮她介绍过几个对象，但她一个也看不上眼。"向文秀也帮着说道。

她的年龄与刘燕相仿，身高与体型也差不多，但眉目之间却比刘燕多了几分秀气，尤其是那一双眸子，清澈明亮，宛如两泓秋水，顾盼之间，似有无限风情，有一种清丽脱俗的气质。

"那么，她的要求究竟有多高呢？"何钊不觉产生了兴趣，好奇地问。

"人要帅，生活要有情趣，家里还要有钱。分开来看也不算高，但合并到一起，却就难了。人哪有十全十美的？"刘燕说。

"是这样。"何钊点点头，换过话题说，"那么，现在请你说一说，她是怎么失踪的？"

"事情发生在八月十四号……"刘燕开始叙述说。

"等一等！八月十四号，这个日子你没有记错吗？"何钊打断她的话问。

"绝对不错。那是她打给我最后一个电话的日子。她打进电话的号码，我至今都还留在手机里。"刘燕说罢继续将之后的情况——道来。

那一天上午她忽然接到沈楠的一个告别电话。沈楠在电话里告诉她说："喂！刘燕，告诉你，我要到美国去了。"

"什么？你要去美国？去美国的哪里？干什么去？"刘燕听了一惊，连忙追问。在这之前，沈楠从来没有说起过要去美国的话。

"去美国的芝加哥，我与那里的一家叫 USP 的网络公司联系好了，想去那边发展，在江州实在没有发展前途。再说，换一个环境，也许还能找到我理想中的白马王子呢。"她说。

"那你什么时候走？我去送你。"刘燕说。

"不用送了。我今天就走，现在已经在机场，马上就要登机了……"她说。

"那你一路小心，到美国后，一定给我打电话！"刘燕一再交代说。

"会的，我一定会给你打电话。"她说。

然而她这一去之后，就再也没有了消息。

何钊听后点点头，转而问向文秀："你呢？她也给你打了电话吗？"

"是的，她也给我打了一个同样的电话。"向文秀回答说。

"直到最近，我们公司有一位同志出差去美国，我们一再托他抽空去一趟芝加哥，调查一下沈楠的情况。前几天那位同志回来了。他告诉我们说，他专程去了一趟芝加哥，请芝城的警察调查了一下，结果芝加哥并没有沈楠所说的那家公司,海关也没有沈楠入境的登记。我们这才知道沈楠失踪了。"

"去当地派出所报案了吗?"何钊又问。

"去报了。他们只简单地登记了一下,说这样的失踪案很多,他们无法一一立案调查,尤其此案还牵涉到外国,他们更是无法进行调查。"

刘燕回答了何钊的问题后,继续说道:"沈楠父母双亡,又没有兄弟姊妹,只有我们这两个朋友,我们不能不管。因此决定前来请求你们的帮助。请你们务必伸手帮帮我们,寻找到沈楠,决不能让她这么不明不白地消失了。"

何钊听后想了一下,说:"按理说,这样的案子我们也不能受理。不过,你们既然是赵忆兰的同学,我们这几天又恰好没有什么重大的案子要处理,就让赵忆兰抽出几天时间帮你们去调查调查吧。"

二

送走两位靓女以后,赵忆兰问何钊说:"老师,我们应该怎样去着手调查?"

"你先去一趟机场,查阅一下八月十四号开往美国的所有航班的旅客登记表,看看沈楠是否去了美国。如果没有去美国,就再查一查她登上了哪一班客机,去到了哪里。"何钊说。

"好的,我这就去机场。"赵忆兰说。

下午,赵忆兰就从机场回来了。她向何钊汇报说:"八月十四号飞往美国的几班客机的旅客名单里,都找不到沈楠的名字。后来我只好一个航班一个航班地查,终于在一班飞往首尔的客机的旅客名单里找到了沈楠的名字,原来她去了韩国。"

"好。接下来你就应该与韩国的警方联系,请他们协助查找沈楠到达韩国后的去向了。"何钊说。

"可是,与韩国的警方又怎么联系呢?那可不是在国内呀。"

"你忘了,我们在首尔不是还有一位朋友吗?"

"你是说朴成久探长?"

"不错,就是朴成久。两年前朴成久曾经来过我们江州,请求我们协助侦破过一个案子。这点小忙，他应该是会帮的。"何钊说。

"对！我这就去与他联系。"赵忆兰高兴地说。

两天以后，朴成久发来回信，说："据查，沈楠已于八月十四日登记入境，但首尔各家旅馆与招待所都无她的入住登记。九月十五日又查到她的出境登记，是乘坐当天上午九时由首尔开往江州的航班出境的。在此期间，沈楠去了哪里，做了些什么，都一无所知。"

"她去韩国干什么？"何钊看着回信沉吟着，提出了一连串的疑问，"整整一个月，她又去了哪里？干了什么？返回江州之后，又为什么不见踪影？她又为什么要隐瞒住自己的行踪，不与亲友见面？"

"听说韩国的明星都做过整容手术，首尔的整容技术最有名……"赵忆兰说。

"你怀疑沈楠是去韩国做整容手术了？"何钊说。

"当然，这只是我的猜测。"

"好吧，你再与朴成久联系一下，请他派人去各家整容医院调查一下，看看沈楠是否去哪家医院整过容？如果真去整过容，还请他能把她整容前后的照片发一张过来。"何钊说。

"好的，我这就去联系。"赵忆兰说。

这一次朴成久很快就发来了回信，说："首尔的整容医院有几十家，且韩国法律规定，医院有为患者保护隐私的权利，这一方面的调查无法进行。"

"看来，韩国那边是指望不上了，我们得自己开始着手调查了。"何钊看着回信，点头说。

"然而，我们又该怎样着手进行调查呢？"赵忆兰问。

"去找你的老同学刘燕。我想，她一定还能提供一些有用的线索。"何钊说。

三

刘燕住在市郊一高级住宅区内的一幢小别墅里。院前院后鸟语花香，别墅之内更是布置得文雅别致，纤尘不染。看来小两口的日子过得还蛮不错。

刘燕在客厅里热情地接待了他们。简单地寒暄了两句之后,她就迫不及待地问:"调查有结果了吗?"

"我们已初步查明沈楠没有去美国,而是去了韩国的首尔。"何钊回答说。

"什么?去了韩国?"刘燕惊讶地说。

"是的,去了韩国首尔,在那儿待了整整一个月。至于她为什么要去韩国,去那里又做了些什么,就一无所知了。不知你是否能在这方面为我们提供一些线索?"何钊说。

"这我哪里知道。我还真不能为你们提供什么线索。"刘燕说。

"韩国的整容手术是最有名的。你说,她会不会是去那里整容了?"赵忆兰说。

"整容?那不可能吧!我们三人都是一米六二的身高,四十五公斤的体重,中国女人的标准身材。论相貌,向文秀第一,沈楠其次,我最差,但就是我也在一般的女人之上。我真看不出有什么必要去整容?"刘燕不以为然地说。

"你这里有沈楠的照片吗?"何钊问。

"有,有。"刘燕立即去找来几张沈楠的照片,把它们交给何钊,并且指点着照片对何钊说,"你看,这是她的全身照,这是她的正面照和侧面照,都很漂亮吧?"

何钊拿着照片仔细看了看,又把它们转交给赵忆兰,说:"不错,是很漂亮,完全不必去整容。但事情也往往会有出人意料的地方,也许她有什么特殊的需要,也许她想要更加美一些,做一个绝代佳人……"

何钊说到这里想了一想,忽然改变话题说:"那天你们到局里来报案,你的话多,向文秀的话少,她好像对寻找沈楠一事不太积极?"

"是的,她与沈楠曾经是情敌,有过一段感情纠纷。那天还是我拉着她一起去你们局里报案的。"刘燕说。

"哦,她们曾经是情敌,能详细说说吗?"何钊问。

"这事呀,还得从向文秀现在的丈夫宋宁说起。你知道江州的首富是谁吗?"

"知道,是宋学江。据说他拥有十几家企业,亿万家产。"

"不错,就是这个宋学江。宋宁是他唯一的儿子,亿万家产的继承人。但更为可贵的还是这个宋宁不仅一表人材,人长得帅,而且还勤奋好学,是清华大学毕业的高材生。因此,追求他的女人多如过江之鲫。"

刘燕开始详细地向他们叙述起来:"也是有幸,一个偶然的机会让我们同时认识了宋宁。认识之后,向文秀与沈楠竟都对宋宁一见钟情,开始了她们的追求,于是这一对好友便成为了情敌。而宋宁在两人之间的左右摇摆,迟迟不肯表态,又增添了她们之间的醋意。这一情况一直持续了两年,直到宋宁最后表态,正式向向文秀求婚,沈楠才停止她的追求,两人重归于好。但有了这一段经历,两人之间的感情就总有一点隔阂,再也无法恢复到原来那种亲密无间的程度了。"

"原来是这样。"何钊点头说。

告别刘燕回到局里,何钊要赵忆兰去找来最近的一些小报,开始一张一张地翻阅起来。他翻阅了许久,最后在几张报纸上画了一些线条,把它们交给赵忆兰说:"你抽空去这几个地方走一走,了解一下,看有没有最近从外地来的美女?记住,是那种非同一般、高雅超群、绝顶靓丽的美女,当然,身高还应该在一米六二左右。"

赵忆兰接过那几张报纸一看,他画线的都是一些富人们经常聚会活动的场所。她不觉问道:"你认为沈楠有可能在这些地方出现?"

"是的。"何钊点头分析说,"根据刘燕的叙述,沈楠应该是在爱情上受到挫折,寻找不到自己心目中的白马王子,而去整容的。那么,整容之后变得更加漂亮的她,该去哪里寻找她那个如同宋宁一般既有钱,又帅气,又有生活情趣的男人呢?总不会去一般的人群里,甚至于穷人堆里寻找吧?"

"不错,不错!我这就去。"赵忆兰说。

因为地方多,赵忆兰直到第二天下午才返回局里。她把一张名单交给何钊说:"最近来到江州的美女还真不少,但符合这几个条件的却只有三人,一个叫任美娜,一个叫王玲,还有一个叫谢春花。前两人都是一星期前来江州的,后一个则是这几天才出现的。"

"好!她们平时都是在哪里出现?我们先去见哪一位?"何钊说。

"先去见一见这个任美娜吧。她每天晚上都在皇都大舞厅出现,是一个舞迷。"赵忆兰说。

四

皇都大舞厅是江州最高级的一家舞厅,厅内布置豪华,座位舒适,当然价钱也不菲,一杯普通的龙井茶也要五十元。

他们去得早了一点,任美娜还没有到。何钊看看时间还早,便拿起茶杯,一口一口慢慢地喝起茶来。

何钊正在低头品茶,赵忆兰忽然低声说道:"看!她来了。"

何钊急忙抬头,果然看见一位二十七八岁的白衣女郎从门外进来,迈着轻盈的步子,径直向他们旁边的一张桌子走去。但见她身材修长,眉目清秀,穿一身洁白的连衣裙,愈显得端庄、美丽、光彩照人。她一直微笑着,从他们的桌旁经过时,有意无意地看了何钊一眼。这一眼,将明媚的春光留在了何钊的心里,使他情不自禁地想回过头去多看她一眼。

伴舞的音乐声奏响了。何钊刚想起身去邀请她跳舞,却被一位穿西装的帅哥抢先一步。直到第四轮音乐声响起,何钊才邀到姑娘,带她进入舞池。

何钊带着姑娘一边跳舞,一边问道:"姑娘是初次来江州吧?"

"是的。听说江州这个城市不错,就抽空过来看看。"她说。

"你应该来了有好几天了吧?"何钊又问。

"是的,来了有一个多星期了。"她说。

"那么,小姐对江州的印象如何呢?"

"也还不错吧!市容整齐,街道清洁,还有许多名胜古迹和观光旅游的地方。"

"那么,姑娘是否有意在这里定居下来呢?"

"这个嘛,"姑娘笑了,说,"这还得看我能不能在这里找到一份好工作,或者是……"

"或者是找到一位理想的夫婿?"何钊说。

"先生你真坏!"姑娘嗔道,但并没有生气。

跳完一轮舞回到桌旁,赵忆兰连忙问:"她是沈楠吗?"

"不是。"何钊回答说。

"你怎么知道?"赵忆兰问。

"她的牙齿修理过,并且有一颗假牙。而沈楠长着一口洁白整齐的好牙齿。"何钊回答说。

翌日上午,他们在东亭湖旁见到了名单上的第二名女子王玲。

东亭湖是江州市著名的景区之一。这是一座面积达数百亩的淡水湖,湖岸绿树成荫,游人如云;湖里碧波荡漾,水鸟成群;远处淡淡的一脉青山,更似水墨丹青一般把此情此景点缀得如仙如幻,更加富有诗情画意。

她穿着一件红色的秋装,凭栏而立地站立在湖岸上,映着湖光,衬着山色,是那么娇艳美丽。

何钊漫步走过去,在她身旁站住,说:"这里的风景真美!"

她回头看了何钊一眼,没有说话。

"姑娘是来江州旅游的吧?"何钊又说。

"是的。听朋友介绍说,江州的风景很美,便过来看看。"她又看了何钊一眼,终于回答说。

"那么,姑娘的亲眼所见呢?"

"我刚来几天,还有许多地方没有去,不好妄加评论。"

"如此,我建议你去一下东亭山,就是远处的那一道山脉。那里的景色比这里更美。"

"是吗?"她说。

"还有灵泉寺。那是江州有名的文化古迹,也值得一游。"何钊又说。

"谢谢!我会去的。"姑娘回头向他一笑,接着迈步离开。

姑娘刚一离开,赵忆兰立即走了过来,问:"她是沈楠吗?"

"不是。"何钊回答说。

"你怎么知道?"赵忆兰又问。

"她说话带一点潮州口音。潮州话属于闽南语系,很难学会。而沈楠却是浙江人。"何钊说。

下午,他们又去谢春花下榻的南方宾馆,拜访了名单上最后的这位姑娘。

谢春花俊俏秀丽、面如桃花、眸如秋水、唇如樱桃,姿容绝对不亚于前面两位姑娘。他们去时,姑娘正在伏案工作,桌上摆满了图案和资料。

她冷淡地向何钊与赵忆兰点点头,说:"不知二位找我有什么事?"

"听说姑娘是来江州投资的?"何钊说。

"你们是怎么知道的?"她问。

"是你的一位朋友介绍的。"

"不错,家父是准备来江州投资,要我先来做一些调查工作。"

"你的朋友还说,姑娘也许会对我们的公司感兴趣。"何钊又说。

"你们公司是干什么行业的?规模有多大?"

"我们公司是搞MMOG的。目前规模虽然不大,但是有发展前途。"

"MMOG?MMOG是干什么的?"她问。

"就是搞网络游戏的,简称网游。这是一个新兴的朝阳行业,有很大的发展空间……"何钊向她介绍说。

"好的,我知道了。"她却忽然打断何钊的话,说,"请回去把你们公司的资料以及对这个行业的介绍与分析,发一份给我。我们会认真研究考虑的。"

"好的,我们回去以后,就给你发一份。"何钊说。

从宾馆出来之后,赵忆兰问何钊:"她会是沈楠吗?"

"不是。"何钊说。

"你怎么知道?"赵忆兰又问。

"她问公司的行业,我故意说了MMOG这句英语,她竟然不知MMOG是什么意思。而沈楠是学设计的,又怎么会不懂得MMOG的意思呢?"何钊回答说。

五

案子侦查到这里,已是山穷水尽,无迹可寻了。

回到局里,何钊开始蹙额皱眉苦苦地思索起来:那个沈楠何以要远去韩国整容?又会把自己整成个什么样子?她回来以后,又为什么要避开亲友,搞一个失踪的游戏?她是要在实现自己的愿望,功成名就之后给大家一个惊喜?还是有着别的什么目的?难道说自己这两天的推测都错了，走了弯路……"

何钊想着想着，脑海中忽然一下涌现出刘燕叙述沈楠的事情时，说过的那几句话："人要帅，生活要有情趣，家里还要有钱。"

"向文秀与沈楠竟都对宋宁一见钟情，开始了她们的追求，于是这一对好友便成为了情敌……

"直到宋宁最后表态，正式向向文秀求婚，沈楠才停止她的追求，两人重归于好。"

何钊不觉两眼一亮，激动地敲击着桌子，说："也许，我们之前的推测都错了，沈楠之所以去韩国，仅仅是因为宋宁的缘故吧？"

"你是说沈楠对宋宁的爱没有变，仍然幻想着要把宋宁从向文秀的手中夺回来？但这有可能吗？"赵忆兰说。

"正因为没有可能，所以她才会剑走偏锋去韩国整容，把自己变成第二个向文秀……"何钊说。

"等等！你是说沈楠把自己变成了第二个向文秀，从而去取代向文秀？这未免太天方夜谭了吧！"赵忆兰说。

"一点也不天方夜谭。沈楠与向文秀身高体型相同，又都是鹅蛋脸，至于眼鼻口耳等部位的细微差别，现代的整容术是完全可以处理的。"

"可是，她们毕竟是多年的同学，亲密的朋友呀。"

"那又有什么？以前就有过孪生兄弟或孪生姐妹自相残杀的案例，更何况是同学、朋友。"

"那我们下一步应该怎么办？"赵忆兰问。

"围绕向文秀，去她周围的人群中进行调查询问，弄清楚她究竟是沈楠还是原来的向文秀？"何钊回答说。

六

第二天上午，何钊与赵忆兰早早就来到宋家门外，等到他们家的女佣出门去买菜，把她邀进一家茶馆里，对她进行了一些询问。

宋家的女佣姓张，是一位四十多岁的农村妇女，忠厚善良，也很健谈。她告诉他们：这家的女主人长得很美，心地也好，尊重下人，从来没有对他们说过一句重话。

"那么，最近一段时间，你可发现她有什么变化没有？"何钊问。

"变化？没有呀。她还是和从前一样爱看电视、爱逛街、爱穿素色衣裳、爱吃我做的清蒸鲈鱼……"张嫂说。

"张嫂，你再仔细想一想，在最近这一段时间里，她有没有什么与以前不同的地方，比如说话、行事以及对人的态度等。"何钊又说。

"对了！你这么一说，我倒是想起一件事来。大概是在半个多月以前吧，有一天，她穿了一件素花的旗袍出去，回来时却换了一件白色的连衣裙。也是我多了一句嘴，说：'夫人，你又买了一件新衣服呀？'她回答说：'是呀。张嫂，你看这件连衣裙好看吗？''好看！'我说，'可是，夫人，你穿出去的那件旗袍呢？'她说：'扔了。''什么，扔了？那么好的一件衣服，扔了怪可惜的。'我心疼地说。谁知她听后却把脸一板，冷冷地说：'旧的不去，新的不来。那么一件旧衣服，扔了有什么可惜的？'这话说得我心里难过了许久。以前，她从来没有这样对我说过话。"张嫂叙述说。

"嗯，这事是有一点儿与往常不同。但作为一位有着亿万家产的贵夫人，随便丢弃一件旧衣服，也无可非议，不足为奇。"何钊沉吟着说。

"同志，你们怀疑我们家夫人……"张嫂问。

"是的，我们怀疑她与某一件案子有关系，但也不一定。张嫂，我们今天的谈话，请你不要对任何人说。"何钊交代说。

"这我知道。"张嫂回答说。

他们接着又把宋宁邀出来，在一家咖啡店里与他进行了一场谈话。

宋宁三十多岁，英俊潇洒、风流倜傥，确如刘燕所说是一位难得的青年才俊。

"不知两位把我邀来，为了何事？"他在咖啡桌前坐下，彬彬有礼地说。

"想向你了解一件事，一件与某个案子有关连的事。不知你注意过没有，最近你的妻子有没有发生什么变化，一些与以前不同的变化？"何钊说。

"变化？你问的是哪一些方面的变化？"他问。

"当然是生活上的，比如思想、性格、兴趣、爱好……"何钊说。

"对不起！我白天事务繁忙，每天与她相处的时间也不多，实在没有注意到她有什么变化。先生如果知道一些什么关于我妻子的事，还请明言相告。"

"事情是这样的,"何钊无奈,只好把事情挑明,说,"我们有某种理由怀疑你现在的妻子不是原来的那一位,而是另外一个面貌与她完全一模一样的女人。"

"你不是开玩笑吧?"宋宁听后一怔,两眼盯视着何钊,怀疑地说。

"绝对不是开玩笑。"何钊严肃地回答说。

他接着把沈楠的失踪、他们的调查以及张嫂刚才的陈述,一一向他叙述了一遍,叙述完后又说:"当然,这其中有许多还只是我们的推测,还需要调查搜索证据,用事实来加以印证。因此,请你一定要好好回忆一下,看看在最近一段时间里,你的妻子有没有什么变化?"

"是这样……"宋宁的态度终于有了转变,他思索了一下,犹豫地说道,"在最近一段时间里,她的一切都如从前,没有什么变化。只是从上个月起,她忽然对购买衣服产生了兴趣,几乎每天都要去商场观看挑选衣服,买来的新衣服挂满了两个衣橱。"

"那么,那些旧衣服呢,她还穿不穿?"何钊问。

"我没有留意,好像都收起来了。"他说。

"好吧,今天的谈话就到此为止。如果你有什么新的发现,请随时与我们联系!"何钊说。

送走宋宁以后,何钊舒了一口气,说:"事情已经清楚了。半个多月前那一次,穿素花旗袍出去的和穿白色连衣裙回来的,并不是同一个人。前者是向文秀,后者则是经过整容后的沈楠。沈楠对向文秀的生活起居、兴趣爱好了如指掌,模仿得惟妙惟肖,不露一点痕迹。但她还是犯了一个错误,一个致命的错误,那就是没有改掉自己的洁癖,不穿别人穿过的衣服。"

"但爱买衣服,爱穿新衣,是一般女人的癖好,并不能作为我们的证据。"赵忆兰说。

"是的。所以我们还要去拜访一下向文秀的父母。"何钊说。

"你是想要他们父女做一个亲子鉴定?"赵忆兰说。

"是的,这是鉴别现在的这个向文秀是真是假的唯一办法。"何钊说。

七

向文秀的父母都是退休教师，待人非常热情。

简单地寒暄了几句之后，何钊就开门见山，单刀直入地说："今天前来拜访二位老师，是想问一问，在最近一段时间里，你们是否感到你们的女儿向文秀发生了什么变化？"

两位老人听了一怔。她父亲性急，立即反问说："变化？什么变化？"

她母亲稳重一些，想了一下，抬头说："要说变化嘛，倒还真有一点，那就是她以前回家回得很勤，每隔两三天就要回来一趟。最近却回来得很少了。"

"那么，她最后一次回家是什么时候？"何钊问。

"有一个多礼拜了吧？是与宋宁一起回来的。说是有事，吃过午饭就走了。"她说。

"那么，她那一次回来，面目表情，举止神态与以前相比，有什么不同没有？"何钊又问。

"能有什么不同呢？还不是老样子。"

"哦，是这样。"何钊点点头，又说，"我们今天来还有一件事，那就是想请向老师去与她做一个亲子鉴定。"

"什么？做亲子鉴定？"

"是呀，为什么要做亲子鉴定？"

这一次，两位老人一起发出了疑问。

"事情是这样的，"何钊困难地解释说，"我们有理由怀疑，现在在宋宁身旁的那个女人，并不是你们的女儿向文秀……"

"这不可能！"她父亲说。

"是呀，那孩子我们从小带大，身上哪一个地方我们不熟悉？虽说长大了，嫁人了，但她的模样我们闭着眼睛也能知道，又怎么会认不出是不是自己的女儿呢？"她母亲说。

何钊无奈，只好又把沈楠的失踪、他们的调查以及张嫂与宋宁的陈述都一一叙述了一遍，最后还加了一些分析，说明他们怀疑的理由。

这一次，两位老人都沉默不语了。

"现在，"何钊说，"现在就请向老师给我们一根您的头发，让我们去做一个亲子鉴定。"

"不，那没有用。"谁知她父亲却摇头回答说。

"为什么？"何钊一怔，连忙追问。

"因为她不是我们亲生的。"她父亲说。

"什么？她不是你们亲生的？"何钊又是一怔，怀疑自己是否听错了话。

"是的，她不是我们亲生的。"她母亲也点头证实说，"我们结婚多年都没有生育，后来就去孤儿院领养了一个女孩。这女孩就是文秀。"

"原来是这样。这事向文秀自己知道吗？"

"领养时孩子才几个月，当然不知道。领养后我们调动了一次工作，又搬迁了两次，现在知道这事的人已经少而又少了。"她说。

"是这样……"何钊忽然感到一阵惆怅，他所寄希望的这个亲子鉴定是无法进行了。

"老师，我们是否去他们家里搜查一下，看看能不能从她那些旧衣服里寻找到一两根以前遗留下来的毛发。"赵忆兰建议说。

"那不行。"何钊断然否定说，"他们家的那个女佣张嫂做事很勤快，换下的衣服都会拿去清洗，怎么会有毛发？退一步说，就算是找到了那么一两根毛发，你也无法确定是以前遗留的还是现在脱落的，如果是现在脱落的，你拿去与她现在的头发进行 DNA 比对，岂不是会帮了她一个大忙，认定她就是真正的向文秀？"

"对了！我忽然想起一件事。"她母亲忽然插嘴说，"文秀与宋宁定情的那一天，文秀曾经按照我们家乡的习俗，剪了一小绺头发装在一个锦囊里，送给宋宁当作定情之物。那个锦囊我想宋宁应该还留着。"

"太好了！我这就给宋宁打电话。"何钊说。但他拿出手机刚要拨号，想了一下，却又犹豫地放下手机，对她的父亲说："向老师，这个电话我看还是由您来打比较好。您的话，他容易接受一点。"

"好的。"她父亲点点头，拿起桌上的话筒，拨通了宋宁的电话。

"喂！"过了一会儿，话筒里响起了宋宁的声音。

"喂，宋宁啊，文秀送给你作为定情之物的那个小锦囊，还在吗？"她父亲说。

倩女迷踪　　117

"当然还在。爸爸,您问这个干什么?"

"事情是这样的,公安局的同志想做一个 DNA 鉴定,需要一根文秀的头发。你取一根锦囊里的头发,再取一根文秀现在的头发,明天给他们送去。好吗?"

"爸爸,这事我知道,公安局的同志也找我谈了。可是……爸爸,他们的想法也太荒唐了,说现在的文秀与以前的文秀不是同一个人。您相信吗?"

"不错,他们的想法是有一点荒唐,但也不是空穴来风,毫无根据。这样吧,我们还是来个姑妄言之,姑妄听之,支持他们去做个鉴定,把事情弄清楚,那样,我们自己也能安心一些。"

"好吧,我明天就给他们送去。"

"注意!取她现在的头发时要小心,千万不要惊动了她。"她父亲最后交代说。

"我知道的。"他说。

八

第二天上午,宋宁果然给何钊送来了两根头发。但在把头发交给何钊之前,他还是有点犹豫地问:"你们认为,真有必要做这个鉴定吗?"

"是的,只有这样才能弄清楚事情的真相。我想,你们也不会愿意老是揣着这个怀疑而寝食不安吧?"

"好吧。"宋宁终于下定决心把两根头发交给了何钊,但交后还是补充了一句,"希望鉴定的结果证明是你们误判,我身边的向文秀并没有变,仍然还是从前的那个向文秀。"

"我们也希望鉴定结果能如你所愿,证明是我们错了。"何钊回答说。

然而事实并不会因为人们的希望而改变。两天以后,赵忆兰从医院拿回 DNA 鉴定报告,从两根头发里提取到的 DNA 的匹配率为百分之三十七,不属于同一个人。

"好!"何钊兴奋地一拍手,说,"立即拘审沈楠。"

在充足的证据面前,沈楠只得低头认罪,交代了她的作案过程。

原来随着年龄的增长,她愈来愈为自己的婚姻担忧。眼看着就要奔三十了,像宋宁那样的理想男人是寻找不到了。降低标准嫁一个比自己大十几岁的阔佬,或是嫁一个面目丑陋,平庸无能的富二代吧,实在心有不甘。

那一天,她在电视里看到一对孪生姐妹同时爱上了一个男人,那男人最后选择了姐姐。就在姐姐要与那个男人结婚的前一天夜里,妹妹杀死了姐姐,第二天冒名顶替地去与那个男人结了婚……

沈楠看后怦然心动,一个罪恶的计划开始在心里形成。她立即辞掉工作,登上飞往韩国的飞机,拿着几张向文秀的照片住进了首尔一家最大的整容医院。

由于手术复杂,要分几次进行,她在医院里足足住了一个月。那一天,拆掉最后一层纱布之后,她对着镜子一照,自己也吓了一跳。镜子里赫然就是一个活脱脱的向文秀……

"于是你便返回江州,打电话把向文秀约出来,伺机杀害了她?"何钊说。

"不!我没有杀她。我与她毕竟是多年的同学,亲密的朋友,我怎么可能下得了手?再说,在这城市之中,处理尸体也是一个难题。"沈楠回答说。

"那么,你把向文秀弄到哪里去了?"

"我把她送进城郊的一所精神病医院里去了。"

"什么?你把她送进疯人院了?你这又是怎么做到的?"何钊问。

"那很容易,我给她服了一片能使人精神错乱的药。在精神病医院,我告诉他们说我俩是孪生姐妹,我是患者的姐姐。他们看看我俩的面貌,也就相信了。"她说。

何钊立即带人去那家精神病医院,果然在那里找到了向文秀。

两个月以后,向文秀的病被彻底医治好了,恢复了正常。但与此同时,沈楠却在监狱里发了疯,她整天傻笑着,嘴里不停地念叨:"我成功了,我成功了!我终于把这世界上最好的男人抢回来了……"

杀人于无形

一

这天上午,何钊一连接待了两位报案人。

第一位是一位三十多岁的女子,名叫胡秋华,是春来实业公司总经理胡春华的妹妹。她的姐姐今天刚刚患肝癌死去,但她却怀疑她的姐姐不是正常死亡,而是被人害死的。

"我姐姐一向身体很好,平时连个感冒咳嗽都没有,这次却忽然一下子得了肝癌,并且得病不到一个月就死了,实在叫人生疑。这里面一定有问题,有人为的原因。"她说。

"那么,你怀疑谁呢?"何钊问。

"我姐夫曾志刚。一定是他勾结医生,害死了我姐姐。"

"你有什么证据吗?"

"证据当然没有。"姑娘有些急了,说,"正因为没有证据,我才来请求你们帮助的呀。"

"别急别急。"何钊不觉笑了,说,"那你总得说说你这么怀疑的根据吧。"

"我姐夫曾志刚比我姐姐小八岁,是看上了姐姐的财产跟姐姐结婚的。结婚以后,姐姐虽然让他当上了公司的经理,但自己却一直仍然担任着总经理的职位,没有放权。姐姐说春来是她辛辛苦苦一手创建起来的,决不能把公司的生杀大权交给别人。曾志强表面上虽然对姐姐百依百顺,心里头却垂涎总经理的位置已久,巴不得我姐姐早一点死去,他好接收公司,担任总经理。"姑娘说。

"这可以算是一个动机。但肝癌这种疾病可不是他要你姐姐得就能得上的呀？"何钊又说。

"当今的科学技术这么发达，又有什么做不到的呢？帮帮我吧！去调查一下，只要查明了真相，即使最后的结果证明我的怀疑错了，我姐姐的死与他无关，我也可以安心了。"姑娘哀求说。

"好吧，"何钊沉默了良久，终于点头说，"我们抽空去医院一趟。不过你要做好心理准备，你姐姐很有可能是正常死亡。"

何钊刚送走姑娘，紧接着又来了一位报案人。这是一位四十多岁的男人，名叫田大山，是山阳实业公司的经理。他说："今天路经这里，忽然想起一件事，特地进来通报一下。"

何钊客气地请他坐下，说："什么事？请讲！"

"你相信这世上有不露声色，让人不知不觉地染上重病而死亡的事情吗？"

"你说的是武侠小说里的蛊术吧？那不过是一种成人的童话，哪里能够当真。"

"可是我却遇到了这么一件事。上个月，有一个女孩在路上拦住我，说她是杀手，问我愿不愿出十万元钱雇她去杀死我的竞争对手。"

"我当时以为她是在开玩笑，便说：'你怎样去杀她？用刀？用枪？还是制造车祸？可千万别牵连上了我。'"

"谁知她却从鼻子里哼了一声，说：'你看我像是舞刀弄枪的吗？告诉你，我有一种独家绝技，可以杀人于无形，叫人不知不觉地患病致死。'"

"我不觉笑了，说：'天呐，你还有这样的本领？'"

"'怎么，你不相信？这样吧，等她死了，我再来向你要酬金。'说罢竟扬长而去。"

"哦，竟有这样的事？"何钊不觉起了兴趣。

"当时我还以为这不过是一个玩笑，也没有把它放在心里。可万万没有想到的是，今天我忽然听到一个消息：我的竞争对手，那个胡春华竟然真的死了……"

"等等！你说的可是今天早上刚刚死去的春来公司的总经理胡春华？"何钊一怔，连忙追问。

"不错，就是她。我怀疑这里面有什么问题。"他说。

"当然有问题。这样吧，如果那个女孩再来找你，你就立即通知我

杀人于无形　　121

们。"何钊说。

送走田大山以后,何钊不觉笑着摇头说道:"今天可真是巧了,报案的人前脚刚走,举报人后脚就到了。此案的这个凶手现身得也太早了一点。"

"你不会真认为胡春华是为人所害,而害她的人就是那个女孩吧?"赵忆兰问。

"一切结论都应该在调查研究之后得出。我们还是先去一趟医院吧!"何钊回答说。

二

在医院里,胡春华的主治大夫热情地接待了他们,向他们介绍说:"胡春华是上个月底检查出肝癌而住院的。虽然我们用尽了各种治疗方法,但由于已经到了癌症晚期,癌细胞扩散到了全身,终于不治身亡。"

"那么,你们检查出她是怎么患上癌症的吗?"何钊问。

大夫奇怪地看了他一眼,说:"我们是医院,只负责检查病人所患的是什么疾病,以便对症治疗,并不检查疾病的起因。再说,医院也没有这种设备。"

何钊点点头,又问:"胡春华的尸体还在医院吗?"

"还在。应死者家属的要求,尸体还存放在医院的太平间里,没有送往火葬场。"

"好极了!请带我们去看一下尸体。我们要进行一下尸检。"何钊说着拿出手机,给检验科打了一个电话,要他们立即派人来医院进行尸检。

没有多久,法医汤平就带人来到了医院。经过了一个多小时的检验之后,汤平向何钊汇报说:"能让人致癌的药物有六六六、二甲基硝胺和黄曲霉素,三者之中,尤以后者最为严重。但在尸体内,这三种药物的成分都没有找到。"

"那么说,可以排除人为的因素了?"何钊说。

"也不一定。"汤平说,"我们虽然没有找到这三种药物的成分,却发现死者肝细胞的脂肪发生了病变,胆管与纤维组织都有所增生。这都是黄曲霉素中毒的并发症状。"

"你是说，死者极有可能是因为服用了黄曲霉素而引起的癌变？"

"是的。至于死者体内寻找不到黄曲霉素的成分，有可能是间隔的时间较长，被排泄出体外了。"

"好的，我懂了。"何钊说着又拿出手机，给山阳公司的田大山打了一个电话，"喂！那个女孩与你联系了没有？……什么，一直没有联系……看来是我们的行动惊动了她。……不要紧，待会儿我发几张相片给你看看，你一定能够把她认出来。"

"老师，你是说那个女孩就在这家医院里？"赵忆兰问。

"那是当然，要不然，她怎么能未卜先知，知道胡春华会死？"何钊说。

"那么，你说，她应该是医生、护士，还是其他的工作人员？"

"应该是护士吧！你去把这家医院所有护士的相片都调来，把它们发给田大山，要他辨认辨认。"何钊说。

"好的，我这就去办。"赵忆兰说。

没有多久，赵忆兰就回来了。她把一张照片交给何钊，说："田大山认出来了，就是这个叫李红梅的护士。"

三

李红梅很快就被叫来了。

这是一个二十五六岁，娇小瘦弱的姑娘，看外表很难相信她会涉嫌犯罪。

何钊冷冷地看了她一眼，说："知道我们为什么叫你来吗？杀手！"

姑娘一怔，惊慌地说："是田大山出卖了我？"

"田大山并不是你的同伙，他也没说要雇你去杀人，算不上是出卖。"何钊说。

"可是，那只不过是一个玩笑。"

"是玩笑吗？那胡春华怎么就突然病死了？"

"那胡春华是得癌病而死的呀。"

"不错，胡春华是得肝癌而死。但我们已经查明，她的肝癌是有人给她服用了一种毒药而引起的。"何钊说。

"什么，她还真是叫人害死的？"姑娘又是一怔。

"是的，这种毒药就是黄曲霉素。说说看，你是怎样给她服下这种毒药的？"

"不不不，"姑娘连忙辩解，"我只不过是从医生那里知道胡春华的癌病已到晚期，活不了多久了，便想试着利用这事去她的竞争对手那里骗一笔钱。我……我怎么会去害她。"

"真是这样的吗？"何钊两眼紧盯着她，追问道。

"当然是真的。我与她无冤无仇的，干吗要害她？再说，我又去哪里弄你说的那种毒药黄曲霉素？"

"好吧，我暂且相信你，胡春华不是你害死的。但你必须老实交代，像这种事情你做过几次，总共骗了多少钱？"何钊说。

"还能有几次？就这么一次。而且胡春华一死，你们就来了，我连钱都没有敢去向田大山要。"她低头沮丧地说。

李红梅走后，赵忆兰说："胡春华是得了肝癌以后住院的，在这之前，李红梅与她素不相识，也没有接触机会，那毒应该不是她下的。"

"不错！这是其一。"何钊点头说，"其二是黄曲霉素的毒性很强，超过五微克就能立即致死。因此，罪犯一定是连续几天，每天给胡春华服用不超过五微克，也就是极其微小的一粒黄曲霉素，这才造成她的慢性中毒，患上肝癌。你想想，有谁能做到这一点？"

"她的丈夫曾志刚。"

"不错！就是她的丈夫曾志刚。你去对曾志刚进行一些调查，看看能不能从他的身上找到一些线索？"何钊说。

"好的，我这就去。"赵忆兰说。

四

两天以后，赵忆兰带着调查结果回来了。她向何钊汇报说："曾志刚在公司里的口碑很好，几乎没有一个人不说他好话的。他的私生活也无可挑剔，没有情妇，也没有在外拈花惹草的历史。看来除了胡秋华所说的觊觎权力之外，找不到其他的什么动机。我打算明天再扩大一些范围，对他接触过的人进行进一步调查。"

"不用了。"何钊说，"黄曲霉素是一种极其稀少的毒药，市场上根本无法买到。"

"你是说从毒药的来源上入手？"

"不错。昨天我上网查了一下，全国只有两家公司有此药出售，一家是北京的首华仕科技发展公司，另一家是上海的一基实业公司。两家公司都有邮购、网购业务。"

"像这样的毒药也能销售，并且还能邮购、网购？"赵忆兰不觉有点奇怪了。

"是的，黄曲霉素虽然是剧毒药物，但在医学上却有抗菌、解痉利胆、拮抗维生素K、光敏作用，工业上还可用于在银团簇表面吸附的表面增强拉曼光谱。因此，是允许销售的。不过因为是毒药，销售的规定也很严，需要用到单位的证明和经手人的身份证复印件。"

"你是说去这两家公司调查一下，我市是否有人购买过此药，这人是谁？"

"对！就是这样。上海离我们近一些，你先去一趟上海的这家公司。"何钊说。

"好的，我这就去订车票。"赵忆兰说。

两天以后，赵忆兰回来了。她带回了一份快递单据的复印件，把它交给何钊说："一个月前，我市确实有人向他们邮购了一瓶黄曲霉素，是寄给市科院一个叫王希云的人的。这是快递单据。我下车后直接去了一趟市科院，发现那里的快递很多，都是放在快递柜里，由收件人自己去取，根本无法查找此人。不过，好在这单据上有一个收件人的手机号码，是移动的。"

"那还等什么，立即去移动查找这个手机的持有人。"何钊说。

在移动，他们很快就查到了手机的持有人，此人确实叫王希云，住在河西路一百二十八号三栋二〇一室。

他们在河西路一百二十八号三栋二〇一室找到的，是一个二十多岁游手好闲的混混。混混告诉他们说，这手机不是他的，是他用自己的身份证代替别人办理的。

"那是一个什么人？你为什么要代他去办理？"何钊问。

"那还用说，为了钱呗。"混混说。

杀人于无形 125

原来那一天他在市场上闲逛，遇到一个三十多岁穿西装的男人，问他想不想挣一笔钱。

"挣什么钱？"他问。

"用你的身份证去替我办理一部手机，我给你五百元钱。"那人说。

"为什么要用我的身份证，你自己没有身份证吗？"他说。

"当然有。"那人诡谲地一笑，说，"只不过这部手机是专用来与我的情妇通话的……怎么样，这笔钱你挣不挣？"

"挣，当然挣。"他说。

就这样，他用自己的身份证去移动替那人登记办理了一部手机。

"如果再遇到那人，你还能认识吗？"何钊问。

"能，当然能认识。"他说。

何钊便拿出一张曾志刚的照片，放在他的面前，说："你仔细看看，是不是此人？"

"不错，就是此人！"他说。

从混混家出来，何钊轻松地舒了一口气，说："案子真相大白，现在可以逮捕曾志刚了。"

"那个李红梅呢，对她怎么办？"赵忆兰问。

"随她去吧。通过这一次事情，她应该会接受教训，以后不再会去尝试犯罪活动了。"何钊说。

寻常小案

一

像人员失踪这样的寻常小案，公安局刑侦科是绝对不会立案侦查的。就是派出所，一般也是登个记，在网上发一则寻人启事而已；绝不会再花费时间去查寻。因为那往往是徒劳无益的事情，也许过了几天或是几个月之后，失踪者就会主动与家里联系……

然而，这一天，猎神何钊却一反常例地接受了一件失踪案，决定对它立案侦查。

这天上午，赵忆兰将一位二十八九岁的汉子带到何钊的桌旁，向他介绍说："这是我中学时的同学，华立广告公司的副总董志坚。他遇到了一个奇怪的失踪案想请求我们帮助。"

"失踪案？"何钊不觉皱了一下眉头，为自己的助手带来这么一件芝麻绿豆般的小案而感到不悦，但他很快就压抑下了这一情绪，打量了对方一眼，客气地请他坐下，说，"请说，是一个什么样的案子？"

董志坚迟疑了一下，这才叙述说："失踪的是我公司的首席设计师吴世民。由于吴世民是一位猫头鹰型的人物，习惯于夜间工作，常常一干就是一通宵，白天则闷头睡觉；因此，公司特许他在家中工作，无须每天来公司上班，只须按时将他设计出来的作品发送到公司就行。他也不负公司所托，总能按时送来作品，从不延误。然而，这一次他却接连延期几天，既不与公司联系，也没有将设计作品发来。我打电话去询问，接电话的却是他的妻子黄爱珍。他妻子说她丈夫工作了一个通宵，刚睡下，不便打扰。待他睡醒，她会通知他，要他立即与公司联系。但我等了两天，也未见他来联系。我于是又打了一个电话去询问，谁知这一次他的妻子却说他失踪了。我听后一惊，连忙赶到他家去详细询问。他的妻子说前天晚上小两口吵了一架，她丈夫一气之下就离家出走了……"

何钊听到这里笑了，说："夫妻吵架，负气出走，这种事情几乎每天都有，实在太平常。也许，过不了一两天，你的那位设计师就会自动回家。"

"不，不，事情并不是这么简单。"董志坚连忙辩解说，"因为急需这份设计，我由他妻子带领着去了他的工作室，打开他的电脑进行搜查，结果只寻找到这项设计的开头一部分，大部分还没有做。工作日期记录的是本月六号，离现在有一个多星期了。也就是说，在这一个多星期里，他根本就没有工作。这不是他的作风。"

"唔，这事是有一点蹊跷。不过，你还是去一趟当地的派出所吧，像这样的寻常小案，我们实在不能受理。"何钊说。

"不不不，派出所我已经去过了。他们根本不予重视，随便问几句，往本子上登记了一笔就完事了。"董志坚说。

"但这实在不属于我们的工作范围……"何钊为难地说。

"这我也知道，但你们若也撒手不管，这案子就永远查不清楚了。吴世民身在何处，是死是活也无从知道了……帮帮我们吧！我们公司的设计事小，但一个人的生命事大……"董志坚恳求说。

"老师，我们就帮助一下他们吧！你看，这吴世民的失踪也实在蹊跷。再说，这几天我们手头也没有什么案子，歇着也是歇着，不如就帮他们一下吧！"赵忆兰忽然插嘴劝自己的老帅说。

"一年到头案子不断，好不容易逮着个空当休息休息，你倒嫌歇得慌？"何钊不觉笑了，说罢他想了一下，终于点头应允说，"好吧！看在你的面子上，我们就抽空帮你这位老同学去查一查。但有一点要事先说明，这个案子实在太小，是不能正式立案的。"

"行！只要您能出手，怎么样都行。"董志坚兴奋地说。

送走董志坚以后，何钊笑着对赵忆兰说："这个案子是你揽来的，你说吧，我们该从哪里下手？"

"那还用说，当然是去找吴世民的妻子，弄清楚他失踪的过程。"赵忆兰回答说。

二

吴世民的家在东风路一个名叫风雅居的小区内,是一套位于八楼的三室一厅的住宅。室内布置优雅,纤尘不染。

吴世民的妻子叫黄爱珍,二十八岁,高挑瘦削,眉目清秀,是一家婚纱公司的摄影师。一待何钊说明来意,她立即两眼含泪,忧伤地叙述说:"怎么说呢?前天晚上,我和我男人吵了一架,吵后他竟一句话也不说地负气出走了,至今也没有回来。"

"寻找了吗?所有的亲戚朋友以及熟人那里……"何钊问。

"当然找了,所有的熟人那里都打电话去问了,谁也没有见到过他。"她说。

何钊点点头,又说:"能告诉我,你们是因为什么而争吵起来的吗?"

"其实也没有什么大事,只是两人都不愿服输,你一句我一句地愈吵愈凶……唉!我真没想到他竟会气得摔门而去,并且至今不归。要是知道,我就会让一步,服一个输,绝不会让他负气而去。"黄爱珍说。

"那么,你们吵架的事别人知道吗?我是说有没有人能证明?"

"证明?这夫妻吵架还要有证明吗?"她听后一怔,但随后就想了起来,迅速回答说,"对了!我们吵架的声音很大,左右邻居一定会听到,他们可以做证。"

何钊点点头,转身对赵忆兰说:"你去问一问左右邻居,看看他们前天晚上是否听到这里的吵架声?"

"好的。"赵忆兰说着就走了出去。

"还有一个问题想问问你,据你丈夫公司的副总说,交给你丈夫的那份设计只做了一小半,也就是说在这一个星期之内,你丈夫什么也没有做。你知道这是为什么吗?"待赵忆兰出去以后,何钊又问。

黄爱珍抬头惊讶地看了他一眼,说:"这我哪儿知道?我也是与他们的那个董总一起打开我丈夫的电脑后才知道的。"

"事前你丈夫他难道就没有一点暗示吗?"何钊追问说。

"对了。"黄爱珍想了一下,终于点头说,"不错,我想起来了,那

寻常小案　129

几天他曾经抱怨过,说他再也找不到灵感了。我想,这也许是他为什么没有完成设计,也是他的脾气为什么会变得如此暴躁的原因吧?"

"唔,原来是这样。"何钊点头说。

赵忆兰很快就回来了,她告诉何钊说:"左边邻居家无人。右边邻居家有一位老奶奶。老奶奶虽然六十多岁了,但却耳聪目明。她说前天晚上隔壁这家确实有人吵架,吵得还挺凶的。不过她又说,已经有好多天没见着这家的男人了,因此,前天晚上吵架的是不是他们夫妻俩,可就不好说了。"

"笑话!不是我们夫妻俩,难道还会有别人来我们家里吵架不成?"黄爱珍说。

"可是,她说已经有好几天没有见着你的男人了,这又是怎么一回事?"何钊问。

"这又有什么?你知道,我男人是一个夜猫子,习惯白天睡觉夜里工作,平常很少外出。有时工作累了,出去溜达溜达,调剂调剂精神,也都是在夜里。老奶奶见不着,也是常情。对了,一楼的厅堂里安装了摄像头,进出电梯都会留下录像。你们去管理处把录像拿来看看,不就清楚了。"她说。

"唔,不错,不错。赵忆兰,你立即去管理处把这几天,不,把这个月的录像都调来。"何钊说。

"好的,我这就去。"赵忆兰回答说。

没有多久,赵忆兰就拿着一盘录像带回来了。

何钊立即将录像输入电脑,开始一天一天仔细地查看起来。很快,他就从最近几天的录像里找到了几段吴世民的录像,最后一段是前天他走出电梯,向楼厅的出口走去的录像。在这之后,就再也没有见他回到楼厅走进电梯的录像了。何钊不觉叹了一口气,点头说:"不错,你男人确实是在前天,也就是本月十三号晚上九点多钟离家出走,从而失踪的。我们接受了他们公司的委托,会设法去帮你寻找。"

从吴世民家出来以后,赵忆兰问何钊:"老师,下一步我们应该怎么做?"

"你说呢?"何钊反问道。

"按照以往的做法,一是去机场、车站排查,看他是否已经出境,去了哪里?二是在全市的旅社、宾馆以及公寓进行排查,看看他是否入住了这些地方?"赵忆兰回答说。

"不错!我们就兵分两路,你负责去机场、车站排查;我回局里去发一个通知,要各派出所组织人力去下属所有的旅社和宾馆进行排查。明天到局里碰头。"何钊说。

三

由于排查的范围广,费时费力,直到第二天下午赵忆兰才赶回局里。她向何钊汇报说:"机场和铁路都实行了实名制,加上又有先进的智能设备,尽管航班和列车的班次很多,却也没有花费多少精力就都查清楚了。只是长途汽车比较麻烦。他们没有实行实名制,开往各地的车次又多,一天有几十班,要一辆一辆地仔细查看旅客登车时的录像,这可真把我给累坏了。"

"但你并没有被难倒。"何钊笑着说。

"那是当然!"她说。

"那么结果呢?他应该没有出境吧?"何钊说。

"被你说中了。哪一班航班、高铁、绿皮车以及长途汽车的旅客中都没有吴世民。他没有出境。"

"各派出所协查的结果也都发来了,全市两百多家旅社、宾馆和公寓也都没有吴世民入住的记录。"

"这么说,他竟在这个城市里蒸发了!"赵忆兰说。

"也还有三种可能,其一,他借宿在一个熟人的家里。这个熟人受他所托,在为他保密。"何钊说。

"这不可能。他既没有犯事,又没有欠债,干吗要鬼鬼祟祟地躲藏起来?"赵忆兰说。

"其二,他借宿在一个新结识的朋友家中。这个新朋友是一个他所有的亲友都不认识的陌生人。"何钊继续说道。

"这也不可能。当今的社会,又有谁会把一个陌生人留宿在家中?"赵忆兰说。

"其三,就是吴世民并没有离家出走,他仍然在自己的家中。"何钊最后说道。

"这更不可能。他那晚离家出走的录像我们都看过了。"赵忆兰说。

"录像嘛，也不能全信……来！我再给你看两组录像。"何钊说着把赵忆兰带到电脑前，指点着荧屏里的两组录像，说，"这是我从带回来的那盘录像带里选载下来的两组录像。第一组是一个多星期前吴世民的几段录像，第二组是这几天吴世民的三段录像。你仔细看看，它们有没有什么不同？"

赵忆兰仔细看了看录像，摇头说："看不出，有什么不同？"

"你仔细看看他们的衣着。"何钊说。

赵忆兰又仔细看了看，说："不错，是有些不同。第一组的几个录像都没有戴帽。第二组的三个录像却都戴了一顶鸭舌帽。"

"不错！帽子。问题就在这帽子上。"何钊点头说，"你看，现在还没有到戴帽子的季节，这几天天气也没有转冷，他怎么就戴起帽子来了？"

"难道是为了掩盖什么？"赵忆兰说。

"不错，就是为了掩盖什么。"何钊接着侃侃而谈地说了起来，"在你外出调查的这段时间里，我去黄爱珍的单位调阅了她的档案，发现她毕业于我省的某一所艺术学校，毕业后在我市的地方剧团工作了两年，任职服装保管员；后因剧团不景气，工资低，便离开剧团，跳槽到她现在的婚纱公司担任摄影师。

"你看，艺术学校、剧团、婚纱公司，这三者之中有一个共同的职业，或者说是共同的技术，那就是化妆。"

"化妆？"赵忆兰重复道。

"不错，化妆。"何钊继续说道，"黄爱珍耳濡目染，一定也学会了化妆，即便不够精通，也一定掌握了化妆的基本技巧，完全能把自己装扮成她丈夫的模样。只有一样，那就是她那女人的长发不好处理，所以要戴上一顶帽子，用帽子来遮盖住它。"

"那恐怕不行吧？"赵忆兰怀疑地说，"黄爱珍是一张瘦脸，她丈夫吴世民是一张圆脸，要把自己装扮成丈夫的模样，那得往脸颊上贴上多少面团或是塑胶？带着那么厚的两块假肉，别人一眼就看破了。"

"不错，带着那么两块假肉是骗不了别人的，但却可以骗过摄像机，更何况是那种较远距离的拍摄。影视剧里那些演洋人的演员，他们的高鼻子都是假的吧，但拍摄出来的影视剧里，却都像是真的一样。"

"就算黄爱珍她能装扮成丈夫的模样吧,但那天晚上他们夫妻俩的那一场吵架呢?那可是他们的左右邻居都听得清清楚楚的事呀。"

"不错,还有那一场吵架的事需要甄别一下。"何钊点头说,"你再去跑一趟风雅居,问一问他们家的邻居,一个星期前他们夫妻俩是否也吵过一次架,像这次一样,吵得挺凶的。"

"不用再跑一趟,我这里有他们邻居的电话号码。"赵忆兰说着拿出手机拨了一个号码,接着又打开了免提。

"喂!谁呀?"手机"嘟嘟嘟"地响了一阵之后,传来一个女人的声音。

"喂,您是吴世民家的邻居苏老奶奶吧?"赵忆兰连忙说道。

"我是。"

"我是公安局的小赵。苏奶奶,还有一件事情想要问问您。"

"啥事?你说。"

"就是一个星期前,你们邻居家的那一对夫妻有没有吵过一次架,就像这一次一样,吵得挺凶的?"

"不错,是有那么一回事。一个星期前,他们确实也吵过一次架,就像这一次一样,吵得挺凶的。"

"您还记得他们吵架的具体时间吗,是哪一天?"

"记得,是这个月六号的晚上。"

"您能确定是这个日子吗?请您再仔细想一想,可别把时间弄错了。"

"没错,就是六号。那一天正好我儿子中班倒早班,在家休息。我记得清清楚楚,绝对不会有错。"

"好的。苏奶奶,谢谢您了!"赵忆兰说着关了手机。

"现在事情已经很清楚了。"何钊点头说,"黄爱珍确实与她丈夫吵过一架,但不是这个星期的十三号,而是上个星期的六号。这一次的吵架声,不过是她配合表演而播放的一盒录音罢了。"

"这么说,吴世民的离家出走,也不是十三号,而是上个星期的六号?"

"那是当然。"

"那么,我们的机场、车站以及旅社、宾馆的排查全都无效,需要重新去排查一次?"

"你别性急嘛！先查阅一下这一盘录像，看看六号晚上他们吵架以后，吴世民是否真离家出走了？"何钊说。

"不错。"赵忆兰说着就打开电脑，重新审视起那一盘录像来。她仔细地反复看了几遍，最后叹了一口气，摇头说："六号晚上以及以后的几天里，都没有出现吴世民的录像。他并没有离家出走。"

"你是说，在这一个多星期里，吴世民并没有外出，一直都在家里？"何钊忙问。

"就是这样。"赵忆兰说。

"不好！"何钊一跺脚，急切地说，"我们得赶快去他们家搜查。"

四

黄爱珍对他们的再次造访颇感意外。她愣怔了一下，但随即就镇定了下来，说："有我丈夫的消息了吗？"

"暂时还没有。不过我们了解到一些新的情况，需要你协助，加以核实。"何钊说。

"什么情况？你说！"她问。

"据你们的邻居反映，一个星期前，你与你的丈夫也吵过一次架，与这一次一样，吵得挺凶的。"

"不错，是有这么一回事。"

"我们还发现，十二号你丈夫离家出走，从电梯里出来，走出楼厅的那一段录像，拍摄到的并不是他本人。"

"什么，不是他本人？你凭什么这么说？"黄爱珍怒了。

"因为在这个季节里，是没有人戴帽子的，除非有某种特殊的需要。你的丈夫也没有戴帽子的习惯。"何钊说。

"那又怎样？"她冷冷地说道。

"这种特殊的需要，就是掩盖住你那女人的长发。那个冒充你丈夫的人就是你。"何钊说道。

"你胡说！"黄爱珍终于忍耐不住地大声咆哮起来。

何钊冷冷地看了她一眼，说："事情难道不是这样的吗？不仅如此，我们还查明那天晚上根本就没有吵架，那只不过是你配合你的演出而播放的一盒录音。"

黄爱珍的脸色一下子变得煞白。她低头沉默了一会儿,终于点头承认说:"是的,你说得不错。我丈夫并不是前几天失踪的,而是在一个星期前就失踪了……"

"那么,说说看,你为什么要这样做?"

"因为在这之前,他也曾有过几次负气出走的事,但隔不了一两天,最多三四天,他就会自动返回家来。再说,夫妻吵架也不是什么光彩的事,更不值得四处宣扬。因此,我便把此事隐瞒了起来,就是对他的公司也没有说。"

"后来你怎么又说了呢?"

"后来,后来他的公司催得急了,而我丈夫却又与以往不一样,一直不见回来,实在隐瞒不住了,只好如实地告诉他们,我的丈夫失踪了。但我又不能打自己的嘴巴,否认以前说过的话,便把他失踪的时间往后推延,说成是十三号。并且伪装成丈夫的模样,在夜里上下电梯,用来证实这个谎言。"黄爱珍坦白说。

"不过,还有一个情况你也许不知道,那就是六号晚上吵架之后,你的丈夫并没有离家出走。"何钊说。

"什么?他并没有离家出走?不,这绝不可能。我亲眼看着他摔门而出,向电梯奔去,怎么没有离家出走?"

"但是那晚楼厅里的摄像头拍摄到的录像里,确实没有他从电梯里出来,走出楼厅的录像呀。不信,你可以自己去看。"何钊说。

"不可能!这不可能!也许,他出去的那一刻,楼厅里的摄像头出了故障,没有拍下他的录像;也许,他根本就没有乘电梯,而是走的楼梯……"她说。

"好吧,我们暂且相信你的推测。下面,我们要对你的住宅进行一次搜查。这是搜查证。"何钊说着将一张搜查证放在她的面前。

"什么?搜查?凭什么要搜查?难道我还会把他藏在自己家里不成?"黄爱珍说。

"请别误会!这只不过是一项例行程序。"何钊说。

搜查很快就结束了。他们的这套住宅虽说有一百二十平米,但客厅就占去了一半,剩下的两间卧室和一间工作室面积都很小,根本无法藏人。他们接着又在各处喷射了蓝色显示液,但无论是客厅、卧室、工作室,还是卫生间,都没有显示出任何血迹。

在这套住宅里,没有发生过血案。

五

一回到局里,何钊就往沙发里一坐,开始苦苦地思索起来。

现在,案子已大体清楚了:吴世民十有八九是被他的妻子黄爱珍杀害了。黄爱珍把丈夫失踪的日期往后推了一个星期,目的就是为自己留下一个宽裕的时间,好从容地处理尸体。然而,黄爱珍究竟是怎样杀害吴世民的,杀害之后又是如何处理尸体的?自己还是一无所知。不错,他往他们家的每一处都喷射了蓝色显示液,只要是杀人现场,哪怕冲洗得再干净,也会显示出血迹,但他们家却什么也没有。再说,她又是怎样处理尸体的呢?他们家在八楼,想要把尸体运出去,必须乘坐电梯,而电梯的出口处却又装有摄像头,她又怎么能避开摄像头,不在录像里留下自己的身影……

何钊苦苦地思索了许久,仍然找不到结果。他感到自己仿佛进入了一片雾海,四周是茫茫一片黑色的迷雾,怎么也找不到出口。

何钊苦苦地思索了一会儿,忽又站了起来,走到电视机前,打开电视,调出那一盘录像,重又一遍又一遍地仔细查看起来。

"老师,你在查找什么?"赵忆兰说。

"证据。"何钊说。

"你找到了吗?"

"没有。黄爱珍每天按时上班下班,生活很有规律;进出楼厅,上下电梯也都只拎着一个小手提包,从没有携带过什么可疑的物品。"

"让我来看看。"赵忆兰说着接过电脑,一遍又一遍地查看起来。

她看着看着,忽然一下定格住图像,说:"咦,这是个什么人?他已经接连两次进入这栋楼了。第一次进去时拿着一个包,出来时空着两手。第二次却是空着两手进去,出来时拿着一个大包。"

何钊过去看了看,说:"好像是个送快递的小哥。"

"不错!就是个快递员。现在寄快递也真方便,只要打个电话,快递员就会上门来取件。"赵忆兰说。

"上门取件！"何钊忽然一拍脑门，说，"看我，怎么把他们给忘了。赵忆兰，你立即去每家快递公司走一趟，看看在那几天里，黄爱珍有没有寄出过什么快递？"

"好的。"赵忆兰说。

然而，由于快递公司很多，地址又极分散，这给她的工作增添了不少困难。直到两天以后，她才风尘仆仆地回到局里，向何钊汇报说："查到了！在那几天里，黄爱珍通过顺丰、申通、圆通、汇达、德邦等快递公司寄出了七个包裹。"

"七个？"何钊问。

"是的，七个。收件人都是她住在丰城乡下老屋里的母亲。这是她投寄快递的单子。"赵忆兰说着拿出几张快递单的复印件，得意地扬了扬，把它们放在何钊的面前。

何钊拿起几张单子看了看，说："怎么寄件人的名字都不一样？"

"是的，她寄快递时用的都是假名，这给我增添了不少困难。好在这些包裹都是快递员上门去取的货，寄件人的地址不容造假。这就留下了一条线索，让我一个一个地查找了出来。"

"七个包裹的总重量？"

"一百二十斤左右，跟吴世民的体重差不多。"赵忆兰说。

"好！我们立即去一趟丰城，去会一会她的母亲。"何钊说。

六

黄爱珍的老家在丰城的乡下，是单家独屋的一座院落。

黄爱珍的母亲五十多岁，是一位老实善良的农村妇女。何钊他们的造访，颇使她有点不安。她把两位客人请进屋里，为他们献上两杯茶，惴惴地问："两位公安是……"

"我们是从江州来的。"何钊说。

"江州来的？我女儿她……"一听说是从江州来的，老人立刻紧张起来。

"大妈别怕，我们只是来向你了解一些情况。"何钊连忙向她解释说。

"了解什么？你说！"

"前一段日子，你女儿给你寄来过几个包裹？"

"不错，有这么一回事。"

"你能告诉我，那包裹里都是一些什么好东西吗？"

"能有什么好东西，不就是她的一些旧衣服吗。这孩子，有了几个钱就大手大脚，一件衣服穿几次就不要了。"

"不都是旧衣服吧？"

"当然还有一些别的东西，比如吃的、用的……"

"大妈，你就别打马虎眼了。说吧！你都把它们埋哪儿了？"何钊说。

"你们都知道了？唉！我……我都把它们埋在后园里的那棵桃树下了。"老人说。

何钊按照老人的指点找到那棵桃树，立刻动手挖起来。没挖多久，就挖出了一包包用塑料袋包裹着的尸块。

案子侦破了。

原来，那天晚上黄爱珍与丈夫因为一件小事而争吵起来，由于两人都不服输，谁也不让谁，便愈吵愈凶。最后，盛怒中的黄爱珍推了丈夫一把。谁知这一推竟把丈夫推得倒退几步，跌倒在地，跌倒时后脑袋刚好撞在一块坚硬的瓷板上，造成严重的脑震荡，当即死亡。因为是扑跌碰撞致死，没有外出血，她又是在第二天，尸体的血液完全凝固之后才在浴盆里进行的尸解，所以没有在室内留下血迹……

如果，她能及时去公安局自首，完全可以得到一个误伤、过失杀人的轻判。但她却错走了一步……

水落石出

这是何钊调往北京中国刑事研究所之前,在江州侦破的最后几个奇案之一。

一

初春的一个上午,何钊与赵忆兰刚上班不久,就接到和平区派出所打来的一个报案电话。

"喂!猎神,春风街筒子巷十五号的民楼里发生了一起凶杀案。你们快来!"该区刑警队的队长老李在电话里火急火燎地说。

"好!我们马上就来。"何钊放下电话,立即对他的助手赵忆兰说,"带上工具,立即去春风街。"

何钊驾着警车一路风驰电掣,很快就赶到了现场。

老李一见何钊立即向他介绍说:"死者是华云开发公司的会计苏景春,三十一岁,单身一人住在这里,昨天夜里被人杀死在他的住房里。现场已经被保护起来了。"

这是一栋六层楼的出租民房,死者在三楼租用了一个套间。套间很大,分一卧一厅,外加一厨一卫,家具齐全,布置得也还雅致美观,干净舒适,只是书桌衣柜的门扉都被人打开了,衣物用品被翻得乱七八糟,一片狼藉。死者的胸前插着一把匕首,仰躺在客厅里。

"是谁发现死者报的案?"何钊问。

"是这里的清洁工早上打扫卫生时,发现死者被杀报的案。"老李回答说。

"左右邻居呢,他们昨晚听见什么动静没有?"何钊又问。

"此房的左边靠街,没有邻居;右邻是一位单身白领,昨天加班,很晚才回家，没有听到什么可疑的声音。"老李又说。

何钊点点头，立即带领赵忆兰与分局的刑警一起进行现场勘查。他们勘查得很仔细，连一点细节也不放过。

没有多久，勘查报告就出来了。

1. 门锁无撬动痕迹，凶手应该是死者开门放进室内的，凶手是死者的熟人。

2. 死者是被一刀刺入心脏致死，说明凶手有一定的腕力，甚至受过专业的训练；按尸斑的状态，可以推断出死亡的时间是昨晚九点至十点之间。

3. 死者钱包里的现金全部被盗，另外被盗的可能还有一部手机；但衣柜与书桌的抽屉都被一一搜查过，说明作案动机不一定是劫财。

4. 现场未留下凶手指印，但却留下了不少脚印，是四十一码圆点花形胶底休闲鞋的鞋印……

"这个凶手总算留下了一种痕迹。"赵忆兰指点着第四条说。在他们以往侦办的案子里，罪犯大抵都不留下任何痕迹。

"不错。你能凭它推算出凶手的身高、体重与年龄吗？"何钊点头说。

"当然。鞋底长减去放余量，减去鞋内外差，再减去后容差，然后乘以七，此人的身高应该是一米七三。鞋印的着力点落在前掌中心偏右的第二指上，年龄应该在二十九岁至三十五岁之间。只是脚印是留在坚硬的瓷板地上的，轻重难分，此人的体重实在难以推算。"赵忆兰迅速回答说。

"不错。有了年龄与身高这两个数据，寻找罪犯就容易多了。"何钊点头说。

"但是年龄在二十九岁至三十五岁之间，身高一米七三的男人仍然很多很多呀。"

"你忘了，还有一条重要线索，那就是凶手是死者的熟人。在死者的熟人之中，符合这两点的男人应该不会很多吧？"

"不错！我们就朝着这个方向去侦查。"赵忆兰兴奋地说。

二

然而，事情远不如他们所想得那么简单。

下午，他们就驱车前往死者的工作单位华云开发公司，调查了解苏景春生前的情况。

华云开发公司是江州著名的大型企业之一，有着数百名员工。

在公司的会客室里，分管人事的副总经理向他们介绍说："苏景春不是本地人，他的父母和兄弟姐妹都在老家丰城，在江州没有别的亲人。他在我公司担任会计已经有五六年了，工作认真负责，与同事们的关系也都很好，从未与什么人发生过争吵。虽然由于工作的关系，他与公司里所有的员工都认识，但因为他性格内向，不喜欢交际，关系也都只一般，没有什么相处得最好的朋友。"

"那么，他会不会因为工作或是别的什么原因而得罪了人，对方对他怀恨在心，一心想要报复而起杀心呢？"何钊问。

"那不可能。刚才我已经说过，他与同事们的关系都很好，从未与什么人发生过争吵，又有谁会对他怀恨在心，甚至于会想要杀死他呢？"他说。

"那么，他在公司以外的熟人呢？他总不会是一天到晚都生活在公司里吧？"

"那当然不是。"副总经理笑了，说，"只是在这一方面我实在知道甚少，无法为你们提供什么帮助。"

"那么，他的女朋友呢，像他这样的年纪，总不至于还没有女朋友吧？"

"当然，当然，他有一位很漂亮的女朋友，听说已经谈了三四年了，公司里也有人见过那位姑娘，但却没有人知道她的姓名，更不知道她的家庭住址。"

"那么，你这里总会有苏景春的电话号码吧？"

"当然，当然。"他立刻去拿来一本公司的通讯录，翻了一翻，写了一个号码给何钊，说，"是移动的。"

何钊接过号码看了看，把它交给赵忆兰，对她说："待会儿你去一趟移动,查一查这个电话最近的通话记录。"

"好的。"赵忆兰说。

"经理,还想麻烦你一件事。"何钊接着又转身对这位副总经理说,"请你查一查公司员工里二十九岁到三十五岁,身高一米七三的男性有多少,把他们的资料列一份简表给我。"

"二十九岁到三十五岁,身高一米七三的男性,这又是为什么?"副总经理疑惑地问。

"因为现场告诉我们,凶手是苏景春认识的一个二十九岁到三十五岁,身高一米七三的熟人。"何钊说。

"原来是这样。"副总经理连忙打电话叫来公司的人事科长,交代他立即去办理这一件事。

人事科长不敢怠慢,立即带领何钊与赵忆兰前往档案室,打开电脑,调出一份份员工的档案,开始一张一张仔细地查阅起来。没有多久,公司里二十九岁到三十五岁,身高一米七三的男性员工都挑选出来了。但令他们意外的是,公司里符合这两条的男性员工竟有三十多人,这可是一个不小的数目。何钊无奈,只好将这些人的姓名一一记录下,附上一些家庭住址、职务及个人特长等简要资料,准备带回局里去慢慢排查。

三

翌日上午,赵忆兰拿回来一份电话通话记录,把它交给何钊说:"苏景春最后两天的通话记录不多,都是一些往来单位的业务通话。只有与一个名叫白玲的人通话较多,两天里就通话了五次。估计这个白玲就是他的女朋友。"

何钊点点头,拿起手机拨通了这个电话。

"喂!"手机里传出一个女人的声音。

"喂,你是苏景春的女朋友吗?"何钊说。

"是的。请问你是……"

"我是市公安局刑侦科的警察。"

"什么?警察?苏景春他……他怎么了?"对方的声音变得急促惊慌

起来。

"别急,别急!请告诉我你现在所在的地址,我们立即前去找你。"何钊说。

"我现在就在家里。我的家在……"

然而,正当他们准备出发去找白玲的时候,和平区的老李却打来电话说:"喂!猎神,我们在春风街的附近发现了一行脚印,与案发现场凶手留下的脚印完全一样,都是四十一码的圆点花形胶底休闲鞋的鞋印。凶手有可能就在附近。"

"是吗?我们立即就来。"何钊说。

他们很快就赶到了现场。

那是在距离春风街凶杀现场约半里多路的一处住宅小区旁,刚打扫过的一处小路上留下了一行清晰的脚印。

"我已经比对过了,鞋印的大小、鞋底的花纹都完全相同,就是同一个人的脚印。"老李指点着地上的脚印说。

但赵忆兰蹲下去仔细查看了一下那行脚印后,却摇头说:"不错,鞋就是那双鞋,但穿鞋的却不是同一个人。你们看,案发现场的那个脚印,重点落在掌心偏内的第二趾上,这个脚印的重点却是落在掌心偏外的第二趾上。"

"什么?同是一双鞋,却是两个人!你不会弄错吧?"老李怀疑地说。

"她说得不错,这个人的年龄应该在五十岁以上。"何钊点头证实说。

没有多久,留下这一行脚印的人就找到了,是一个五十多岁的拾破烂的老人。老人交代说,这双休闲鞋是昨天在这附近的一个垃圾桶里拾到的,他见这鞋还很新,没有一点破绽,便拿回去擦拭干净穿上了。

"要不要对这个小区的居民进行一次排查,凶手很有可能就住在这个小区里。"老李说。

"不必了,在那份名单的三十多个人里,并没有居住在这个小区里的人。"何钊说。

"什么名单?"老李问。

"是这样的,昨天下午我们去了一趟华云开发公司,对公司的员工进行了一次排查,筛选出了三十多名年龄与身高符合凶手特征的员工,列出了一份嫌疑犯的名单。"何钊解释说。

四

苏景春的女友白玲是一位二十七八岁的靓丽姑娘。她一见到何钊就急切地问道:"景春他怎么样了?快告诉我,到底发生了什么事?景春他怎么样了?"看样子,她已经坐立不安地在家里等待许久了。

"别急,别急!请你做好思想准备。苏景春他已经死了。"何钊说。

"什么?他死了?不,不!这不可能……前天我还和他在一起。"她听后一怔,连连说道。

"请相信我,他就是在前天晚上死去的。前天晚上九点至十点钟,被人杀死在了他的住房里。"何钊说。

"什么?前天晚上被人杀死的?什么人……"姑娘说着说着,眼泪就夺眶而出。明白自己的男友是真的死了之后,姑娘立即悲痛地哭泣起来。她双手掩面,哭得双肩一抽一抽的,非常伤心。

何钊沉默着,一直待她渐渐平静下来之后,这才试探着说:"你与苏景春相识很久了吧?"

"是的,我们相识已经有三年了。最初,是一位朋友介绍我们认识的。我见他人长得还不错,老实、厚道,特别是对老人有一份孝心,便答应与他交往。只是由于我妈妈嫌他家在农村,有点反对,这才拖延着迟迟没有结婚。"姑娘回答说。

"那你知道除了他公司里的同事之外,他在江州还有什么熟人吗?"何钊又问。

"公司以外的熟人?你问这事干吗?"

"事情是这样的:根据现场留下的一些线索,我们推断凶手是苏景春的一个熟人,一个年龄在二十九岁到三十五岁之间,身高一米七三的熟人。昨天我们已经去他的公司排查了一下,找出了一些他们公司里符合这两个条件的员工。只是我们还需要进一步了解,他在公司外面是否还有这样的熟人。"何钊解释说。

"景春不喜欢交际,他在江州的熟人不多,除了他们公司的员工以外,就只有大学的几个同学了。他的这几个同学我都见过,没有一个身高是一米七三的人。"

"另外，你可知道苏景春有没有什么贵重的东西？"

"贵重东西？"

"是的，贵重东西。凶手除盗走了他钱包里所有的现金、盗走了他的手机外，还翻箱倒柜地把东西翻得乱七八糟，好像在寻找什么东西。"

"是什么东西呢？值得凶手这么寻找。"

"这正是我们想要知道的。"

"我不知道，我真的不知道。也许是凶手感到不满足，还想寻找一些值钱的东西吧。"姑娘说。

何钊见没有什么可以再打听的，便站起来告辞说："请你再仔细想一想，如果想到什么可疑的事情，就打电话告诉我。"

"等一等！"姑娘忽然又叫住他，说，"我忽然想起一件事，不知道是不是有用。"

"什么事？请讲！"何钊停步说。

"前天，苏景春又去移动购买了一部手机。"

"什么，他又购买了一部手机？也就是说凶手盗走的不是一部手机，而是两部手机？"

"是的。新手机的号码我不记得了；但新手机是用我的身份证登记上网的，只要去移动一查就能查到。"姑娘说。

"好！我们会立即去查。"何钊说。

五

移动的业务员工作非常熟练，她听了何钊的请求后，打开电脑操作了几下，就找到了那部手机的信息。她打印了一张单子，交给何钊说："上面这个是新手机的号码。这部手机总共只打出了一个电话，下面这个是打出电话的号码。"

离开移动，进入警车，何钊立即拿出手机拨通了这个号码然后打开免提。

"喂！这里是市检察院反贪局……"过了一会儿，手机里传出一个男人的声音。

"喂,赵东川,怎么是你?"何钊惊喜地叫道。赵东川是何钊在市检察院工作的一位老战友,最近才被提升为反贪局局长。

"何钊呀!你这个猎神,有什么好消息要告诉我吗?"对方也高兴地说道。

"是这样的,前天下午有一个尾号是3140的手机给你打了一个电话,我想知道电话的内容。"何钊说。

"不错,是有这么一个电话。电话是一名男子打来的,说是要向我举报我市几位领导干部严重贪污受贿的罪行,说他有重要证据。我与他约了一个见面的时间和地点,但他却没有来践约。我觉得事有蹊跷,一连给他打去几个电话都打不通,去移动一查,这个手机登记的户主叫白玲,但找到登记地址,人们却告诉我说,这个白玲早已搬走了……"

"这个白玲我已经找到了。不过那个电话并不是白玲打的,而是白玲的男朋友,华云开发公司的会计苏景春打的。"何钊说。

"是吗?那个苏景春现在哪里?快告诉我他的联系方式。"赵东川说。

"联系不上了,他就在给你打电话的当天晚上,被人杀害了。"

"什么?苏景春被人杀了!凶手有线索吗?"

"现场倒是留下了一些脚印,可以凭脚印推算出凶手的身高与年龄,但与凶手相同年龄与身高的人实在太多……"

"提个建议:是否可以缩小范围,锁定华云公司的高层?"

"谢谢!我会考虑的。"何钊说着就要关手机。

"喂,等等!"赵东川连忙叫道,"有什么收获别忘了告诉我。"

"那是当然。"何钊说着关掉手机,开动了警车。

"刚才,你都听清楚了?"何钊一边开车一边问赵忆兰。

"是的,都听清楚了。"赵忆兰回答说,"现在知道苏景春曾有过举报行为,那么凶手取走钱财之后,为什么还要翻箱倒柜就可以解释了。此案很有可能是杀人灭口。"

"就是杀人灭口。"何钊肯定地说,"我们得赶紧回去,把那三十几个人的档案重新排查一下。"

他们回到局里,立即打开电脑,把那三十多人的档案材料调出来,开始一份一份地审查研究起来。经过一个多小时的努力,他们终于排除了一个个与案子无关的人员,把目标锁定在两个人身上,决定对他们进行重点侦查。这两个人中的一个叫王大磊,是华云开发公司总经理施宁的小舅子,在公司的物流部任经理,掌管着公司的运输工作。另一个叫施石生,是总经理施宁的本家侄子,此人曾在某特种部队当过兵,退伍后被施宁弄到公司里来当了保卫科长。这两个人都是施宁的亲信,且又年轻气盛,很有可能充当他的杀手。

然而他们的侦查工作却很不顺利。王大磊说案发的那天晚上,他一整夜都在与人打麻将;施石生则说那天晚上他先去一家歌舞厅看了一会儿演出,接着便去了他的情人那里。总之,两人都有不在现场的证明。

"现在,我们应该怎么办?"面对这一情况,赵忆兰不觉发出疑问。

"你认为他们二人的不在现场的证明,哪一个是真,哪一个是假?"何钊说。

"难说,"赵忆兰回答说,"王大磊的那三个牌友,完全有可能是相互串通,为他做假证;而为施石生做证的又是他的情人,就更有做伪证的可能了。"

"既然如此,那我们就应该抓紧时间,进一步去核实这些证明的真伪。"何钊说。

六

他们立即行动,先去王大磊那天打麻将的那家麻将馆进行调查。麻将馆的老板说,那天王大磊他们确实在他的馆里打了一个通宵的麻将。那天晚上他的馆里一共有四桌麻将,其余三桌在凌晨一点左右都收了场,只有他们一桌一直打到天亮。大约是在两点多钟的时候,他还为他们送去过几份宵夜。所以记得很清楚。

何钊又把那晚与王大磊一起打牌的三名牌友找来,一个一个地分别进行讯问,结果他们所说的打牌起止的时间、中间所吃的是什么宵夜以及四人的输赢情况,也都能对得上号。

看来,王大磊并没有说谎,可以排除他的杀人嫌疑。

接着他们又去了施石生那晚去过的那家歌舞厅。歌舞厅的侍者看了看施石生的照片,说:"这人我认识,他是这里的常客。"

"那么,你可记得前天晚上他来过这里吗?"何钊问。

"来过。可就是演出没多久他就又走了。"

"你再仔细想一想，不要弄错。"

"绝对没错。像这种演出没看多久就走的顾客很少遇到，就是他也是破天荒的第一次，所以印象特别深刻。"侍者回答说。

"那么，他离开歌舞厅的具体时间应该是几点？"何钊又问。

"大概是九点钟，或者是九点不到。"侍者回答说。

施石生的情人是一个名叫谢春花的十九岁的姑娘，住在一处城中村的一幢私人出租楼房里。

姑娘俊俏美丽，充满了青春的气息，但在她的眉宇间却隐隐潜藏着一丝忧虑。

"请问，你是施石生的女朋友吗？"何钊有点不相信自己的眼睛，如此一个年轻单纯美丽的少女怎么会与一个罪犯生活在一起？他犹豫了一下，这才开始彬彬有礼地问道。

"是的。"姑娘点头说。

"不知你与他在一起生活多久了？"

"也就是一年多一点吧。"

"那么，你准备与他结婚吗？"

"结婚？"姑娘忽然一声冷笑，撇嘴说，"像现在这样，他供我吃，供我住，给钱让我花，不是很好吗，干吗要结婚？"

"事情是这样的，"何钊感到这个话题难以继续下去，便改口说道，"我们今天是来向你了解一点施石生的事情。施石生前天晚上来这里了吗？"

"来了。"她说。

"那么他是几点钟来的，又是什么时候走的？"

"具体时间我没看，大约是九点或是九点多一些到的吧，直到第二天天亮才走。"

"请你仔细想一想，可别说错！"何钊又说。

"这有什么可想的，"姑娘笑了，说，"我难道连这一点事都记不清楚吗？"

"你还是再仔细想一想吧！我们有理由怀疑前天晚上九点到十点他不在这里，而是在另外一个地方。"

"那你们为什么不到那个地方去问问，看他在那个时间里到过那里没有?"

"你这是什么态度?"赵忆兰生气了,严肃地说,"这事关系到一个重大的案子,请认真回答。"

"她说得没错,你的回答关系到一个重大的杀人案件的侦破。请你一定要据实回答,不要放过一个坏人,当然,也不要冤枉一个好人。"何钊说。

姑娘听了一怔,但随即便笑了起来,说:"你们以为我连这一点是非观念都没有吗?放心,我说的都是真话,他前天晚上确实是九点钟来这里的。"

谈话已无法继续下去,他们便告辞姑娘走了出来。

他们刚走下楼梯,准备出门,却被一位三十多岁的女人拦住了。

"两位是公安吧?"那女人说。

"是的。"何钊回答说。

"我是他们的房东。帮帮她吧,那姑娘也够可怜的。"她说。

"住在这么好的房屋里,有吃有喝,整天游手好闲的,我看不出她有什么可怜的。"赵忆兰说。

"那是你们不了解她。其实,她原来有一个男朋友,两人从小一起长大,青梅竹马、感情深笃,是被这个男人强行拆散,将她霸占过来的……"

女人接着向他们介绍了姑娘一些身世……

何钊听后一怔,问赵忆兰:"你不是事先进行了一些调查吗,怎么没有了解到这些?"

"我……我们再回去找她谈谈吧!"赵忆兰深感自己的疏忽,建议说。

然而对他们的再次拜访,姑娘却毫不欢迎。她摆出一副拒人于千里之外的面孔,冷冷地说:"你们又回来干什么?"

"刚才我们的态度有一点生硬,话说重了一点,特地回来向你道歉。"何钊说。

"道歉?那倒不必。"姑娘的态度有了一些缓和。

"刚才我们听说,姑娘是来自赣西的一个山村,那里很穷,为了供弟弟念书,你很早就辍了学……"何钊说。

"那又怎样?我们村里都是这样……"

"听说你原来有一个男朋友,你们是一个村子里的人,两人从小青梅竹马,感情深笃。他初中毕业以后还放弃了读书,陪你一起出来打工。是施石生强行将你们拆散,霸占了你……"何钊继续说道。

姑娘慢慢地低垂下了头。

"我们还听说,施石生对你并不好,经常骂你打你,有一次,还在深夜把你关在门外,让你在寒风中一直坐到天亮……"

姑娘忽然放声痛哭起来,哭罢一抹眼泪,咬牙说:"我说,我说,我干吗要替他说谎?他前天晚上是来过这里,但不是九点,而是在十点钟以后。"

真相终于大白。何钊当机立断,决定立即拘审施石生。

七

然而对施石生的审讯却并不顺利,他负隅顽抗,一再狡辩说:"我与苏景春无冤无仇的,干吗要杀他?"

"可是在案发现场却留下了你的脚印,你穿着那双休闲鞋的脚印。"何钊说。

"你是说那双休闲鞋呀,我嫌那双鞋有点夹脚,早几天就把它扔了。"他说。

"你再说说,那天晚上九点到十点,你在什么地方?"何钊又说。

"我不是说了许多遍吗?我先去一家歌舞厅去看了一会儿演出,接着就去了我的女朋友那里。"他说。

"可是歌舞厅的侍者说你只看了一会儿歌舞,不到九点钟就走了。"

"不错,那天的歌舞表演平淡无味,加上我心情有点郁闷,便提早走了。"

"接着你就去了女朋友那里?"

"是的,她可以为我证明。"

"可是,你的女朋友却说你是十点钟以后才去她那里的。"何钊又说。

"你别诓我,这根本不可能。"他听后反倒笑了起来。

"是吗?"何钊说着拿出一台录音机,把它放在桌上,说,"现在你就听听你女朋友的声音,看看她究竟是怎么说的。"

何钊说着按动开关,录音机里立即传出他的情人谢春花的声音:"我说,我说!我干吗要替他说谎?他前天晚上是来过这里,但不是九点,而是在十点钟以后。"

施石生听后一怔,随即歇斯底里地大喊大叫:"不!她在说谎……这个婊子的话,你们不能相信……"

然而第二天,案子就有了峰回路转的可喜发展。

这天上午刚上班,白玲就来到公安局刑事科见何钊。

"听说你们把施石生抓了?"她说。

"是的,他涉嫌谋杀苏景春。"何钊回答说。

"他招认了吗?"

"没有,他的态度非常顽固。"

"如果他一直不招,你们会放了他吗?"姑娘担心地问。

"放了他?你说,一个杀人犯能放吗?不!他就是至死不招,我们也能零口供办案。"何钊说。

"好,这我就放心了。"白玲松了一口气,拿出一个U盘,交给何钊说,"这是景春放在我那里的。他要我在适当的时候交给你们。"

何钊接过U盘,将它插入电脑,荧光屏里立刻显示出一连串的账单:.

二○○九年十月一日,给副市长徐志高送去四十万元礼金。

二○一○年一月二日,将纺织机械厂拨来的二亿过桥款作为红利分给了股东。分给副市长徐志高二百万元,轻工局局长史瑞山一百五十万元……

何钊将账单看了一遍,关了电脑说:"这个U盘,你那天为什么不交给我?"

"那天我对你们还不敢完全相信,怕你们官商勾结……要知道,他们可都是一些心狠手辣的家伙。景春就是因为怕暴露,才去买了一部新手机打电话给反贪局,谁知还是惨遭杀害……"姑娘说。

送走姑娘以后,何钊立即拿出手机给反贪局的赵东川打电话:

"喂！赵东川，你赶快来一下！刚才苏景春的女朋友白玲交给我一个U盘，里面有我市一批高官的贪腐证据……"

"好的，我马上就到。"赵东川回答说。

两天以后，反贪局获省市检察院的批准，一举逮捕了以副市长徐志高、轻工局局长史瑞山为首的十多名贪官。

云岛之谜

一

下午一点多钟,地处南海的云岛医药研究所内万籁俱寂。人们都在午睡。

这午后的小憩,对于从事脑力劳动的人来说,是极其宝贵的。特别是那些科研人员,每一项设计和试验都需要高度集中精力,白天孜孜不倦地埋头于实验室,晚上又常常翻数据、抄笔记,熬到深夜。如果午间再不好好小憩一下,头脑就会昏昏沉沉的,整个下午都会无法工作,更何况又处在这南国的海岛,炎夏的季节。因此,无论是研究员还是实验生,几乎没有一人不珍惜这午后短短两个多小时的休息时间。

此刻的研究所,一片沉寂。只有湿润的风不时从海上吹来,拂动楼房四周树木的枝叶,婆娑起舞,发出轻微的、节奏优美的沙沙声。盛开的花卉,也舒动柔软的腰肢,随风摇曳,并把自己馥郁的芬香托付给清风,飘送进那一扇扇敞开着的门窗,抚慰正在酣睡着的科研人员。

然而,这时候,却也有一个尚未休息的人。那是一位二十六七岁,娉婷秀美的姑娘。她拿着一份资料,轻捷地登上楼梯,沿着长长的走道快步向实验室走去。

她叫刘苑璟,是云岛研究所ATP试验组的成员。

上午,他们的实验出现了一点小误差,主持试验的蓝琦要她去数据室查对一个资料。姑娘为了不耽误实验的进程,牺牲了中午的休息,在资料室里翻阅了一个多小时,终于找到了有关数据,并用电子计算机反复计算、核对,得出了精确的数据。她知道,在这种时候,蓝琦也决不可能午睡,便径直去实验室找他。

刘苑璟走到实验室门口，装有信息控制的门便自动打开了。果然如她所料，蓝琦并未回去午睡，他正背对着她躺在写字台前的皮靠椅里。写字台上摊满了图表和数据。他舒适地把头仰靠在皮靠椅背上，好像由于过度疲劳而睡熟了。

一个戏谑的念头在姑娘脑中一闪。她竭力忍住笑，踮着脚悄悄地走过去，想出其不意地吓他一跳。但片刻之后，姑娘就发出一声惊恐的喊叫，吓得跌跌撞撞地拼命往门外逃跑……

姑娘这一声撕裂人心的喊叫，打破了四周的寂静。紧接着自动报警器凄厉地吼叫起来，把一个个熟睡的人从甜梦中惊醒。

没一会儿，研究所的人员便相继来到了实验室。映入他们眼帘的，是一幅凄惨的景象：刘苑璟晕倒在门旁，惨白的脸上露出极其惊恐的神色。蓝琦静静地躺在皮靠椅里，早已停止了呼吸。

研究所附属医院的恽岱荣大夫立即对尸体做了检查，确定死者已经死去一个多小时了。但奇怪的是，死者全身找不到一点伤痕，也没有丝毫中毒的症状。死者的脸部表情很平静，只有那一双尚未来得及闭上的眼睛里，似有一丝痛苦的神色……他为什么会突然死亡呢？

人们面面相觑，惊恐万状。因为在短短的一个星期里，人们已经两次目睹这种令人难以置信的惨景了。第一次是在上星期五的上午，刘苑璟在实验室里刚做完一样药物的化验工作，刚一抬头，便尖声惊呼起来。呼声中，他们的副组长顾大虹，一位平素身体十分健康的年轻人，猝然倒地。

二

翌日清晨，当火红的朝阳从海面喷薄而出，万道霞光把水天映成一色，构成一个混沌的橘橙色世界时，广阔的海峡上空就出现了一道弧光——一架2型超音速飞机。它拖着长长的云带，似一道银色的闪电，划破长空。

这是一架最新的微型多功能超音速喷气机。它的特点是小巧轻便，结构坚固，不仅能适应各种恶劣的气候，并且还能在任何场地垂直起飞和降落。这种飞机，是我国的科学工作者为适应改革开放新形势的需要,专为地质、侦讯以及医务工作者设计制造的。

机舱里总共只有两位乘客。

年长的那一位高大魁梧、双眼深邃、目光炯炯,眉宇间透露着一股凛然正气。他叫何钊,是被誉为"当代猎神"的公安部刑事研究所的刑侦专家兼生物学家。

何钊身旁的驾驶席上,坐着一位青年。他的体型恰好与何钊构成了一个鲜明的对比。他身材瘦削、单薄,眉目清秀得像个女孩,但他那一双看似平常的眼睛,却有着鹰隼般超人的视力。他叫申公荻,是何钊得意的学生和助手。

他们是接到一份紧急电令,飞往云岛医药研究所去侦破一件奇案的。

当飞机穿越一片云海,重新进入晴空以后,申公荻忽然回头看了他的老师一眼,打破沉默说:"奇怪!得心肌梗塞死了两个人,竟也作为重大疑案上报公安部,部里又是如此重视,竟把它当作一项特殊的紧急任务交给我们。"

"谁知道呢?当今世界,无奇不有,到那儿看看再说吧。"何钊耸一耸肩,把视线转向窗外,欣赏起海天奇异瑰丽的晨景,仿佛根本没有把案件放在心上。

过了片刻,飞机重又从晴朗的天空钻入浓密的云层,被一片白蒙蒙的水雾包裹住,什么也看不清楚了。何钊微微叹一口气,把视线从窗外收回,盯视着面前的荧光屏,对申公荻说:"试试你的眼力。五千米以外是什么?"

"一片大海。"申公荻双眸一动也不动地凝视着前方,迅速地回答。

"一万米呢?"

"还是大海。"

"两万米?"

"看不清楚。"申公荻犹豫了一下,把握不足地回答,"好像有一座小岛……"

几秒钟以后,何钊面前的荧光屏上果然显示出了一座美丽的小岛。

何钊赞许地点点头,打开航图对照了一下,那便是他们此行的目的地——云岛。

然而,申公荻何以有如此惊人的视力,竟能透过迷雾,看到两万米以外的一座小岛呢？这事还得从十多年前说起。

十多年前的一个夏天，何钊出差到江南某地，偶然在街头看见一群孩子在比试眼力。只见一个戴眼镜的孩子站立在远处，变换着手中的字纸块，要其他的孩子轮流辨认。后来距离愈拉愈远，孩子们一个个都败退下来，最后，只剩下一个十一二岁的男孩，仍能正确无误地报出纸块上的字来。

这事引起了何钊的好奇。他走向远处，从日记本上撕下一页纸，写了两个字，把它插入半透明的尼龙衬衫口袋里，对那个男孩说："小朋友，你能看清楚我口袋里这张纸上写的是什么字吗？"那男孩迷惘地向他看了一会儿，两眼露出梦幻般的神情。何钊正以为他无法辨认时，那男孩忽然拍手叫道："和平，和平！"何钊大吃一惊，他写的正是"和平"两个字。

那男孩就是申公荻。

后来，何钊设法说服了家长，把男孩带在身边，对他进行了十年的严格训练，终于把他培养成一名智力超群，并且具有古代神话中的"火眼金睛"的优秀侦察员。

申公荻驾驶着飞机在小岛上空盘旋了两圈，选择好着陆点，开始降落。顿时，拖在机尾后的那一条云带消失了，机翼下却喷出朵朵白云，托着机身徐徐地降落在研究所内的一块草坪上。

三

这是一座以石灰岩为主体的小岛。由于长年风化和生物的繁衍，岩上覆盖了一层厚厚的沃土。岛的面积虽然不大，但却雨水丰沛、草木蓊郁，一年四季鸟语花香，风光十分旖旎。

研究所的幢幢楼房，就依山傍水地建造在海岸一片狭长的缓冲平地上。楼房四周绿树成荫，花卉鲜美。

一位年过五旬，西装革履，精神矍铄的长者，早已率众迎了出来。他热情地紧握住客人的手，说："欢迎您，专家！"

"谢谢！罗瀚教授。"

罗瀚一怔，问："我们曾在哪儿见过？"

"没有，这是初次见面。"

"那您怎么知道我是罗瀚？"

"这很简单，你们的赵所长参加科学代表团赴欧访问去了，副所长刘钦又卧病在床，因此，您一定是并且只能是副所长罗瀚。"

"唔，不错！不错。"罗瀚连连点头，对眼前这位遐迩闻名，被誉为当代猎神的刑侦专家，又增添了几分钦佩之情。接着他把身旁的人员一一为客人作介绍：他们分别是保卫干部老张、主治大夫恽岱荣、ATP试验组的成员赵慊，另外还有一位雍容大方、姿色俏丽的姑娘，她就是我们早已熟悉了的刘苑璟。

罗瀚教授陪同客人走进宽敞明亮、优雅洁净的会议室，请他们就坐之后，便要保卫干部老张向他们介绍案情。

"事情是这样的：我们的刘钦所长是闻名世界的科学家。他所领导的ATP试验小组，正在从事一项极其重要的科研工作……"

老张三十多岁，是一名军人出身的干部，在他身上，还保留着许多部队的作风。他一丝不苟地端坐着，严肃地向何钊汇报。何钊呢，却舒适地斜倚在沙发上，半睐着眼睛，显得有点儿漫不经心。这不禁使他产生一丝疑虑：是否要让客人先休息一下，待他们缓解了旅途的疲劳后，再行汇报呢？但他停顿了一下，终于继续说道："上星期，就在大功即将告成的关键时刻，刘钦教授不幸病倒了。他不得不把试验交给自己的两名助手——顾大虹和蓝琦。然而，就在这之后，顾大虹和蓝琦，这两个平素身体十分健康的年轻人，竟相继得心肌梗塞猝然死去。"

"心肌梗塞？"何钊睁开眼来问。

"是的，急性穿壁性心肌梗塞。心室前壁破裂一毫米。"坐在一旁的主治大夫恽岱荣，把一叠材料递送到何钊面前，回答说，"这是他们的病历、死亡证书和胸腔透视照片。"恽岱荣四十多岁，从事医生职业多年，有着丰富的临床经验，他的诊断应该是可信的。

何钊接过材料一一翻阅了一下，又把它递给申公荻，说："嗯，是心肌梗塞。但这应该是你们医学专家的事，与我们公安人员又有什么关系呢？"

罗瀚不安地搓搓手，苦笑一声，说："如果您知道ATP试验的重要性以及顾大虹、蓝琦之死所造成的困难，也许就不会这么想了。"他说到这里，向赵慊点点头，说："赵慊，你把ATP试验详细向专家介绍一下。"

赵慊年近三十，中等身材，衣着整洁，风度潇洒，给人一种精明干练的感觉。他打开笔记本，按照事先准备好的一份材料，用富于感情的声调介绍起来："我们 ATP 试验组所从事的是当代最新医药科学——基因治疗的研究。所谓基因治疗，就是运用生物技术拼接人类细胞中的基因，用以对人体细胞的异常基因进行置换，或是引入外源的正常基因来影响人体细胞，治疗疾病。它的研制成功，将使人类进入一个能有效地防治各种疾病，包括一些迄今为止一直被认为是不治之症的疑难病症，诸如癌症、艾滋病等，进入改善或改变人类自身的时代。

"众所周知，基因是遗传的基本单位，一种蓝图，它能指示如何生成特定物质，并绘出细胞的精确位置。然而，直至五十年代，人类虽然从大肠杆菌中分离出 β—半乳糖苷酶结构的基因，证实了它的存在，但仍然看不出它的应用价值。直至七十年代初期，重组 DNA，即基因拼接的爆炸性发展，才使基因治疗方法成为可能。到了八十年代，人类不仅破译了 DNA 分子的遗传密码，读出基因的信息，并且还能编制人工信息。这样，基因已经成为一种化学的已知量，成为生物研究领域内最热门的课题。而基因治疗，却又是热门中的热门。

"今天，世界各先进国家都成立了一些实验小组，专门从事这一课题的研究，并在不同的方面取得了一些进展，陆续破译出人类各种器官细胞基因的遗传密码，但在基因治疗上，却始终无法取得重大突破。在这众多的实验小组里，究竟谁能捷足先登，把基因治疗用于临床，成为医药科学史上划时代的巨人呢？"

赵慊说到这里停顿了一下，抬头看了何钊一眼，又接着说下去："我们的刘钦教授，多年从事染色体和基因的研究。他几十年如一日锲而不舍地钻研、观察和试验，终于在最近有了重大突破，利用生物技术拼接出了一种能用于临床治疗的基因，这就是我们正在进一步研制的 ATP 基因抗体……"

何钊忽然坐正身子，一改刚才无精打采的神态，目光炯炯地盯视着赵慊，问："ATP 试验组有多少成员？"

"五人。"赵慊苦笑了一下，回答说，"现在实际上只剩下了我和刘苑璟两人，而我们俩以前一直都是做辅助性工作的。"

"正因为如此，顾大虹和蓝琦的死，给我们带来了极大的困难。"这时，罗瀚插嘴对何钊说，"所以，当我昨天把蓝琦的死讯告诉刘钦教授，并向他建议，把 ATP 的试验工作交给赵慊和刘苑璟时，刘钦踌躇了许久，最后还是决定把实验停下来，要我打电报给公安部，请求你们的援助。"

何钊点点头，转身问恽岱荣大夫："顾、蓝二人有心脏病史吗？"

"没有，从未发生过心律失常现象。"恽岱荣回答。

"父亲和母亲呢？直系亲属中有死于心肌梗塞或心力衰竭的吗？"

"据了解，都没有。"恽岱荣略略迟疑了一下，又把握不足地补充了一句，"不过，他们都不是本地人，还需要进一步的调查核实。"

"现在我明白了一点儿。"何钊点点头，沉思了一会儿说，"按照常理，顾大荣和蓝琦都不可能死于心肌梗塞，而现在不可能的事情却发生了，并且是连续发生在 ATP 试验即将大功告成的关键时刻……"

"是的。"恽岱荣点点头，颇感困惑地说，"我相信自己往常对他们两人的身体检查，也相信这一次的死亡诊断，但这两者之间竟是如此的矛盾。真令人难以理解。"

这时，一直在旁静听的申公荻，忽然提出一个出乎大家意料的问题。他说："罗所长，我想请教您一个问题，在这座小岛上，就只有你们研究所一个单位吗？"

"是的。"罗瀚一时不明白他的意图，抬眼迷惑地看着他，回答说，"创建这个研究所时，是刘钦教授亲自选定的地址。这里与大陆近，联系方便又不受污染，既便于科研，又便于保密。"

申公荻一指窗外相隔几十米的两幢楼房，又问："那也属于研究所吗？"

"是的，那是研究所的附属医院。"

"病人和病人家属呢，他们能进入研究所吗？"

罗瀚这才明白他提问的意图，笑着解释说："我们的医院只收附近医院转来的疑难病症患者，病床不多。医院与研究所又有围墙相隔，无论病人还是病人家属，都不可能进入研究所。"

"好吧，"何钊点点头，站起来说，"现在让我们去看一看现场。"

四

ATP实验室在二楼。

他们一行在罗瀚教授的带领下，登上一级一级的楼梯，沿着长长的走道来到实验室门口。何钊刚要迈步往里走，那扇刚打开的门忽又自动关上了。刘苑璟抢先一步，抱歉地对何钊一笑，说："是我忘了，这门装有自动信息控制。请稍等一下，让我把你们的信息传送进去。"

说着她在一张卡片上写了一条指令，投入门旁的信息装置。只一忽儿，门又重新打开，这次大家才通畅无阻地走了进去。

实验室分里外两间。外间足有一座小礼堂那么大，一张张工作台上摆满了各式各样的仪器和药品。里间虽然也还宽敞，但与外间相比，却显得狭小多了。那里面放置着一台电子计算机、一排文件柜和两只保险箱。无论外间和里间，都铺着洁白的瓷砖，光洁如洗，纤尘不染；四周的墙壁粉刷成柔和的浅蓝色，清淡幽雅、赏心悦目。总之，实验室光线充足、空气流通、设备先进，真可以算得上是世界第一流的实验室。

刘苑璟把何钊师生带领到一张工作台前，说："顾大虹是上星期五上午十时左右死在这里的。"她又指指远处的另一张工作台："当时我在那边化验东西，化验完抬头一看，只见他脸色苍白地摇晃了一下，随即倒了下去。"

"嗯，"何钊点点头，回头问赵慊，"你呢，当时你在什么地方？"

"我就在他对面，与他相隔一张工作台。"赵慊回答。

"在他倒下去之前，你有没有发觉什么异常现象？"何钊又问。

"没有。"赵慊一边回忆一边回答说，"当时，我正在观察肝细胞在F病毒影响下的变异。几分钟之前，他还过来看了一下我的记录。之后，我就专注于自己的工作，直到听到刘苑璟的喊声才抬起头来，看见他已经倒在地上了。"

"他死前说了什么吗？"

"没有，连一声哼都没有。"赵慊说。

"这么说，他是猝然倒地，立即死去的啰？"

"对，是这样的。"赵慊和刘苑璟一起点头回答。

"真是怪事！"何钊自言自语地咕噜了一句，接着对刘苑璟说，"你又是在哪里发现蓝琦的尸体的？"

刘苑璟带领何钊走到靠窗的一张写字台旁，指着台前的一张皮靠椅说："当时，他背对我躺在这张皮靠椅上。我还以为他睡着了，就悄悄地走过去，想出其不意地吓他一跳。谁知我双手接触到的竟是一具冰凉的尸体……"

姑娘说到这里，也许是回忆起了昨天自己那狼狈的模样，低头羞涩地一笑，低声说道：

"那以后的事，不说，您大概也会知道了。"

何钊会意，和蔼地一笑，回头问赵慊："你呢，你是什么时候离开实验室的？"

"上午下班的时候，和刘苑璟一起离开的。"赵慊回答说，"离开之前，我们还招呼过他，他心不在焉地应了一句。我们走到门口，他忽然又叫住刘苑璟，交代她下午再去资料室查对几个资料，随即又埋头工作起来。我到食堂吃完饭，还没见他来，怕他来迟了吃不上热的，还特地交代厨房里的老顾，给他热一份饭菜。那以后，我就回房午睡去了。直至被报警器的响声惊醒，才和大家一起赶来。"

"发现尸体的时候，是下午几点？"

"一点四十二分。"保卫干部老张说。

"不错，我也看了表，是这个时候。"恽岱荣大夫也加以证实。

"你确定当时他已经死去一个多小时了吗？"

"是的，绝对无误，死亡时间至少有一个小时了。"恽岱荣自信地回答。

何钊点点头，蹙眉思索了片刻，说："从赵慊和刘苑璟离开，到发现尸体，这期间也不过是一小时四十分钟。也就是说，两人离开不久，蓝琦就突然死去了。"

"对，事情大概就是这样的。"恽岱荣大夫表示同意地说。

在这一段时间里，申公荻一直都在埋头记录。这时，他抬头向四周环顾了一眼，问："实验室内有放射性元素吗？"

"没有。"

"有能强烈杀伤肌体，导致心脏破裂，比如说激光、集束电流放射器之类的仪器吗？"申公荻又问。

"也没有,我们的试验不需要这类仪器。"赵慊回答说。

何钊点点头,说:"大家还有什么疑问没有?"

刘苑璟迟疑了一会儿,把握不足地慢慢说:"据说,心肌梗塞大多是发生在黄昏和夜晚,一个人极度疲劳的时候,发病前也多少有一点预兆。可是顾大虹和蓝琦都是死于白天,连一点预兆都没有,而且是在同一个实验室里,前后仅相差五天。这种巧合,实在令人感到可疑。"

"嗯,是有一点儿可疑。"何钊眼睛一亮,露出赞许的神色,接着征询地看着恽岱荣说,"大夫,您是这方面的专家,请说说您的意见。"

"是的,心肌梗塞一般是下午和夜晚发病,有先兆的多,但也不尽如此。再说,在生活里确实有着许多偶然的巧合,我们也不能一概加以排除。不管怎么说,在他们两人的死因上,我始终坚信自己的诊断:心肌梗塞。"也许是刘苑璟的问题,在某些地方有损于他的自尊吧,恽岱荣有点不乐意似的回答。

何钊看看手表,已是中午时分,便结束了现场检查。

五

午后,小憩了一会儿之后,何钊师生便要老张陪同,前往研究所的附属医院去检查蓝琦的尸体。他们刚到医院,就见罗瀚匆匆赶来。他一边揩汗,一边抱怨说:"你们出发,怎么也不通知我一声?"

何钊抱歉地一笑,说:"您这位大所长,工作忙,这些具体琐事,就不必参加了。"

"像这样的事,就是再忙,我也要参加。知道吗?这一谜案不侦破,我这心中不安,什么事情也做不了呀。"罗瀚认真地说。

太平间里阴风嗖嗖,冷气逼人。

何钊与申公荻仔细检查了一遍尸体,检查结果与恽岱荣填写的死亡报告书大体相符,尸体全身无一伤痕,也没有丝毫中毒症状,看来这位年轻的研究员确实是死于心肌梗塞。

从太平间出来以后,他们又去病房拜访刘钦博士。

刘钦教授住在一间单人病房里。病房的窗户面向大海,可以听到轻微的涛声。室内光线柔和,空气清新,温度适中,加上洁静优雅的布置,给人一种极其恬适的感觉。

他们去时,刘钦教授正半倚在能自动升降的席梦思床上,与床前的赵慊和刘苑璟亲切交谈。原来刘苑璟就是刘钦的女儿,赵慊呢,却又是刘苑璟的未婚夫。

刘钦见到何钊很高兴,向他伸出手来,说:"怎么样,专家!事情您大概都知道了吧?"

何钊握住他的手,说:"知道得不算太多,但也不算少,够我消化一阵子的了。"

何钊一边说,一边仔细打量着对方。只见教授已过早地谢顶,宽阔的前额上刻着几条深深的皱纹,高鼻梁,突颧骨,脸上手上瘦得只剩皮包骨头,只有他那一双深陷进去的眼睛,还非常明亮有神,闪烁着睿智的光。何钊不禁在心里想:听说这位五十年代从国外回来的著名科学家,"文化大革命"中失去了妻子,又损害了自己的健康,但他却毫无怨言,仍然一如既往,孜孜不倦地带病从事科研工作,为祖国和人民作出了卓越的贡献。直至今天,生命之火已开始在他身上慢慢熄灭,躺在这病榻之上,还念念不忘自己的事业……何钊想到这里,不禁对眼前的这位老人肃然起敬。

待何钊在床前坐下之后,刘钦才沉重而缓慢地说:"怎么说呢,顾大虹和蓝琦,是我最得意的两个学生。我完全信赖他们的智慧和毅力,将来一定能成为出色的科学家。可是现在,他们竟相继突然死去!"说到这里,他那双深陷进去的老眼里涌出了两滴浑浊的泪水。

何钊沉默着,不知道该用什么话去劝慰他才好。

教授停顿了一会儿,略略平息了一下自己的感情,指指刘苑璟和赵慊说:"现在,ATP组只剩下他们这两只羽翼未丰的鹰,而我又困在病榻上。您说,应该怎么办?怎么办?……"

教授说到这里,心脏忽然一阵绞痛。他呻吟一声,咬紧牙关拼命忍受着,额上的汗珠大颗大颗地冒了出来。

恽岱荣大夫立即组织人员进行抢救。经过一番折腾,终于使他的心绞痛平息下去。但这时的教授已经筋疲力尽。他闭眼躺在床上,微弱地呼吸着,再也不适宜讲话了。

在医生们抢救教授的时候,申公荻独自一人走到窗口,默默地思索着。

这是一幢临海而筑的楼房，窗外不远就是连天的碧波、成对的渔轮以及在海空自由翱翔的白鸥。但这一切都没有引起申公荻的注意。他的目光却凝聚在窗台上的两盆鲜艳欲滴的白兰花上。他看得那么专注，那么入神，两眼又露出那种梦幻般的神情。

直到离开病房的时候，申公荻仿佛才从梦幻中清醒过来。他突然走到恽岱荣大夫面前，问："教授的心绞痛经常发作吗？"

"已经发作过三四次了。"恽岱荣回答。

"每次发作时身旁都有人吗？"

"谢谢老天，幸亏都有人。要不然……"恽岱荣耸一耸肩，两手一摊，做了个死亡动作。

从病房出来以后，何钊有意落后一步，低声问申公荻："你看到了什么？"

"我从窗台的两盆白兰花上，仿佛看到了生物电的影响。"

何钊一怔，说："你能肯定吗？"

我们知道，每一种生物体内都含有电，只是含电的多少，随着种类和个体的不同而有所差异，这种差异有时相当悬殊。早在六十年代，纽约某工学院的罗宾·比峇教授曾逐一对一家工厂的女工进行检查，发现个别人的体内竟有抗阻为五十万欧姆的三万伏静电。而且，在某种特定的条件下，这种高含电的人还会将体内的电放射出来，引发火灾。这事引起了科学界的注意，后来果然又陆续发现几次人体放电喷火事件，进一步证实了这一事实。当然，这种人为数极少，仅占人类的四万分之一。然而，无论含电多少，只有在把它们集中放射出来以后，才能影响别的生物。这就更不是一般人所能做到的了。

"大致可以肯定。"申公荻沉吟了一下，回答说，"那两盆白兰花正在盛开，色润光洁，但面朝房里的几片花瓣，色泽却有些微的变异。当然，也不能排除其他因素的影响，例如强磁场、次声波以及某种放射性物质……"

六

傍晚，海面上的水平线消失了，海天逐渐朦胧一片。灰蒙蒙的夜雾，随着那一阵阵湿润而凉爽的晚风，由水面向小岛弥漫过来，笼罩了一切。此刻的云岛，烟霭朦胧，淡影虚浮，宛如漂浮在云海之上忽隐忽现的一片仙境乐土。

何钊和申公荻从海滩散步回来。他们并肩而行，边走边聊。

"多么迷人的雾啊！"何钊凝视着雾中若隐若现的景色，发出一声感叹，"小时候，这样的雾天，总会引起我的许多幻想，以为雾中隐藏着什么秘密，怀着好奇的心理，拼命去雾中寻找金马驹呀、小矮人呀、蓝精灵呀等一些童话中的事物。有时仿佛就要找到了，那秘密就近在眼前，可是奔跑过去一看，却仍然是一些平日里司空见惯的东西。"

申公荻笑了，说："我可从没有过这种感觉。"

"你有着那么一双特殊的眼睛，当然不会有这种感觉。"何钊也笑了。他停顿了一会儿，又说："我之所以说这些，是因为现实中的许多疑案，看上去像是这雾中的景物，扑朔迷离，似一个永远无法解开的谜。但只要你拨开那一层障眼的迷雾，就能发现罪犯所使用的，无非还是一些司空见惯的老伎俩。然而今天的这个案子，却使我真有一点儿坠入茫茫迷雾，无法解开谜题。"

"是的，这个案子确实非常离奇，一时很难理清头绪。"申公荻点点头，换过话题，向老师汇报说，"我已与顾、蓝二人家乡所在地的公安局联系，请他们协助查明二人的家族病史。另外，研究所有关人员的档案材料也已调齐。"

"这么说，你根本不相信顾、蓝二人是自然死亡？"何钊问。

"我很怀疑。"申公荻回答说，"当然，这还仅仅是一种揣测。您想，ATP试验组总共才五个人，死了两个，一个躺在病床上，都是得的心脏病，太蹊跷了！特别是下午刘钦教授突然发作的那一阵心绞痛……"他忽然住口，停步指着远处的一间房屋，轻声叫道："老师！您看那是不是医院的太平间？"

何钊眯着眼睛，尽力向夜雾中若隐若现、模模糊糊的一排房屋看了一会儿，点点头说："嗯，好像是的。"

"我似乎看见那里面有个人。"申公荻说。

"糟糕！"何钊一顿脚，说，"我们疏忽了尸体，没有把它保护起来。"说着拔腿就往医院的太平间飞跑。

原来他们刑事研究所最近研制出了一台人体测电仪，不仅可以测出人体的生物电流,并且还可以测出尸体内所含静电的状况,由此推断出肌体的损伤及其原因。必要时,他还准备将尸体带回北京去做这种测验。

太平间的门上挂着一把大锁。四周静悄悄的,阒无人迹。他们仔细搜索了两遍,什么也没有发现,只好去医院找来恽岱荣大夫,请他把管理太平间的工友喊来。

"这门是什么时候锁上的?"何钊问工友。

"是下午你们走后,保卫科的老张交代我锁上的。"工友一边开锁一边回答。

"在这期间有谁进去过吗?"何钊问。

"没有。"工友扬扬手里的锁匙,说,"这是德国产的王牌锁,钥匙就挂在我的裤腰上,没有它谁也休想进去。"

打开门,进入太平间,尸体还像原来一样停放在那里,尸体周围也未发现可疑的足迹和指印。

"不好,尸体被破坏了!"申公荻忽然发出一声惊呼。

何钊急忙掀开盖尸布,解开殓衣,果然发现尸体的胸部已经开始浮肿。照理,在这装有冷气的太平间内,尸体在几天之内是不会腐烂的。只要尸体不腐烂,它体内的带电状况也就不会改变。然而现在,一切都将随着尸体的腐烂而变化,即使把它带回北京做静电探测试验,也无济于事了。

何钊与申公荻交换了一个疑问的眼神,重新将尸体盖好,默默地退了出来。

从太平间出来以后,恽岱荣告诉何钊说:"刘钦教授想单独与您谈一谈,请您明天上午来医院一趟。"

"现在谈行吗?"何钊问。

"不行。"恽岱荣毫无商量余地地说,"我们刚给他做了生物电疗,需要绝对安静。"

"什么?生物电疗?"何钊几乎要跳了起来。难道那两盆白兰花的变异,就是因此而造成的?他迅速向申公荻看了一眼,见申公荻眼中也流露出失望的神色。

"是的,生物电疗。"恽岱荣并没有觉察到他们感情上的细微变化,滔滔不绝地向他们介绍起来,"生物电疗是当代医学上的一大创造。它是在古代按摩术的基础上发展形成的，治疗时用一架能模拟生物感电的机器，对病人患部进行放电刺激，既可促使肌体新陈代谢，又不致杀伤细胞，比一般的电疗功效要好许多倍。"

"治疗是在病房里进行的吗？"申公荻不动声色地问了一句。

"不是。生物电疗器体积很大，根本无法搬动，是在电疗室进行的。"恽岱荣回答。

"原来如此！"何钊长长地舒了一口气。他那如释重负的语气，连恽岱荣也感觉到了，不禁惊讶地看了他一眼。

何钊连忙掩饰地伸个懒腰，接过话题说："您知道教授想要与我谈些什么吗？"

恽岱荣沉默了一会儿，非但不予回答，倒是反问道："您了解教授的生平吗？"

"了解一些，但不详细。"何钊回答说。

"他是五十年代初从海外返回祖国的那批科学家之一。

"当时，年仅二十多岁的刘钦，已经成了美国一所颇有名气的实验室的研究员，前程似锦。对于他的回国，美国当局重重阻挠，一些亲友也劝他不要抛弃自己的锦绣前程，返回贫穷落后的中国。刘钦却慨然答道：'我出国留学，是为了救国。正因为祖国百废待兴，贫穷落后，我才更要回去，用科学救国。'

"回国以后，他亲于创建了我国第一个现代化的医药科研基地，培养了一批科研人员。他的工作得到了周恩来总理的高度赞扬。

"谁知'文化大革命'中，这么一位爱国的科学家，竟被遣送到一个荒僻的穷山沟里去劳动改造。刘钦的妻子原来就患有肝病，由于无钱治疗，转化成了肝癌。刘钦，他这位闻名世界的医药专家，只能眼睁睁地看着妻子死在自己的怀里……

"也许，正是由于这种强烈的爱和恨吧，在那以后的许多年里，他把整个生命都投入到自己的科研工作中去了，决心摘下基因治疗这一明珠，开创一个医药科学事业的新时代。可惜，在这大功即将告成的关键时刻，他的生命却已消耗殆尽……"

恽岱荣说到这里忽然停住了。何钊发现他的眼里有两点晶莹的东西，在明亮的灯光下一闪一闪。一种不祥的预感蓦然涌上何钊的心头，急忙问："教授的病危险吗？"

"非常危险，也许不能活多久了。"

"不，你们一定要设法治好他的病，不能让他死！决不能让他死！"申公荻忽然一把抓住恽岱荣的手，激动得失声喊出口来。

恽岱荣摇摇头，挣脱了他的手，说："我们会尽一切努力，但新陈代谢是不可抗拒的自然规律。"他说到这里，忽然把话题一转，单刀直入地说："我想，也许刘钦教授自己也意识到了这一点，想找您商量一下，以便尽早妥善地安排ATP的研究工作。"

何钊的内心也很激动，但长期的刑侦工作使他养成了沉稳的性格，能把感情深藏在心底，从不轻易表露。

七

从医院出来以后，两人的心情都很沉重。恽岱荣大夫的话似乎还一直在他们的耳旁回响，使他们感到责任的重大。是的，如果不迅速弄清事实真相，赶在刘钦教授死前完成ATP试验，就会造成永远无法弥补的损失，他们将会无地自容，也会遗憾终身。

然而，事实的真相究竟又是怎样的呢？病房里的两盆白兰花，尸体的突变，虽然向他们提供了一些可疑的线索，但整个事件仍然还是一个谜。按事理推论，顾、蓝二人极有可能不是死于心肌梗塞。如果是这样的话，那么他们究竟又是死于什么原因？他们的心室前壁为什么都会出现一毫米的破裂？姑且假定这是一种极其巧妙的谋杀吧！那么谋杀的凶手又是谁？实验室的门装有自动信息控制，外人无法进去。而刘苑璟和赵慊又是刘钦教授可以信赖的亲人。再说，罪犯又为什么要谋杀顾、蓝二人？他使用的又是一种什么样的谋杀方式？难道人世间真有古代神话传说中那种伸手一指，就能使人丧命的勾魂摄魄的本领？啊，荒唐，荒唐！是的，尽管现代科学已经证明某种具有特异功能的人能将体内的生物电放射出来，但这种电流毕竟是有限度的，还从未听说它能致人于死地……

何钊一边走一边苦苦地思索着这个神秘怪诞的谜，心中的迷雾一团浓于一团，怎么也理不出头绪。

"嘘。"申公荻忽然止步拉了何钊一下。

何钊猛一抬头,这才发现那使人迷离的夜雾不知何时已经消散了,一轮明月早已升起。银色的月光正轻盈地洒落在路旁茂密的树上、盛开的花上,也透过枝叶斑斑点点地洒落在他们身上,把四周变成了一个皎洁的银色世界。

在离他们不远的一条长椅上,正依偎着一对情人。风时断时续地吹送过来他们的对话:"璟,你爱我吗?真的爱我吗?"这是男的声音。

"爱……甚至在梦中。"女的回答。

"那你为什么老不答应与我结婚?没有你,我是多么空虚、寂寞……我们结婚吧!璟,现在就结婚,现在……"

"哦,别,别!请你别再提这个问题。"女的慌乱地请求说,"你想,爸爸病了,实验还没有成功,顾大虹和蓝琦又都……在这种时候,我们又怎么能……这么自私呢?"

"唉!"男的深深叹息了一声,"要是你爸爸不病,顾大虹和蓝琦不死,那该多好。"

"是的,要是那样,我们的实验也许早就成功了。"

"我们也就……"

声音低下去了,变成了喁喁的私语。

何钊忽然意识到自己已闯入了一个不该闯入的领域,拉了申公狄一下,准备离去。

然而,正在这时,那个男的声音又响了起来:"我真不明白,你爸爸为什么一直不肯把实验交给我们。"

这句话吸引着何钊,使他又不由自主地停下脚步来。

"爸爸怕我们也……"

"你爸爸也是,明明是心肌梗塞,却要疑神疑鬼地中止实验,还请来两个警探。"

"不,爸爸的担忧并非没有道理。"

"再去说一说吧!啊?"男的声音几乎变成了哀求,"你想,要是查来查去什么也查不出,而你爸爸却又忽然离开人世……"

"不!不许你这样说。"女的慌忙阻拦。

"其实,我心里又何尝不是和你一样,希望他能长命百岁。但这是事实。"这时男的强抑制住不满的声音,"你想,这样做还不是为了使老人家的心血不白费,使他能早一点看到自己的成果,即使突然离开人世，也能含笑九泉。"

隔了一会儿，女的好像动摇了，说："我，我再去试试……"

"璟，我的好璟……"

声音长时地中断了，原来两个人影已经搂抱在了一起，嘴唇紧贴着嘴唇。

何钊拉了申公荻一把，绕道走开了。他一边走，一边漫不经心地问："你看这一对儿？"

"女的非常漂亮、坦率、纯洁。男的呢，风度翩翩、潇洒大方，但有点矫揉造作。"申公荻回答。

"唔，不错。"何钊点头说。但他随即又撇开了这个话题，问："你确定太平间里有人吗？"

"老师，您应该相信我的眼睛。"申公荻回答。

"那么，你说说看，那是一个怎么样的人？怎样进去的？又是用什么方法破坏尸体的呢？"

"那人瘦长身材，身高一米七左右。其余的就不清楚了。"

八

翌日上午，何钊进入病房时，刘钦教授正戴着眼镜，躺在一张睡椅上看报，精神已比昨天好了许多。

"教授，听说您想单独与我谈谈？"何钊说。

"是的。"刘钦摘下眼镜，请何钊坐下，急切地说，"我想尽早知道您对这个案子的看法，以便做出妥善的安排。我的时间可能不多了，每一天都是极其宝贵的。"

"怎么回答您才好呢？时间实在太短，我还无法做出判断。"何钊说的是实话。

"这我知道，现在就要求您对案子做全面分析是不实际的。"刘钦点点头，两眼盯视着何钊，充满希望地说，"我只要您一句话，那就是您认为这里面有无人为的因素？"

何钊思索了片刻，说："在回答您以前，我还想先弄清楚两个问题。"

"请说!"刘钦坐起来专注地听着。

"第一,您的实验国外有人知道吗?"

"当然,基因治疗是当代医药科学研究上一颗诱人的璀璨明珠,不少国家都在从事这一课题的研究,竞争非常激烈,更何况我又曾在一些国际性的学术讨论会上,宣读过几篇论文。"

"第二,这项试验有无危险性?比如说,您所研制的ATP能否用于战争?"

刘钦的身体忽然颤抖了一下。他沉默了许久,这才点头说:"是的,有这种危险。其实,ATP实际只是一种类病毒大分子。您知道,病毒早有活动式基因'封袋'之称。它四散活动找寻猎物——细胞,先以核酸进入细胞,继而搅乱细胞正常的遗传机制,转而执行它的指令,产生一批批新病毒,而细胞本身却往往被灭杀于这一过程中。而ATP,则是按照医学的需要,用生物技术拼接基因而培养出来的类病毒大分子。它具有远超一般病毒的活动力,它能把细胞从别的病毒手中夺过来,转而接受正确的指令,恢复正常。当然,作为一种基因抗体,还必须先对它做去毒处理,消除它的危害性。如果将未曾去毒的ATP注入人体,那么它不仅会灭杀细胞,并且还会触发邻近的处于休眠状态的癌基因,成为一种致癌剂。"

"这种致癌剂可怕吗?"

"可怕,非常可怕。"刘钦回答。他稍稍停顿了一下,才接着说:"如果通过某种途径,将它散布到某一地区,这个地区的人畜就会遭到毁灭性的灾难。它对人类的危害,将远远超过历史上所有的细菌战。"刘钦教授说到这里,眼前仿佛出现了那种可怕的灾难,脸部一阵痉挛。

何钊点点头,说:"现在我可以告诉您了。教授,您的担心并非多余,这里面完全可能有人为的因素。"

"卑鄙!"

"是的,确实卑鄙。然而这也正是一切敌视我国,敌视全世界爱好和平的人民,妄图称霸世界的野心家们的共性。"

何钊站起来,激动地在病房里走了几步,然后才转过身来,继续对刘钦说:"教授,您大概知道,从七十年代起,癌症已广泛地引起了人们的注意,许多国家在禁用农药、消除污染以及戒烟禁烟等方面做了大量工作,有效地降低了癌病发生率。但奇怪的是在某大国控制的一些国家和地区，癌病发生率不但未见减少，反而呈直线上升。您能说这里面就没有人为的因素吗？"

刘钦点点头，说："这么说，暂停ATP的试验，是做对了？"

"不，您做错了。"何钊回答。

"为什么？"刘钦惊愕地问。

"因为您将为此丧失时间，而您自己刚才说过，每一天都是极其宝贵的。"何钊进一步详细地向他解释说，"请您设想一下：如果顾大虹和蓝琦确系正常死亡，那么因此而停止试验，无疑是愚蠢的；如果他们是被人谋杀，那么这种谋杀实在是异乎寻常的巧妙，我们所面对的是非同一般的高明对手，而ATP试验的中止，必将使凶手销声匿迹，变得难于寻找……因此，这样做也是愚蠢的。"

"哦。"刘钦恍然醒悟，说，"现在我决定立即恢复ATP的试验，并且把它委托给你。"

"我？"这次轮到何钊惊愕了。

"您放心，我当然不会要您负责技术上的事，只是请您去组织安排。"刘钦笑着说。

"好！"心有灵犀一点通。何钊立即将坐椅移近教授，低声与他详细商谈起来。

九

第三天上午，何钊在一个有关人员参加的会议上宣布："经过两天多的调查，顾大虹和蓝琦的死因已经查明。原来顾大虹和蓝琦是表兄弟，他们的外祖母就是死于心肌梗塞的，死亡时三十二岁。顾、蓝二人年龄相仿，又都继承了这一血统，所以相继发病猝死。这叫隔代遗传，属于正常死亡。"

"顾大虹和蓝琦是表兄弟？以前怎么从来没有听说过。"赵慊惊讶地说。

其余几个人也都向何钊投去疑问的目光。

何钊向保卫干部老张点点头，说："这事是老张同志负责组织调查的，现在请他向大家详细谈一谈。"

老张推让了一下,接着打开一份调查报告,一边看,一边慢慢地说道:"下面是电请顾、蓝二人家乡所在地安阳与武汉两市公安局协助调查的结果。顾大荣和蓝琦的外祖母叫张杨氏,系河南省安阳市人,三十二岁时死于心肌梗塞。她有两个女儿,大女儿叫张洁,嫁给一名教师,是顾大荣的母亲。二女儿叫张静,嫁给一名工程师,是蓝琦的生母。'文化大革命'中,张静夫妇先后被迫害致死,留下一个不满周岁的男孩。当时,张洁夫妇也遭受批斗,自顾不暇,只好把妹妹的遗孤送给了一对蓝姓的夫妇。蓝姓夫妇领养蓝琦不久,就因工作调动离开了安阳,以后又几经迁徙,辗转落户武汉,加上夫妇俩自己没有生育,一直把蓝琦视如己出,他们之间的这一层关系,也就鲜为人知了。"

"原来如此!"

几天来压在众人心上的一块重石,终于搬除了!人们愁眉舒展,轻松地舒了一口气。

待大家安静下来后,罗瀚教授缓缓地站起来,庄重地说:"现在我受刘钦教授委托,宣布把ATP试验任务交给刘苑璟和赵慊,由他们自选助手组成新的实验组,刘苑璟同志任组长。立即恢复ATP试验!"

会场里的空气顿时活跃起来。大家都把视线投向刘苑璟和赵慊,向他们表示鼓励和祝贺。

罗瀚向刘苑璟点点头,说:"刘苑璟同志,现在请你来接受任务。"他拿出一小粒密封的纸丸,郑重地把它交给刘苑璟,两眼凝视着她的脸,嘱咐说:"记住!姑娘,现在ATP的秘密就掌握在你的手里了。这可是事关重大啊!"

何钊一直在仔细观察着刘苑璟和赵慊。他发现姑娘的脸由于激动而红晕起来。那红晕,使她本来就十分姣美俊俏的脸容,显得格外妩媚动人。赵慊呢,较能控制得住自己,脸上只露出平静的微笑。待刘苑璟接过纸丸以后,一向不抽烟的何钊忽然抽出一支烟来,"啪"的一下打燃了打火机。

刘苑璟展开纸丸,只见上面写着三行工整的小字:

第二保险柜
081946
(默记销毁)

刘苑璟默默诵记了两遍，在何钊的打火机上点燃了纸条……

会议结束以后，何钊大步走向刘苑璟和赵慊，握住他们的手说："祝你们早日成功！"

"实验成功，我们一定打电话至北京向您报喜。"姑娘说。

"不，我还准备在这里再待两天，欣赏欣赏海岛风光，采集一些岛上的植物标本，也许能等到你们成功的喜讯。这里的风景实在太美了，来一趟可不容易……"何钊回答说。

当天下午，何钊果然兴致极浓地拉着罗瀚教授去周游海岛，接着又驾驶着所里的一艘气垫船去海上遨游。他驾驶着气垫船飞速地绕着小岛行驶了一圈又一圈，一边驾驶，一边称赞这艘气垫船，说是由于喷出的压缩空气将船体托起，这就最大限度地减少了它前进的阻力，最高时速可达二百四十公里，是当今世界上速度最快的水上交通工具。直到罗瀚晕起船来，才十分不舍地回到岸上。最后，他又独自一人在海滩上徜徉了许久，看看一轮红日快要西沉，这才兴犹未尽地返回研究所。

研究所内，申公荻正在他的房间里等待着他。何钊一进门，他立即拿出一叠材料，说："顾、蓝二人的家乡均已回电，他们的父系、母系亲属中，都没有患心脏病的。"

"好呀！"何钊向申公荻眨眨眼，笑着说，"我刚在会上宣布了调查结论，你就来给我推翻了。"

申公荻会意一笑，马上又收敛起笑容，指着桌上的一份宗卷说："我们查阅了岛上所有职工的档案，通过筛选，留下了四个怀疑对象，都是瘦长身材，身高一米七左右。一个是食堂的炊事员，平时与研究员们接触较少，根本不可能进入实验室；另外两个虽然是研究人员，但却不是 ATP 试验组成员；第四个人就是赵慊，他是 ATP 实验组的成员，两次死亡事件都发生在该组实验室，那天刘钦教授的心绞痛发作，他也在现场，可疑性最大。"

"他的资料？"

"辽宁省沈阳市人，前年毕业于北京医科大学，毕业后即分配到云岛医药研究所工作。他大学毕业的那一年，父母双双去世，家中只剩一个哥哥。年前他哥哥还来研究所看望过他一次。我已分别发电去沈阳和北京公安局，请他们协助调查。"

"嗯。"何钊点点头，翻开宗卷仔细审阅起来。

十

翌日上午，何钊又带着申公荻登上岛心的山峰，采集了许多植物标本。

何钊不仅是一位著名的刑侦专家，也是一位业余的生物学爱好者，具有广博的生物学知识。早在中学时代，他就爱摆弄些花呀、草呀、虫呀、鸟呀……是班上出名的小生物迷。谁知后来参加高考，他填了志愿的学校一个也没有录取，偏偏录取到他做梦也没有想到的公安大学。在那个一切服从祖国需要的年代，出身工人家庭的他，根本就没有想到过可以不服从分配，等待一年再考。于是招生老师的这一乱点鸳鸯谱，就彻底改变了他的生活道路。

不过，他的生物学知识也没有白学。有许多次，正是他的生物学知识为他的侦查工作提供了帮助，帮助他迅速拨开迷雾，寻找到罪犯。这也是他为什么能在众多同行中崭露头角，成为佼佼者的原因之一吧！

下午，他就把自己关在房里，分门别类地整理和研究那些采集来的标本。

"专家，您看！成功了，研制成功了！"

何钊正神游于他的生物世界里，刘苑璟忽然一阵风似的闯了进来，高举着一只小瓶，十分兴奋地叫道。

"真快！"何钊放下手中的标本，惊喜地说。

"其实，我们并没有做什么。爸爸和顾大虹、蓝琦已经完成了核心部分，只剩下最后一道程序。就是这道程序，蓝琦也留下了详细的方案。"刘苑璟说着摇晃了一下手中的小瓶，又兴奋地补充了一句，"分子结构和性能与预期的完全相同，只不过还未进行动物试验。"

何钊受她的情绪感染，也激动地搓着手，连连地说："好！祝贺你们，祝贺你们！"

刘苑璟忽又压低了声音，秘密地说："赵慊和我商量好了，暂不宣布，要我先拿给爸爸鉴别一下，让他高兴高兴。对别人，一——律——保——密！"她说着转身就要往外走。

"等一等！"何钊喊住她，说，"我想提一个问题，不知你能否告诉我？"

"什么问题？"刘苑璟停步问。

"坐下，你先坐下。"何钊拉过一张椅子，要姑娘坐下，装作很随便地问，"你与赵慊是怎么认识的？"

姑娘抬头惊讶地看了他一眼，说："这也有必要告诉你吗？"

"是的，非常必要。如果这里面没有什么秘密的话。"

"秘密？这能有什么秘密？"刘苑璟忽然咯咯地笑了起来。笑过之后，她抬起头来，两眼闪烁着幸福的亮光，开始一边回忆一边叙述起来。

那是一个初秋的早晨，刘苑璟去苗圃采药。她披着霞，踩着露，迈着轻捷的步子，一边走一边哼着一支旋律优美的歌。

她走着走着，忽然"呼"的一声，在她面前竖起一条拐杖粗的眼镜蛇。那蛇高昂着头，颈部张开得像一把蒲扇，一双凶恶的眼睛紧盯着她，嘴里呼呼地直吐舌头。刘苑璟一声惊呼，吓得两脚像钉住了一般，一步也不能移动。

就在这千钧一发之际，一个青年忽然跃到刘苑璟身前。他挥手向眼镜蛇一扬，那蛇立即倒地，掉头慢慢地游了开去。那青年就是赵慊。

刘苑璟这才感到一阵晕眩，两腿似棉花一般软弱无力，竟身不由己地倒在赵慊怀里……

何钊听了这一段奇遇之后，想了一下，问道："他一扬手，眼镜蛇就倒下去了吗？"

"是的。事后我也觉得有点奇怪，曾经问过他。他回答说，当时他是抛出了一块石头，把那条蛇引了开去。"

"你看见他抛出了一块石头吗？"

"没有，好像没有抛出什么……不过，也许我没有看清楚。您知道，当时我是那么害怕。"

"嗯。"何钊点点头，说，"后来呢？"

"后来，他就常到我家来玩，向爸爸请教一些学术上的问题。爸爸说他天赋很高，又勤奋好学，逐渐喜欢上了他，指名将他调到ATP试验组。我，我，我也……"刘苑璟说到这里，面带羞涩地低下了头。

送走姑娘以后，何钊陷入了深深的沉思。他背靠着双手，来来回回地在房里一边踱步，一边自言自语："一扬手，眼镜蛇立即倒地，并且是掉头慢慢地游了开去……是抛出了一块石头，转移了蛇的目标吗？不错，由于眼镜蛇的眼球凸出体外，似蛙眼一般，善于捕捉活动的目标，看静止的东西却比较模糊，抛出一块石头是可以转移它的目标。但眼镜蛇在追捕猎物或是逃跑时，速度却是极其惊人的，而那条蛇却是掉头慢慢地游了开去……"

丰富的生物学知识又一次帮助何钊，使他迅速发现了疑点。

"难道说……"何钊想着想着，几天前的那个想法忽又涌上脑海，强烈地吸引住他。他反复推敲了一番，却又摇摇头，心中自嘲道："荒唐，荒唐！即使他具有放射生物电的特殊功能，那电流的强度也是有限的，岂能伸手一指就致命……"他感到自己仿佛又陷入了一片迷蒙的雾海之中。

何钊正在自言自语地反复推敲时，申公荻推门进来了。他把一份材料放在桌上，说："天津的回电来了。赵慊的父亲是死于车祸。赵慊得讯赶回家的第二天，他母亲也突然死去，是死于心肌梗塞。"

"什么？又是心肌梗塞？天啊！为什么这几天遇到的都是心肌梗塞？"何钊几乎喊叫起来。

申公荻又把一份材料放在桌上，说："这是当年的一份公安简报。在赵慊回家服丧期间，有一名外籍华人在游八达岭时失踪，直至一个月以后，才在距失踪地一百多里的某处下水道里找到他的尸体。发现时，尸体已高度腐烂，面目模糊不清，是他妻子从身高、体型以及衣着辨认了出来。"

"你认为这两件事有着某种内在的联系？"何钊两眼一亮，站起来问。那个一度被他推翻了的念头，重又顽强地浮上他的脑海。

"是的，我怀疑那个外籍华人就是现在的赵慊，并且是专为 ATP 而来的……"

"等一等！"何钊截断了申公荻的分析，说，"让我想一想，想一想……"他重又在房里来来回回地踱起步来。

"……冒名顶替，被母亲发觉……杀伤毒蛇，骗取教授父女信任……谁知教授在试验中严格遵守保密制度……于是，在大功即将告成的关键时刻，弄病教授……为了窃取秘密，又杀死顾大虹……杀死蓝琦……"

何钊忽然停步，兴奋地一击掌，说："对！这是一个大胆而又严密的推论。只不过这个推论的基础都建立在一点上,那就是赵慊必须是这么一个极其特殊的人,他能放射出强大的生物电或是别的什么能源,使人立即致死。只是这一点实在近乎荒谬,我们也无法去证实。"

"是的,我想去试探一下,必要时逼迫他放电。"申公荻说。

"你以为他会那么愚蠢吗?"何钊重新在椅子上坐下,说,"还是先去侦察一下他的房间吧。"

"我已经侦察过了。在他的房间里没有发现任何可疑的东西。"

何钊紧蹙双眉,用手支着下颔反复考虑了许久,最后终于下定了决心,说:"看来也只好走这一步了。我找个机会去试探他一下。"

"老师,您……"申公荻担忧地抬起头来,两眼哀求地望着何钊。

"怎么?太冒险了?"何钊忽然哈哈大笑了起来,不容争辩地说,"不!在这一方面,你也许还不是他的对手,而我却有几分把握。"

十一

黄昏。一轮夕阳,万道彩霞,将岛上的山川、树木、房屋都染上了一层淡淡的橘红色。此时的云岛,又仿佛是从茫茫大海中浮升起来的一座仙境,无比美丽、诱人。

晚餐以后,申公荻独自一人在研究所内的花丛曲径间漫步,远远看见赵慊吹着口哨,潇洒地从对面过来。

一个念头蓦地在申公荻心里一闪:为什么不抢在老师之前,先试探他一下,而要让老师去冒险呢?于是他一边思索着作战方案,一边迎上去招呼说:"你好!"

"你好!"赵慊停步彬彬有礼地说。

另一个念头忽又闪电般掠过申公荻心头:自己能成功吗?不要弄巧成拙,反而使对方警觉。但他立即又否定了这一想法:对手虽然阴险狡猾,手段高明,但毕竟是灵魂空虚、为金钱卖命的亡命之徒,只要自己击中要害,就一定能成功。于是,他盯视着赵慊,有意挑逗地说:"研究员同志,这两天闲得慌,能否把你书架上的那一套《福尔摩斯探案集》借我一读?"

"你到过我的房里?"赵慊一怔,惊讶地问。

"没有,你那房门的锁是特制的,谁能进得去?我是从窗外看见的。"申公荻一笑,平静地说。

"窗外?"赵慊摇摇头。他住在楼上,靠走廊一边没有窗户,更何况他那书架又不靠窗,焉能从窗外看到?

"是的,窗外。"申公荻再次回答,接着又幽默地加上了一句,"侦察员嘛,成年累月与隐藏的罪犯作斗争,就得有一双洞悉一切的眼睛。"

"不错,洞悉一切的眼睛。"赵慊忽然领悟地一笑,点破说,"其实,这也没有什么奥妙,你是从别人那里知道的。"

申公荻不置可否地一笑,接着又说:"我不仅知道你爱读侦探小说,并且知道你还爱读诗。此刻,你的上衣口袋里就有一张诗笺,抄录着道生的一首爱情诗:'无限的悲哀,荡着我的愁怀!只因为明朝哟,你我便要分开……'"

"你怎么知道?"赵慊又是一怔,但他随即一想,也就醒悟似的说,"这也不奇怪,这首诗我今天对别人朗诵过。"

申公荻咬咬嘴唇,抬头向远处的宿舍大楼看了一眼,似正经又似逗趣地说:"我还知道你那心爱的人儿正在你的房里等你,她已经等了你好一会儿了。"

"你看见她进去的?"赵慊问。

"没有,是此刻看见的。"接着,他又指着楼房的一扇窗户,故弄玄虚地说,"你看,她不就坐在房内的写字台旁。怎么,你眼睛近视。看不到吗?"

赵慊眯细眼睛极力向自己住房的窗户看去,只见那楼房高高耸立在晚霞之中,夕阳的余晖映红了白色的粉墙,更衬托得窗内灰蒙蒙的,什么也看不清楚。

"你看,她等得不耐烦,站立起来了。"申公荻仍然凝视着远处的楼房,一边看一边说。

赵慊疑惑地看看申公荻,又看看远处的楼窗,仍然什么也看不到。

"她走出房门了……她正在一步一步地下楼梯……她快走近大门了……"

申公荻忽然用力在赵慊的肩上一拍,大声说:"看!她从大门里出来了。"

赵慊急忙向楼房的大门看去,果然见刘苑璟的身影一闪,从大门里走了出来，接着转弯径直朝医院的方向走去。他不觉回头惊疑地打量着申公荻，一时呆若木鸡。

申公荻又拍拍他的肩，得意地笑着说："怎么样，我这眼睛？"

"这……"赵慊半晌才从呆怔状态中惊醒过来。他伸手一看表，这才猛然醒悟地一拍手，钦佩地说："不错！这是她每天去医院的时间。侦察员同志，你的调查工作做得倒蛮细致，真可以说是了如指掌啊。"说着他又看了看表，向申公荻点点头，转身匆忙向前走去。

"站住！"申公荻猛然一声大喝，喊住赵慊，厉声问，"那天晚上你去太平间干了些什么？"

"哪天晚上？"赵慊转身茫然地看着申公荻。

"就是我们来的那天晚上。我亲眼看见你在太平间里。"申公荻两眼紧盯着他，仔细捕捉他脸部表情的细微变化。

赵慊一怔，脸色急骤地变化着。他怒目瞪视着申公荻，猛地举起手来，直指申公荻的前胸。申公荻一惊，急忙一仄肩，侧身对着赵慊，准备承受那也许是致命的一击。但，奇怪的是那预料中的一击却迟迟不来，而赵慊的脸色却忽又似雨雪初霁，豁然开朗。

"哈哈哈哈……"他忍俊不禁地迸发一阵大笑，笑毕用那只举起的手亲切地拍着申公荻的肩，揶揄地说，"我亲爱的侦察员同志，你可真算得上是一位天才！只可惜这样的玩笑，开得未免有点过分。"他说罢一拂袖，转身扬长而去。

申公荻长时地望着他远去的背影，怔怔地想："啊！他为什么不放电？为什么不放电？难道说一切的一切全都推论错了，他只不过是一个普通的人？"申公荻用力咬着嘴唇，为自己的失败而难过。

十二

赵慊回到房里，换了一身衣服，正对着镜子整理衣着时，何钊敲门进来说："赵慊同志，我想请你过去帮点忙，可以吗？"

"行，行！我这就跟您过去。"赵慊爽朗地回答说。

何钊把赵慊带进自己的房里，从上午采集来的一大堆植物标本里，拿出一株开着蓝花的小草，说："今天出去采集了一些植物标本。说来惭愧,其中有一种我竟忘了名字。你能告诉我,它是什么花吗?"

赵慊接过那株小草看了一下,说:"这是勿忘我,原产欧洲。"

"哦,对,对!勿忘我。"何钊恍然醒悟地点头说,"在欧美,人们常常借它来寄托相思,就像我们中国的红豆一样。"他说着用手拍拍自己的脑袋,感叹地摇着头:"你看我这记性!"

"是的,勿忘我又称相思草、相思花。"赵慊似有所感地点点头,指点着那几朵花说,"您看它娇羞欲滴,又似笼着一层愁云的神态,不正像一位相思的姑娘?看着它,真能使人想念起远方的亲人。听说这岛上的勿忘我,还是刘钦教授归国时,从美国带回的种子繁殖衍生的。他的父母都埋葬在那里,那里是他的第二故乡。他在回国以前,特地去墓园采集了一袋勿忘我种子……"

何钊沉思地点点头。接着,他似想要改变一下气氛,摆脱沉痛的往事,忽然把话题一转,对赵慊说:"听说你还是一位下棋能手,做学生时夺过全校的象棋冠军。怎么样,我们来下一局吧?"

"不,不!"赵慊慌忙推辞,连连说,"已经许多年没有下棋了,棋艺早已荒疏;再说,我还想抓紧时间做一点事,翻几页书……"

"嗳,调剂调剂精神嘛。"何钊不容分说地把他按在一张椅子上,边摆棋盘边说,"古语云:张而不弛,文武弗能也;弛而不张,文武弗为也;一张一弛,文武之道也。"见赵慊起身要走,又一把按住他,说:"下一盘,只下一盘!"

赵慊无奈,只好坐下与他对弈起来。

看来赵慊的棋艺正如他自己所说的,荒疏已久,一盘棋才下不久,就处处被动。当何钊跳上一只马,准备卧槽将军时,他四顾无子可以援救,便准备把已经过了河的一只车抽回来。可是,当他伸手去拿棋时,那只车却忽然不见了。"咦,我的车呢?"赵慊不觉发出声来。

何钊诡谲地一笑,说:"被我吃掉了。"

"什么时候吃掉的?"

"刚才。"

"我怎么没有看见?"赵慊奇怪地问。

"这就叫瞒天过海——看不见的战术。"何钊噗哧一笑,把他的车给放回原处,说,"这是运用最新科学技术进行的一种特务活动。最近某大国就训练了一批具有特异功能的特务,派遣至各国搜集科学情报。其中有一个能放电的华人,名叫唐·安德烈夫,就被派遣潜入了我国。"

"哦,这倒挺新奇。"赵慊饶有兴趣地听着。

"那个唐·安德烈夫冒名顶替,混进了我国的一所研究所。"何钊继续叙述着,一双犀利的眼睛紧盯着赵慊,观察他面部表情的细微变化。

"冒名顶替?"赵慊若无其事地微笑着,摇摇头,怀疑地说,"人的相貌各异,这不可能吧?"他说着抽回那只车,拦住了何钊的卧槽马。

"只要身高、体型相同,面貌上的些微差异,现代的整容术完全可以解决。"何钊动了一步炮,保住了自己的马。

赵慊解除了危机以后,并不忙于想下一步棋。他抬头看着何钊,兴趣浓厚地问:"就算面目一模一样,但思想性格、情趣爱好呢?总不能模仿得惟妙惟肖吧?同志们每天生活在一起,又怎能看不出破绽?"

"他选择了一个好时机,就是大学毕业奔赴工作岗位的时候,老同学各奔东西,面对的都是新同志。"何钊简单地回答了他的问题以后,又接着叙述下去,"那个唐·安德烈夫先骗取了一位名教授的信任,接着就用生物电神不知鬼不觉地害死了教授,偷窃走教授正在从事研究的一项重要科研项目的宝贵资料。"

赵慊高兴地笑了,说:"您说得真有意思,要是把它写下来,倒是一篇蛮不错的科幻小说。"他说着动了一步卒,把它挺过了国界。

何钊不动声色地等他放稳棋子,一下子飞起象来吃掉了那只过河卒,认真地说:"不,这完全是真事。那个唐·安德烈夫已经被公安人员发现了。"

赵慊一拍大腿,一边惋惜自己的过河卒,一边问:"可是,公安人员又怎么会知道那个唐·德烈夫能放射生物电呢?"

"这很简单。"何钊仰身舒适地往椅背上一靠,显得很随便地说,"因为我国的科学家最近研制成功一种生物电探测仪,可以准确无误地测录出人体内的生物电流。这种仪器小巧玲珑,便于携带,此刻我的口袋里就有一个。"

赵慊忽然喊一声"将!"拿起一只车来,伸手直指何钊的胸口。顷刻,何钊仿佛挨了沉重的一击,"砰"的一声,连人带椅子一起摔倒在地。

赵慊慌忙站起来,正要绕过桌子去扶他,申公荻和老张却一阵风地从门外冲进来。申公荻抢先一步扶起何钊,侧目斜视了赵慊一眼,对老张说:"快!快去给医院打电话。"原来他们早就守候在门外。一直在暗中保护着何钊。

何钊立即被送进了医院。

医院的急救室内,医务人员进行了一番全力抢救,才使昏迷中的何钊苏醒过来。等医务人员一离病房,申公荻立即锁上房门,与老张一起转身奔向躺在病床上的何钊。

何钊伸手掀掉被单,像健康人一般猛地坐起来。

"刚才真吓死人了。快说说,是怎么一回事?"老张急忙问。

"真可怕!"何钊长长舒了一口气,说,"我刚说到生物电探测仪,并假说身上正带着一个时,他忽然伸手向我一指,顿时,像有什么东西在我的胸口上狠击了一下,连心脏都被震痛了。我连忙弄翻椅子,假装晕倒在地。"

何钊说着动手脱下衣服,解下穿在里面的保险背心,仔细审视起来。灯光下,只见那件用特殊塑料钢制成的保险背心的左前胸位置上,出现了一个极其微小的凹洞。何钊用手轻轻地抚弄着那个凹洞,心有余悸地说:"太可怕了!今天要不是穿了这一件保险背心,我恐怕也成了心肌梗塞的亡魂。"

老张看看保险背心上的那一凹洞,也感到一阵心寒,说:"真厉害!这究竟是什么武器?"

"生物电流。"申公荻回答说。

"真不可思议,一个人的躯体内,竟能够蕴贮着这么强的生物电!"老张听后又摇头叹息说。

"是的,确实不可思议。"何钊点头说,"他要不是一个极其特殊的怪人,能放射出强大的生物电流,就是手内装有某种我们所不知道的微型放电器,能放射出一种类似激光的集束电流。但无论是前者还是后者,在这以前,我都认为这只能是一种理论上的假设,实际无法做到。可是现在他却……"他说到这里忽然停住,回头问申公荻:"胶卷冲洗出来了吗?"

申公荻点点头,拿出一卷微型胶卷,在他面前展开。

何钊拿着放大镜,对着灯光一张一张仔细地审视着胶卷,除了一张照片在他的胸前有一点极其微小的光斑外,其他什么也寻找不到。他极其失望地叹了一口气。像这样的胶卷,拿到法庭上去是说明不了多少问题的。

"逮捕他吗？"申公获问。

"罪证呢？"何钊说，"你以为在法庭上他还会来一次放电表演吗？"

"那怎么办？"

"制造机会，诱敌显形。"

一小时后，停在云岛医药研究所草坪上的那架弧光——2型超音速飞机，被一团团气流轻轻地托了起来。它载着申公获、恽岱荣和"生命垂危"的何钊，在送行人们忧郁沉痛的目光的注视中，悄无声息地飞离了云岛，径直飞往北京中国心脏病中心研究所。

十三

深夜，刘苑璟从医院回来，远远就发现ATP实验室里的灯光还亮着。那灯光引起了她一连串的甜蜜回忆，温暖了她的心。一定是赵慊又在不顾命地干上了。不行！他昨天已经熬了一个通宵，得赶快去阻止他。

刘苑璟一走进实验室，就看见赵慊正在灯下一页一页地翻阅着ATP的资料，他身后的那只保险柜的门开着。

刘苑璟心里忽然升起一团疑云：咦，是自己下班离开时忘了锁保险柜吗？不对！她离开实验室前明明把资料都收进了保险柜，并且顺手关上了柜门。这是一只美国出产的半自动化的保险柜，只要一拨密码，柜门就会自动打开；一关柜门，又会自动上锁。赵慊不知道开锁的密码，是怎么打开保险柜的呢？

赵慊猛一抬头，看见刘苑璟，笑着解释说："明天就要进行动物试验了，这可是成败的关键。我反正睡不着，就想着再来查对一下数据，看看我们在制取ATP的程序中有没有什么误差。"说完，他又低下头去不停地翻阅起了资料。

刘苑璟往前走了两步，问："你是怎么打开保险柜的？"

"哦，你没上锁。"赵慊头也不抬地回答。

"不对！保险柜是我当着你的面锁上的。"刘苑璟大声说。她对情人的当面撒谎，感到震惊。

"哦，对了！你爸爸把密码告诉了我。"赵慊心不在焉地回答。他一边说，一边仍然不停地翻阅着资料。

爸爸真告诉他了吗？不，也不对。他还是在撒谎！

刘苑璟不觉睁大眼睛怒视着赵慊，白净的脸气得一阵阵发红。她真没有想到，自己的情人竟会如此不诚实。几年来他逐渐在她心里建立起来的美好形象，顷刻间被完全破坏了。她真气得想哭、想骂、想闹……然而，就在她刚要发作，严厉责备他的时候，却发现他把手表向里戴着，每翻动一页资料，表面就泛出一圈微微的绿光。蓦地，一个恐怖的想法在姑娘的心中闪过。她再也顾不得追问开柜的事，一把夺过资料，大声说："不对！你在拍照?！"

赵慊一怔，说："璟，别开玩笑！快把资料给我。"

"谁跟你开玩笑？"刘苑璟气得几乎要哭起来，"快说，你为什么要拍照？为什么要拍照？再不说，我要按电钮报警了。"

"别，别！璟，你听我说。"赵慊连忙一把拉住刘苑璟，他略略想了一下，似乎是下定决心把一切都摊开来似的说，"璟，这些日子我常常想，怎样才能使我们婚后的生活过得更加幸福美好。我想，我们应当去旅游，观赏一下日本的富士山、埃及的金字塔、罗马的古教堂，另外还有巴黎、伦敦、日内瓦、纽约、芝加哥……这些地方也都应当去一去。可是，这一切都需要钱，钱！……钱是世界上的万能之宝，只要有了钱……"

刘苑璟忽然感到一阵晕眩，恐惧、悔恨、厌恶、鄙夷，各种感情一起涌上心头……

赵慊见她没有作声，误以为自己的话打动了她的心，便继续说下去："正好有一个国家知道了我们的研究成果，愿意出高价购买ATP的专利权。只要我们把资料带过去，他们立即付一百万美元，另外还给发明专利权、科学奖金。我们顷刻就会成为百万富翁、科学名人……"

"卑鄙！"刘苑璟猛地一扬手，"啪"的一声，狠狠打了赵慊一个耳光。她趁赵慊略一愣怔，挣脱了他的手，转身就跑。

赵慊伸手捂住自己被打得火辣辣的脸，愣怔了一下，看见刘苑璟正要伸手去按报警的电钮，他连忙伸手一指。刘苑璟立即头晕眼花，全身一软，晕倒在地上。

赵慊快步走过去，俯身看看刘苑璟，又伸手对准她的胸口。但当他的目光一接触到她那纤细苗条的身躯,那高高隆起的胸部,那优美俊俏的面庞,还有那一张他曾经亲吻过许多次的樱桃般可爱的小嘴时,他伸出的手又无力地低垂了下去。是的,她太美了,实在太美了!这些年他已经不知不觉地陷入了情网,他不能也无法挣脱。既然如此,他又为什么不可以把她带走呢?

赵慊刚想到这里,什么地方好像轻微地响了一下。他吃了一惊,慌忙抬头四望,接着又仔细倾听了一会儿。什么声音也没有,四周像死一般沉寂。原来是一场虚惊,赵慊想。但他的心里却涌上了一阵又一阵的恐惧,再也不敢继续在这个危险的地方待下去了。他从刘苑璟的手里抽出资料,一把塞进口袋,接着小心地抱起刘苑璟,脚步轻得像一只猫似的走出实验室。

真是万幸,从实验室出来以后,一路上都没有遇到人。

现在,海岸已近在脚下,那艘高速的气垫船也静悄悄地停在脚下,只要再跨几步,就可以登上去了。

赵慊轻松地舒了一口气,心想:人们也许都还在床上做着甜蜜的美梦吧?是呀,折腾了那么一夜,又怎么能不疲倦?包括刘钦、罗瀚和老张。至于那个眼睛非常厉害的侦察员呢,已经与恽岱荣一起护送他的老师飞往北京心脏病中心研究所去了。但那又有什么用?顶多是苟延残喘地多拖延一点时间罢了。他那致命的一击,准确地对着心脏,决不会有丝毫误差。只要那个姓何的一死,就再也没有谁能解开这个谜了。北京的大夫们也只能和那个可怜的恽岱荣一样,错误地做出心肌梗塞的诊断。

然而,就在这时,忽然从一块黑糊糊的岩石后面跳出几个人来,拦住了他的去路。赵慊大吃一惊,吓得几乎要喊叫起来。原来为首的那人,正是他认为已经被他送到死神那里去了的何钊。

何钊两眼盯视着赵慊,冷冷一笑,说:"没有想到吧?唐·安德烈夫先生,现在你那动人的科幻小说应当结束了。"

赵慊猛地一用劲,将抱着的刘苑璟向何钊掷去。何钊怕伤着刘苑璟,连忙止步,伸手将她接住,但却被她的身体撞得打了一个趔趄,未能站稳,倒退着跌坐在地。赵慊趁机接连飞跑几步,跳上气垫船。

赵慊双脚刚在船上落定,一个人影忽向他扑来。他一闪身躲开了那人,回头一看,原来是保卫干部老张。他不等老张转身就伸手放电。老张立即"啊"的一声,翻身倒下水去。

赵慊急速开动气垫船,等其他几个人扑上前时,他的气垫船已轰然启动。那超乎寻常速度的气垫船,倏忽间便消失在茫茫的夜海之中了。

一直驶出好远,赵慊这才回头向迷茫的海岸看了一眼,心中如释重负。他深知此船的速度惊人,现在是任何人也休想追赶上他了。

十四

幸亏赵慊无意置死刘苑璟,他那慌乱中的一击,也未能击中老张的要害,经过一番抢救,二人都苏醒过来。

刘苑璟一睁眼就跳起来喊:"抓特务!"待看清楚她是在医院里,这才痛苦地哭泣起来,一边哭一边说:"快,快追!别让赵慊逃了。"

"晚了,已经追不上了。"罗瀚沮丧地摇摇头,为他没能及早看出赵慊的本质而感到难过。

"没关系,他逃不了的。"何钊平静地笑着。接着,他带领大家走向一架雷达探测仪,伸手按动电钮,荧光屏上立即显示出夜幕沉沉、波涛汹涌的大海。赵慊驾驶着的那艘气垫船正在浪涛上向前飞驶。他时而回过头来往后一瞥,脸上露出一丝轻蔑的冷笑。

气垫船愈去愈远,眼看着就要进入公海了。它前方的海面上忽然浪花翻滚,从海水里升出一根桅杆来,紧接着一艘潜水艇破浪而出。潜水艇刚一浮出水面,立即放射出两艘快艇,飞快地向气垫船包抄过去。

潜水艇上,申公荻正两手叉腰地站立在那里。此刻,他那瘦削单薄的身材变得无比威严,一双"火眼金睛"般的利眼正怒视着气垫船。他拿起电子扬声器,开始向赵慊喊话:"投降吧!唐·安德烈夫,你已经逃不了啦。"

赵慊满脸绝望,狠心一咬牙,猛地一转舵,气垫船立即像一匹疯狂的野马一般,在原处飞快地旋转起来。它越转越快,紧接着"轰"的一声,迸发出一团火焰……

"啊——"刘苑璟发出一声惊呼,伸手蒙住了自己的眼睛。

"混蛋!他竟敢自爆!"何钊骂了一声。他究竟是不是唐·安德烈夫?身上安装了一个什么样的秘密武器?伸手一指,放射出来的究竟又是一种什么样的电流？……随着赵慊的船毁人亡，许多事情都将谜沉海底，变得难以弄清楚了。他不无惋惜地叹息一声，伸手关掉电钮，接着转身关心地问刘苑璟：“姑娘，你怎么了？”

"完了，全完了！"刘苑璟痛苦地说，"ATP，资料，全都在他身上。"

"放心！他没有拿走。"何钊向罗瀚看了一眼，诡谲地一笑。

"是的，他没有拿走。"罗瀚点头说，"为了破案，我们只好让你们暂时受骗。ATP 的全部资料仍然在实验室的保险柜里，你们试制出来的，也不是真正的 ATP。他偷走的都是赝品。"说毕，他重又拿出一粒细小的纸丸，交给刘苑璟。

刘苑璟展开纸丸，只见纸条上的字比原来的那张多了两行：

第二保险柜
081946
第三颗星
Fidelity and protect

刘苑璟读罢，抬眼迷惑地看着罗瀚。

"走！让我们一起到实验室去。"

罗瀚带领他们走进实验室，按照密码打开那只保险柜。这一些都是刘苑璟原来都知道的。但奇迹随即就发生了：只见罗瀚接着又在保险柜的"七星"商标的第三颗星上一按，念着"忠诚与保护"那句英语。话音刚落，保险柜的底板就徐徐升起，紧接着"啪"的一声，打开了一个密室。密室里放着另一本装帧工整的真正的 ATP 数据。

罗瀚取出数据，郑重地交给刘苑璟，说："姑娘，现在让我们正式继续 ATP 的实验……"

何钊满意地一笑，转身走向窗口。窗外，夜幕已逐渐褪去，一轮朝阳喷薄而出，万道霞光将海天映照得一片通红。多美的早晨呀！不知等待着他们的下一个谜案，又将是什么？

玛城奇遇

一

早春二月。中国北部还处于冰封雪冻、春寒料峭之中；"夜即赤道之冬"的红海之滨，却是满眼葱绿、繁花似锦，气温高达二十五摄氏度以上。

在玛尔绍城郊一条静僻的林荫道上，一辆轿车风驰电掣，越过道旁一株株高大蓊郁的芒果树、艳如霞火的凤凰树，不断飞驰向前。

轿车里坐着两位中国男人。年长的那位高大魁伟，一双深邃的眼睛闪烁着灼灼光采，眉宇间透露出一股凛然正气。他叫何钊，是被誉为"当代猎神"的中国刑事研究所的刑侦专家兼生物学家。另一位是他的学生兼助手申公狄，一名英勇机智、目光锐利的侦察员。他们是应邀来玛城进行友好访问的中国法学代表团的成员。鉴于何钊对生物学的业余爱好，热情的东道主特地为他们安排了一个单独活动项目——参观遐迩闻名的玛尔绍瓜的种植栽培。

玛尔绍城地处红海、印度洋交接口。春秋两季，由于曼德湾湿润气流的进入，引起地区性降雨，使它成为非洲东岸唯一的赤道雨林气候区。这一得天独厚的自然条件，带来丰盛的物产，花香四季，瓜果遍野……它出产的玛尔绍甜瓜，个大、皮薄、瓤厚、味甜如蜜，堪与我国新疆的哈密瓜媲美。但新疆地处内陆，运输不便，玛城却临近海洋，兼又地处欧亚非三洲之间，产品远销海外。

轿车驶出林荫道，进入一片绿海似的瓜田，最后在一座名叫索戈伦的小庄园前停下。

农庄主西索科先生——一位四十多岁、高大健壮的黑人，热情地将两位中国客人迎进庄园。他陪伴客人一一参观了自己的种子房、机械房、贮藏室……简洁地向他们介绍说:"我的农庄规模不大,只有六十英亩土地,但却采用了世界上最先进的技术,是玛城的农工商联合托拉斯向我提供了经济和技术支持……"

谈话之间,何钊总觉得主人的微笑里隐藏着一种忧虑。特别是陪他们走入瓜田之后,他的这种忧虑之情就更加明显了。

申公荻似乎也觉察到了这一点,用手肘轻轻地碰了他的老师一下,努嘴示意他注意观察瓜田。

瓜田里的瓜苗青翠欲滴,长势茂盛。正值盛花时节,嫩似碧玉的枝蔓上开满一朵朵黄金琥珀似的小花,散发着阵阵馥郁的芬香。但何钊看了这长势喜人的瓜苗,却着实吃了一惊,双眉紧蹙着,久久没有作声。

直待参观完瓜田,回到庄园,宾主一起坐在浓绿的葡萄架下,品尝着质优味纯、醇香可口的可可茶时,何钊这才试探地说:"西索科先生,恕我直言,您好似有心事重重。"

"哦,不!我很愉快。"西索科惊讶地看着何钊,争辩说,"我的农庄经营得很好,蒸蒸日上。瓜苗生长得也不错,一片旺盛……"

"不,您很忧虑。"何钊两眼凝视着他,单刀直入地说,"刚才我仔细看了您的瓜田。您的瓜苗虽然长势很好,但开的全部都是雄花,竟连一朵雌花也没有。这会使您一年的心血白费。"

西索科蓦地低垂下头,脸上布满愁云。过了好一会儿,他才长叹一声,说:"是的,您说得对。玛尔绍瓜是我的主要种植项目,一旦它颗粒无收,我就有破产的危险。"

"找到原因了吗?"何钊问。

"没有。"西索科回答,"农工商托拉斯聘请了一位著名的农业专家——托马斯博士。我把这一情况告诉了托马斯。博士回答我说,其他农庄也发生类似情况,他正在查找原因。哦,上帝!但愿他能早一点查明原因。"

何钊点点头,用汉语轻轻地对申公荻说:"看来,我们在这里又遇上了一桩奇案。我们是否需要参与一下呢?"何钊从事刑事侦探和植物学研究二十多年,积累了丰富的知识。经验告诉他:环境的影响,可以造成生物的某些突变,但决不会达到如此的程度,这里面必定包含着某种人为的因素。

"老师，我对此很感兴趣，如果这样做不会干涉他们内政的话。"申公荻回答说。

"我也很感兴趣。当然，我们要处处小心，不要被人家看作是干涉他们的内政。"

是的，他们现在是在玛城做客，进行友好访问，按照常理，完全可以不必过问这件与己无关的事。更何况他们不能取得合法权利，进行正常侦查，一旦行动起来，就会遇到远比在国内大得多的困难，甚至各种阻力也会一齐过来，使他们寸步难行。但作为一名刑侦专家，一名以维护正义，铲除邪恶势力为第一天职的公安战士，既然发现了罪行，又怎能任其自然，不闻不问，而不努力将事实的真相揭露出来，将罪犯的丑恶面目暴露于光天化日之下呢？

何钊慢慢地啜饮着可可茶，思考了好一会儿，然后才开口对西索科说："西索科先生，您是否愿意帮我介绍托马斯博士？我在这方面也有过一些研究，或许能提出一点有益的建议。"

"当然，我很愿意。我相信托马斯也一定会乐于听取您的建议。"西索科兴奋地说。他说完之后停了停，接着又满怀希望地补充了一句："亲爱的何钊先生，假如您能帮助我们避免这一场灾难，那真是太好了，我们将会永远感谢您。"

二

托马斯博士是一位年近五十的混血儿。矮小、敏捷、精明、干练，一看就知道是一位颇有学识，讲究工作效率的人。他听完西索科的介绍，热情地紧握住何钊的手，说："好极了！这两天我正为此事发愁，很希望有个同行讨论讨论。您瞧，全城六十多个大小农庄，除华尔兹农场情况不明外，几乎所有的玛尔绍瓜都发生了突变，只开雄花，不见雌花。就好像太平洋的鲸鱼进行集体自杀一样。真是活见鬼了！"

"华尔兹农庄为什么情况不明？"申公荻问。

"那是一家独资经营的大农庄，拥有二千八百多英亩土地，几乎相当于其他农庄土地的总和。农庄主华尔兹先生原来是位工厂主，十年前忽然对玛尔绍瓜产生兴趣，创办了那个农庄。他资金雄厚，竞争力强，很快就使一部分中小农庄破产，并入了他的农庄。我们这个农工商联合托拉斯，就是为了同华尔兹竞争，由六十多家中小农庄联合组织起来的。"托马斯博士解释说。

听了这一段介绍，何钊心中的疑团有增无减。他暗自决定：非要去华尔兹农庄看个究竟不可。

"那是一个吃人的恶魔！"西索科愤愤地说，"他恨不得把我们这些农庄都吞并掉，独家垄断玛尔绍甜瓜。"

何钊点点头，问："那么玛尔绍瓜只开雄花，不见雌花的原因查明了吗？"

"查明了一点。"托马斯从桌上拿起一张试验报告单，把它递交给何钊，说，"我做了一些分析试验，发现今年玛尔绍瓜苗植株体内雄性激素的含量远远超过了它的极限。这就是它们为什么只开雄花，不见雌花的原因。"

何钊仔细看看手中的试验报告单，点头说："不错，雄性激素过多。但造成雄性激素过多的起因又是什么呢？"

"谁知道呢？但愿我能迅速查明起因，找到补救的办法。可是迄今为止，我仍然一筹莫展。"托马斯说。

何钊思考了一下，说："博士，您应该知道乙稀利，它能促进瓜类雌花的发生，减少雄花。为什么不试一试呢？"

"我知道。"托马斯满腹苦衷地解释说，"使用乙稀利有两大难处：第一，这是一种新型生长调节剂，我们的需求量大，一时很难购到。第二，就是喷施乙稀利，至少也要待数天之后才能见效。您也许知道，我们玛城每年有两个雨季，在这两个雨季里集中降雨一千八百多毫米。第一个雨季在三月二十号前后降临。连绵的雨季一到，植物就无法授粉。今天是三月十号。据气象预报，今年的雨季将提前在三月十四号前后降临。因此，上帝给我们的时间只有三四天了。"

何钊点点头，又说："配合使用三十烷甲醇——蜂花醇呢？它能促使植物提早开花。"

托马斯苦笑一声，说："是的，蜂花醇，我在一本专业杂志上读到过它的介绍。但这是一种近年才发现的生物激素，又去哪里购买？"

看着托马斯一筹莫展的焦急样子，何钊忽然产生了一股强烈的同情心。他低头沉吟了一会儿，慢慢地说道："托马斯博士，您也许知道，我们中国地处亚热带，瓜类是我国主要的农产品之一。尤其是其中的黄瓜、西瓜、香瓜、梨瓜……为此，我国的科学工作者对它做了大量的研究工作。我有一个朋友李琪博士，在北京农业科学研究所工作。他们已采用乙稀利和蜂花醇作为主要原料，研制出一种速效瓜类生长调节剂GU—14。用这种调节剂，完全可以解决你们目前遇到的问题。"

"好极了！"西索科高兴地一跃而起，急切地说，"何钊先生，是否能请您立即与贵国那位朋友联系一下，请他们支援我们一些？"

托马斯双眼也亮了一下，但随即又沉吟地说："只是贵国远隔万里，加上进出口申请、防疫检查，运来以后还要分发、喷施……"

"这好办。"何钊胸有成竹地说，"我可以要他们直接用运载导弹把GU—14送往玛城上空……"

"导弹？"西索科吃了一惊。

"请别担心，我说的是运载导弹。"何钊解释说，"其实，导弹只是一种运载工具，它既可以用于战争，也可以用于生产，关键在于它所载送的是一个什么样的弹头。目前，只有使用运载导弹，才能解决你们的燃眉之急。只是这样做势必要牵涉到华尔兹农庄。因此，在做出这个决定之前，我还必须进一步掌握全面情况，去华尔兹的农庄与他谈一谈。托马斯博士，您是否能为我先给他打个电话？"

"当然。"托马斯说。

托马斯随即拿起话筒，拨打电话："我是托马斯。……喂，华尔兹，有两位中国专家想去您的农庄参观一下……什么？……什么？……哦！"

托马斯用手捂住话筒，对何钊说："华尔兹说，他很高兴中国专家对他的农庄感兴趣，遗憾的是，近日他的瓜田里发生了恶腐病，因此谢绝一切外人参观。但如果中国专家愿意去看看他农庄里的设备，包括实验室、农业机械和加工运输等设备，那么他将感到非常荣幸。"

"好吧！请您转告他，我们立即前往。"何钊说。

托马斯在电话里把他的话重复了一遍，然后放下话筒，说："华尔兹专程在他农庄的办公室里恭候。"

何钊点头一笑，说："待我们从华尔兹农庄回来以后，就可以做出最后决定。请你们准备好一份技术协作合同，两小时以后至我下榻的住所会面，与我们一起共进午餐。"

三

华尔兹农庄的土地都用铁丝网圈了起来,外围栽种着芒果、可可或高丛的剑麻。因此,一路上根本无法看到它的瓜田。

华尔兹先生是一位四十多岁的白种人,高大、肥胖,行动有点笨拙,但他那一双锋利的眼睛却透露出他的精明、狡黠。

"欢迎,欢迎!我亲爱的中国朋友。"华尔兹热情地在农庄门口迎接。然后请他们进入室内饮茶,带领他们去参观他的实验室和农机具。

这是一家大型的现代化农庄。建筑美观,布局合理,拥有成套的自动化机械设备。尤其令人叹为观止的,还是实验室里的许多先进仪器,竟远远超过了玛城一所农业大学的实验室。

华尔兹一边向客人介绍,一边不无得意地炫耀说:"何钊先生,您看我这一套设备,堪称世界第一流吗?单凭这一套设备,我就敢于和任何人在市场上竞争。更何况我还拥有一支优秀的技术力量,以及大批熟练的工人。"

"是的,"何钊点点头说,"您可以在竞争中击败不少人,使他们破产。"

"怎么,您不赞成竞争?"华尔兹听出了话里的弦外之音,双肩一耸,惊讶地说,"须知竞争是人类前进的动力。没有竞争,就没有科学的发展,也就没有物质的丰富,精神的文明,社会的繁荣。你们中国吃了几十年的大锅饭,现在不是也醒悟过来,提倡竞争了吗?"

"是的,我们也提倡竞争。但我们的竞争与您所说的竞争,有着本质的区别。"何钊说。

"哈!我明白了。您是想说兼并和剥削。"华尔兹忽然一笑,讥诮地说,"您错了,何钊先生!那些破产的人,完全可以把土地卖给我,到我的农庄里来工作。他们既然没有能力保护住自己的产业,又何必让自己的笨脑子去承受超重的负荷?倒不如让智者来为他们安排一切,过一种轻松愉快的生活。至于说剥削,我从未剥削过谁。我待我的工人很好,每周只要他们工作五天,却给他们最优厚的工资。如果硬要说剥削的话,那我剥削的不是工人,因为他们所得的报酬,已经远远超过他们所付出的劳动；我剥削的是科学和机器，正是它们为我创造了大量财富。"

华尔兹这种锋芒毕露，欲把自己的观点强加于人的态度，使何钊颇为反感。他不愿与华尔兹纠缠在这种无益的争论里，于是淡淡一笑，平静地说："华尔兹先生，我们最好别争论这个问题。您有您的见解，我有我的观点，还是让我们各自保持自己的信仰为好。现在，作为一个远道而来的参观者，我倒很希望您能让我们去参观一下您的玛尔绍瓜田，学习一点您先进的栽培技术。"

"怎么？难道托马斯没有转告您，我的瓜田发生了恶腐病？"华尔兹两眼盯视着何钊，惊讶地问。

"关于这一点，托马斯已经转告了我们。"何钊沉吟着说，"只是，由于贵城的玛尔绍瓜忽然都发生了奇怪的变异，只开雄花，不见雌花……这使我们非常失望。华尔兹农庄几乎拥有全城一半的瓜田，又是采用最先进的科学栽培方法，想不至于出现同样现象。因此，我想当面再向先生作一请求，恳请您允许我们参观一下您的瓜田，以开阔我们的眼界。"

"哦，不错，不错！今年的玛尔绍瓜发生了突变，只开雄花，没有雌花。这一定是受到今年气候反常的影响。您知道，花性的比例，与空气和土壤的湿度有关，而前一段时间玛城恰好干旱少雨，我的瓜田又岂能例外。"华尔兹恍然大悟地点点头，表示对何钊再次提出这要求非常理解，但又显得十分为难地沉吟着，摇头慢慢地说，"不过，当前最使我头痛的，还是我的玛尔绍瓜田发生了恶腐病。您也许知道，导致这一病害的是一种传染性病毒。玛城农业署对此有严格规定，一经发现此病，必须将病区隔离。因此，我实在感到万分抱歉，无法满足您的要求。我希望能在最短期间内控制住病情的发展。那时，倘若两位先生还在玛城的话，我将以能邀请你们参观我的瓜田而感到万分荣幸。"

何钊心里蓦地升起一片疑云：华尔兹为何如此坚决拒绝我们参观瓜田？难道仅仅是因为他的瓜田里发生了恶腐病吗？这里面会不会还有什么难言的隐衷？他叹了一口气，站起来彬彬有礼地告辞说："既然此事使华尔兹先生如此为难，我们也不便勉强。今天前来打扰，有劳先生。我们受益匪浅，深表感谢！"

"怎么，你们不吃了饭再走？我有一名中国厨师，我已经吩咐他做

玛城奇遇

一餐真正的中国饭菜。在玛尔绍这个地方，您就只能吃到难以下咽的伽里①和奥克洛汤②。"华尔兹十分殷勤地挽留客人说。

"谢谢！我还真想留下来与您共进一餐真正的中国饭菜。可惜我有约在先，贵城的二位先生正在仰光旅馆等我，实在无法奉陪。"何钊婉言辞谢说。

"那实在太遗憾了！"华尔兹一直送他们到庄园门口，最后还一再摇头，深表遗憾地说。

在何钊与华尔兹应酬期间，申公荻一直站立在轿车旁，举目远眺四周的农田。他看得那么专注，那么入神，直至何钊进入轿车，他这才似从梦幻中惊醒，钻进轿车，打开油门……

四

他们两人驱车离开华尔兹农庄，行走了十几分钟，进入一个小市镇。何钊要申公荻把轿车停在一家咖啡店门口，进去要了两杯冰镇可口可乐。

这是一间低档咖啡店，平常来这儿的都是一些小职员和普通工人。此刻正是工作时间，咖啡店里的顾客寥寥无几，只有两三个未上班的工人在那里闷头喝酒。

邻座一位年轻的黑人露出洁白的牙齿，友好地向他们笑了笑，走过来说："两位先生是中国人吧？"

"是的。"何钊点点头，友好地向他一笑，要女侍给他送来一瓶可乐。

"我叫莱尼。"他稍稍谦让了一下，自我介绍说，"我对贵国有深厚的感情。八年前我曾到过坦桑尼亚，在中国专家手下工作过一段时间。他们都是一些很正直的人，吃苦肯干，待人和蔼，受到工人的尊敬；不

---

① 伽里：一种用木薯粉做成的主食。
② 奥克洛汤：一种用秋葵荚煮成的黏稠的汤。

像有些国家的专家,泡酒吧,玩女人……"

何钊点点头,说:"这是我们民族的精神。"

"这个精神好!"莱尼钦佩地伸出大拇指。

何钊看看他的衣着,问:"你是在华尔兹农庄工作的吧?"

"是的,替老板开机器,犁田、播种、中耕、收割……什么都干。"

"看样子你过得还不错。"

"是的。"莱尼露出雪白的牙齿,幸福地笑了,"我和老婆都在农庄干活。老板待我们很好,给我们的钱比任何农庄都多。我有两个孩子,他们长得都很可爱。我的生活很幸福!"

"听说,你们农庄的玛尔绍瓜田,发生了恶腐病?"何钊问。

"玛尔绍瓜,恶腐病?"莱尼翻着眼珠想了起来。他想了一会儿,忽然高兴地说:"哦,是的,是的。十天前,老板要我们喷了一次药,说是发现了恶腐病。喷药的第二天就下雨,人工降雨。你知道,火箭,轰!天上就落下了雨。"莱尼一边说,一边兴奋地做着手势:"于是,老板又要我们喷了一次药。"

"瓜田里的恶腐病严重吗?你知道,我是你们老板华尔兹先生的朋友,我很为他的农庄担忧。"何钊又问。

"没有,根本没有恶腐病。"莱尼摇头说,"老板只发现了一株。他一发现就把它连根拔了。老板说,土壤里有病毒,会传染,所以要喷药。我们的老板是一个很聪明的人。"

"是的,你们的老板很聪明。"何钊点头赞同说。

从咖啡店出来,进入轿车,重新驶上两旁栽种着芒果和凤凰树的林荫道以后,何钊忽然回头问申公荻:"刚才,在华尔兹农庄门口,你看到了一些什么?"

"我看到了他的瓜田。他的玛尔绍瓜苗生长正常,雄花大约只占雌花的七分之一。另外,正如那个莱尼所说,好像没有什么恶腐病。"申公荻回答。

"你确实看清楚了吗?"

"老师,你应该相信我的眼睛。"申公荻回头看了何钊一眼。

是的,是的,他应该相信申公荻的眼睛。

然而,今天的事情却委实过于出奇,以至于何钊不得不反复确认了一下。华尔兹为何要谎称瓜田发生恶腐病,谢绝参观?他种植的玛尔绍瓜又为何未发生突变，非但未发生突变，并且雌花雄花之间还构成了七比一的最佳比例？另外，还有那一次人工降雨，两次喷药，背后是否隐藏着一些什么……

五

他们驱车返回下榻的仰光旅馆时，西索科先生和托马斯博士已在那里恭候多时了。

正是午餐时间，宾主四人便一起步入餐厅，选择一张僻静的桌子坐下。侍者满脸含笑地送来一张菜单。何钊不熟悉玛城的菜肴，便请西索科代点了几样菜。

没等多久，所点的菜就陆续送上来了。第一道是牛排，第二道是鲟鱼，第三道是果酱色拉……厨师的烹调手艺很好，每一道菜都色香兼备，味美可口，使人大开口胃。绝非华尔兹所说的那样，在玛尔绍城只能够吃到伽里和奥克洛汤。

饮了几杯酒之后，谈话渐渐转入正题。

西索科首先问道："事情可以做最后决定了吗？"

何钊点点头，说："不过，我还得向你们了解一个情况。九天前，玛城进行了一次人工降雨吗？"

"是的。"托马斯回答说，"前一段时间玛城气候反常，接连十多天没有下雨。您知道，我们这里接近赤道，气温高，蒸发大，几天不下雨就会出现旱情。其他作物倒没有什么，玛尔绍瓜正值苗期，最需要雨水，情况可就有点不妙了。于是我们进行了一次人工降雨。总共发射了三枚催雨火箭，在这儿发射了两枚，另一枚是在华尔兹农庄发射的。"

"玛城范围不大，为什么要分两处发射？这既浪费人力物力，又对降雨无所裨益。"何钊问。

"是的。可是华尔兹先生坚持非这样做不可。"托马斯解释说，"您知道，华尔兹的玛尔绍瓜种植面积接近全城总面积的一半。因此，我们要华尔兹负担人工降雨的一半费用。谁知这一合理的要求，华尔兹却无理地拒绝了，说是他完全可以用电力灌溉，根本不需要人工降雨。后来我替华尔兹算了一笔细账，指出电力灌溉所需的费用远远超过了人工降雨，而效果却不如人工降雨，这才说服了他。但他仍然只肯负担三分之一的费用，并坚持由他来发射一枚催雨火箭。理由是他的瓜田旱情没有别人严重，他有自己的运载工具和技术人员，可以节省一笔额外的开支。"

何钊点点头，说："我明白了。这位华尔兹先生可真会精打细算。"

"是的，他是一位理财能手。可是就同行间的关系来说，却未免太损人利己了一点。"托马斯说。

"何止损人利己，他简直就是一个吃人的恶魔！"西索科愤愤地说。

何钊不置可否地一笑，又问："你们知道华尔兹的农艺师和实验室的主持人是谁吗？"

"他的农艺师是威尔逊博士，实验室也由他主持。"托马斯回答。

"威尔逊？是一个五十多岁的胖老头吗？"何钊又问。在去华尔兹农庄的实验室参观时，他们曾遇到一个五十多岁，鬓发斑白的胖老头。那人穿着雪白的工作服，匆匆地从实验室出来，旁若无人地与他们擦肩而过。然而，就在擦肩而过的那一瞬间，何钊发现他迅速警视了自己一眼，眼神里混合着钦羡、忌妒、仇视与恐惧……这一眼给何钊留下了极深的印象，使他回忆起了曾经接触过的几名罪犯的眼睛……这个胖老头是谁？何以会对自己怀着那么一种复杂古怪的感情？由于是初次前往参观，加上华尔兹又未加介绍，何钊也就不便打听，只能把这一感觉默记在心里。

"不，那是奥托，威尔逊博士的副手。"托马斯回答。接着他又兴致勃勃地向何钊介绍说："威尔逊博士远比奥托瘦小，也远比奥托年轻，才四十多岁。最有意思的还是，奥托曾一度当过威尔逊的老师，现在却反过来成了学生的助手，而且两人一直相处得很好，在他们的共同努力下，华尔兹农庄的各项生产，尤其是玛尔绍瓜的生产，蒸蒸日上……这也可以说是我们玛城科技界的一段佳话吧！"

看来，托马斯虽然对华尔兹颇抱成见，但对这位为其服务，作为自己竞争对手的同行，却仍然保持着一定的尊敬。

"威尔逊一直在华尔兹农庄吗？我们今天怎么没有见到他？"何钊又问。

"目前您在华尔兹农庄根本见不到威尔逊，他在两个月前冠心病复发了，现在正在玛城医院住院治疗。"托马斯回答。

"原来如此。"何钊点点头,接着便埋头吃喝,不再提出新问题。

饭后回到房间,何钊热情地请客人坐下,接过他们起草的技术协作合同,开始阅读起来。读后又与他们一起斟酌着做了两处细节修改,请他们就近打印几份。

待托马斯和西索科出去以后,何钊这才舒了一口气,往沙发里一躺,向申公获点点头,说:"现在,你明白了吗?"

"是的,我明白了。这里面有一个极其隐蔽的罪恶活动。"申公获回答。

"那你说说看,罪犯究竟是如何进行活动的?"

"华尔兹为了搞垮他的竞争对手——玛城农工商联合托拉斯,独家垄断玛尔绍甜瓜,借人工降雨之机,在他发射的那枚催雨火箭里装上了一种雄性生物激素,又以防治恶腐病为名,在人工降雨的前后,两次在自己的瓜田里喷施另一种与其相反的雌性激素。这样,便造成了玛尔绍瓜只开雄花,不见雌花的突变,而他自己的瓜田却不受其害。"

"不错!"何钊表情严肃,语气深沉地说,"用华尔兹的话来说,这也算是一场竞争吧,一场利用现代先进科学进行的可怕的竞争。如果任其自然,不加制止,玛城的六十多家中小农庄就会破产;与此同时,遐迩闻名的玛尔绍瓜的价格,也会大幅度上涨。"

"可是,这还仅仅是我们的推测,证实这一推测,还需要有充足的证据。"申公获说。

"是的。"何钊点头说,"因此,我想再去玛城医院拜访一下威尔逊博士。我们不仅要对玛城农工商联合托拉斯负责,也应该对华尔兹农庄负责。尽管事情的真相已初露端倪,但在确证他是罪犯之前,我们仍无权对他进行惩罚。"

"可是,威尔逊住院医治已经两个月了,而人工降雨却是九天以前的事,真正值得怀疑的还是那个奥托,很有可能是他与华尔兹一起干的。"申公获对医院之行提出了疑问。

"是的,"何钊点头说,"就这一点来看,威尔逊与此事可能无关,甚至毫不知情。但正因为如此,我们才有可能从他那里了解到华尔兹实验室的真实情况,比如说华尔兹是否掌握了你所推测的那两种生物激素……"

正在这时,托马斯和西索科拿着打印好的合同回来了,并且还带来了一名律师做中证人。何钊又把合同看了一遍,与他们一起在合同上签了名。

"好!这件事就这么定了。我会尽快发电报通知我的好友李琪博士。"何钊把留下的那份合同锁进抽屉,然后对托马斯说,"托马斯博士,我们想去医院拜访一下威尔逊博士,不知您是否能为我们引见一下?"

"愿意效劳。"托马斯欣然回答。

六

西索科另外有事,与那位律师一起先行告辞了。

何钊一行三人走出旅社,进入轿车,在托马斯的指点下,一路驱车直驶玛城医院。

轿车迎着午后的骄阳,在宽阔整洁的街道上飞速疾驶。转过两条街,快要接近医院时,忽见一辆雪铁龙小轿车飞驰而来。

"华尔兹!"申公荻眼尖,最先发现坐在雪铁龙里的华尔兹。

华尔兹也发现了他们,回过头来向他们咧嘴一笑,并按了一声喇叭以示问候,接着便驱车从他们的车旁疾驶而过。

"糟糕!我们来迟了。"何钊一怔,心里升起一种朦胧的不祥之感。

玛城医院建造在该城的风景区,是一座现代化的高级医院,院内绿树成荫,花卉芳美。一步入医院,就给人一种安谧、恬静、优美、舒适的感觉。

接待他们的是一位年轻端庄的女医生。她沉静地站立着,待托马斯说明来意之后,这才抬眼同情地看了他们一眼,惋惜地说:"可惜你们来迟了一步,威尔逊博士已于半小时前因心肌梗塞而死亡。"

"什么?死了?"申公荻发出一声惊呼。

何钊拼命咬住嘴唇,心中自责不已。他很生气,气自己竟没有预料到有可能会发生这种情况,提前来医院。当然,事情有点偶然,但作为一名刑侦专家,不,即使是作为一名普通的侦察员,又怎能不充分估计到生活中的种种偶然?

"威尔逊的遗体已经移到了太平间,你们是否去看一下他的遗体?"

女医生又说。

"当然。是否能请您带我们去一下？"何钊说。

女医生莞尔一笑，转身带领他们走向位于医院后部的太平间。

空旷冷落的太平间里只停放着一具尸体。女医生慢步走向尸体，轻轻地掀开殓布，露出一张扭曲得变了形的脸庞。那面容告诉人们，死者生前是多么的痛苦。

托马斯垂首默立，伸手在胸前画着十字。

何钊把在路上买来的一束鲜花，端正地放在死者胸前，然后退后一步，问女医生："威尔逊博士的冠心病一直很严重吗？"

"是的。"女医生回答说，"博士进院以后，曾先后发作过几次严重的心绞痛，幸好每次发作时都有护理人员在旁，及时给他服用了救心丸，通知医生进行抢救，这才化险为夷。不幸的是，这一次发作时，护理人员恰好离开了病房，待听到呼唤的铃声赶去抢救时，已经晚了。"

"博士的死，华尔兹先生知道了吗？"何钊又问。

"华尔兹先生当时恰好在病房里。他是来与博士商量一项有关农庄的重要事务的。正因为如此，护理员才离开了病房。我们听到铃声与护理员一起进去时，华尔兹先生正在给他喂药。可以说威尔逊博士就是死在他的怀抱里的。"

"这么说，华尔兹给博士服用了救心丸啰。"

"没有。他给博士服用的是普通的止痛药。"

"怎么？难道救心丸不在病人身旁吗？"何钊奇怪了。

"救心丸就放在病人身旁的床头柜上，可是华尔兹在慌忙之中，竟错拿了普通的止痛药。事后华尔兹悔恨得一再敲打自己的脑袋，说威尔逊博士是他害死的。要知道，他与博士之间有着非同一般的友谊。"

一个念头蓦地在何钊心中一闪：威尔逊博士会不会不是死于心肌梗塞？于是，他又记起去年夏天在云岛侦破的那一件奇案，记起那个身带微型放电器，能使人心脏受创，导致死亡的人……但他迅即又否定了这一想法，不，不！华尔兹只不过是一个为了私利而损害他人，不顾社会公德的人，并不是受过特种训练的间谍，岂能有那种最先进的电学武器？

"奇怪，像华尔兹这样文化水平极高的人，怎么会连救心丸和普通的止痛药也分辨不清？"申公狄再也忍不住心中的疑惑，自言自语地说了一句。

女医生不以为然地瞥了申公获一眼,反驳说:"这并不奇怪。人在极度紧张时,什么荒唐的事做不出来?有一次,我的邻居家失火,夫妇俩什么贵重的东西也没拿,仅抱出一对枕头。"她说到这里莞尔一笑,又继续说下去:"就管理企业来说,华尔兹不愧为一位干才,但要他来医院护理病人,却只能算是一名世界上最糟糕的护理人员。"

"是的,您说得非常正确。"何钊频频点头,深表赞同地说。

从医院出来以后,何钊问托马斯博士:"您熟悉这位威尔逊博士吗?"

"知道一些。"托马斯回答,"威尔逊中学毕业以后,就去美国加州大学生物化学系留学,以后又跟随加州大学的黑尔金教授当了几年研究生,取得了博士学位。是华尔兹亲自前往美国,重金将他聘请到玛城来的。威尔逊回玛城以后,一直未中断与老师的联系,去年冬天,还专程去美国加州看望了一次他的老师……"

"等一等!"何钊说,"如果我没有弄错的话,威尔逊的老师就是上届诺贝尔奖金的获得者,发现多种生物激素,并把它们用于实践的尤撒尼尔·黑尔金教授吧?记得去年我曾经读过一篇介绍这位教授的文章,文章的题目叫……对了!叫《控制生命的人》。"

"不错,正是这位大名鼎鼎的尤撒尼尔·黑尔金教授。您说的那篇文章我也读过,好像刊登在某本通俗科学杂志上,并不难找。"托马斯说。

真是十分幸运,他们没有花费多少时间,就在医院附近的一家图书馆里找到了那篇文章。文章是美联社的一位特约记者写的,刊登在去年的《星》杂志第二期上。作者在文章的开头这样写道:

"生物化学研究的一系列最新成就,将使人类很快进入一个能任意控制生物生长发育,使其更好地为人类服务的崭新时代"——这是诺贝尔奖金获得者,著名生物化学家尤·黑尔金教授的断言。

早春二月,加州田野还是冰封雪冻,一片冷落萧条的景象时,黑尔金的实验室里却是温暖如春,四季的鲜花竞相开放,色彩缤纷,香气袭人,使人有步入《圣经》中的伊甸花园之感。

然而,最令人惊讶的,还是一些异花授粉的植物,不但长得青枝绿叶,并且雌花与雄花竟都构成了七比一的最佳比例。

教授又带领笔者去参观了两株单独种植的黄瓜。那两株黄瓜枝叶繁茂,藤蔓爬满了支架,遍身缀满繁如星斗的金色花朵。但奇怪的是,其中一株开的全部都是雄花,竟连一朵雌花也没有;另一株则恰好相反,开的全部都是雌花,连一朵雄花也没有。

黑尔金教授何以能巧夺天工,奇妙地控制住花的性别,使它们构成最佳比例?

又是如何使雌雄同株的黄瓜,一变成为雌雄异株的单性植物呢?其奥妙就在于他掌握了生命的秘密,使用了几种新发现的生物激素……

何钊请图书管理员把这篇文章复印了一份,十分感谢地告别了托马斯博士,与申公获一起驱车返回仰光旅馆。

七

在返回旅馆的路途上,何钊十分安闲自在。他时而闭目颔首,脸上露出满意的微笑;时而顾盼窗外,显得兴致很高。直到轿车驶过两条街道,他这才发现申公获一直在蹙额皱眉,苦思不已,便说:"还在苦想什么?我们的推测已经得到了证实。威尔逊的美国之行,肯定从他老师那里得到了这些生物激素。当然,威尔逊之所以带回这些生物激素,也许是遵照老师的嘱托,进一步在热带植物上进行试验;也许是用于大田生产,进一步提高玛尔绍瓜的产量。但华尔兹却因它受到启发,制定了一个罪恶计划,而九天前的那场人工降雨,又为他实行这一罪恶计划提供了有利时机。"

"你认为,威尔逊博士是华尔兹谋杀的吗?"申公获问。

"不,华尔兹并无必要杀死威尔逊。他去医院探病,无非是想要博士严守生物激素的秘密。这无论就他们之间的感情,还是他们的利害关系来说,都是可以行得通的。谁知事情尚未谈妥,博士就猝发了心绞痛。于是华尔兹灵机一动,干脆让他在自己的怀里死去,来个彻底灭口。从法律上讲,这并非谋杀。像威尔逊那样患有严重冠心病的人,是随时可能因心律失调而引起心肌梗塞的,而在慌忙中错给病人服用了普通的止痛药，也决非犯罪行为。"

"可是，华尔兹又为什么要这样做呢？我们今天去他的农庄，只不过是一次平常的拜访呀。"

"我们到达玛城的第二天，各家报纸都进行了报道，其中有两家报纸还逐一介绍了代表团的每个成员。华尔兹当然知道我们的身份。今天我们突然前去拜访，又一再要求参观他的瓜田，又怎能不引起他的怀疑，并且加以戒备呢？"

"这个华尔兹，真是老奸巨猾！"申公荻说。

"是的，"何钊点头同意说，"这确实是一桩极其隐蔽、巧妙，而又危害严重的犯罪活动。就这一点说，华尔兹真可以算得上是老谋深算了。可惜他的农工莱尼在无意间透露了华尔兹农庄的真相。他做贼心虚，使威尔逊猝然死去，又进一步暴露了他的真面目。"

"可是我们又应该怎样去结案呢？要知道，直到目前为止，我们还未掌握任何罪证。唉！我真想再去一次华尔兹农庄，从他的实验室里把那两种生物激素弄出来。"申公荻说。这一案件的侦破，既无现场勘查，又无跟踪盯梢，更无擒拿格斗，他这个助手当得实在窝囊。

"你以为华尔兹还会敞开农庄的大门欢迎你吗？"何钊瞪了申公荻一眼，频频摇头说，"不！我们没有检查证，不能去他的实验室搜查。夜间潜入农庄进行秘密侦查吗？这可不是在国内。退一步说，就是弄到了那两种生物激素，也不足以定罪；那个奥托，是绝对不会出卖华尔兹的；而真能据以定罪的那枚催雨火箭，又早已灰飞烟灭。因此，我们只能就此止步。"

回到旅馆以后，何钊立即在写字台前坐下，拿起纸笔，开始草拟电文。

中国北京农业研究所李琪所长：

玛尔绍瓜发生突变，花性有雄无雌，急需援助。请于今夜零时（北京时间六时四十八分），用运载导弹向玛城上空发射一枚装载GU—14的农用弹头。方位：东经四十二度十二分，北纬十三度三分……

何钊写完审视了一遍，把它交给申公荻，说："你拿到大使馆去发一下。"

申公荻看了一下电报稿,说:"老师,你不打算把这一事情告诉玛城当局吗?"

"当然,我会通知他们,今天午夜将有一枚农用导弹在玛城上空爆发。它是根据中国农业研究所与玛城农工商联合托拉斯签订的一项技术协作合同发射的。它不会对玛城居民造成任何危害。至于其他情节,我想,完全没有必要告诉他们,因为我们并未掌握任何证据。"何钊回答说。

"对于那个华尔兹呢,你也不准备给他任何暗示?"申公荻又问。

"是的。"何钊点头说,"假若当时华尔兹允许我们参观他的瓜田,假若威尔逊博士不在他探病时猝然死去,我也许会给他一个有益提示。现在,还是让这位聪明的先生去自食其果吧!"

当天午夜,玛尔绍城满天星云。但玛城某些尚未入睡的居民,却隐约听到一声沉闷的雷鸣。从中国大陆发射的农用导弹,准确无误地在玛城上空爆发了……

八

五月。中国北部开始迈入初夏,处处绿色掩映,一片鸟语花香。

一艘远洋货轮冲破重重波涛,驶过辽阔的海域,进入渤海湾西部的天津港。它来自红海之滨的玛尔绍城,装载着玛城农工商托拉斯赠送给中国人民的礼物——遐迩闻名的玛尔绍甜瓜。

货轮的甲板上,凭栏而立地并肩站着两位黑人——玛城农工商的代表西索科先生和托马斯博士。

他们双眼急切地往码头上搜索着,寻找他们日夜思念的友人。当何钊与申公荻陪伴着北京农业科学研究所的李琪博士走出轿车,出现在他们的视野里时,他们那喜悦之情,实在难以用语言来表达。

朋友见面,难免要进行一番亲切的拥抱和问候。寒暄过后,西索科先生无限感慨地对中国朋友说:"GU—14在玛城上空爆发后,我的玛尔绍瓜迅即开出无数雌花,原来的雄花枯萎了九成,恰好构成了一个最佳比例。虽说由于那一场突变,使花期比往年推迟了几天,但用了GU—14生长调节剂,又使得我的瓜生长快,成熟早,产量竟比往年增加了两成。"

何钊谦逊地一笑,问:"那位华尔兹先生呢,他的瓜田产量怎样?"

"他这次可吃了大亏。"西索科眉飞色舞地说,"原来那家伙的瓜田,不知怎么搞的,竟没有发生变异。这一来呀,他那瓜田里仅有的一些雄花全部枯萎,许多雌花得不到授粉,产量不及去年的三分之一。幸亏他资力雄厚,在别的地方赚了钱,还能勉强维持下去。要是换了我呀,恐怕就要破产了。"

"他难道没有采取补救措施?比如说人工授粉……"何钊问。

"华尔兹先生并非笨伯,当然想到了这一点。"托马斯博士笑着解释说,"他首先来我们农工商联系,请求我们支持花粉。我倒愿意帮他的忙,无奈我们下属所有农庄的瓜田都与之前截然不同,哪里还有多余的花粉?华尔兹无奈,只好去数百里之外采集花粉。您知道,采粉、授粉都是极细致麻烦的工作。待他把花粉运回,刚开始授粉时,连绵的雨季便降临了……上帝也与他开了一个玩笑,使他辛苦采集来的花粉成了废物。"

何钊听了此话,与申公狄相视一笑。

神奇的盗宝案

一

阳春三月。暖阳温煦，和风宜人，芳草染翠，桃李争艳。处处鸟语花香，春光明媚。

北京博物馆内，游人摩肩接踵，络绎不绝。

今天是星期天，加上博物馆新近增添了一批珍贵的唐宋文物，因而前来参观的人特别多。人流似一条无尽的长河，源源地从一个展览室流向另一个展览室，从一个展品陈列橱柜流向另一个橱柜。那一件件瑰丽夺目、稀世罕见的历史文物，以及巧夺天工、精美绝伦的艺术珍品琳琅满目，以它们特有的艺术魅力吸引着参观者，使他们时时停步，反复鉴赏，发出啧啧赞叹，陶醉在我国古代劳动人民创造的璀璨的文化艺术海洋之中，流连忘返。

在一间展览室的中央，人头攒动，围满了许多参观者。那儿单独摆设着一只高约九寸，宽、厚各约六寸的玻璃匣子。匣内的天鹅绒底座上陈放着誉满全球、价值连城的国宝——御龙杯。

据传这御龙杯系隋末唐初的能工巧匠所造，历朝帝王代代相传，视为至宝。可惜在一九〇〇年，八国联军攻占北京，它在混乱中被盗，流落海外。近百年间，人们只能口耳相传，无法一睹其物。直至前年，它才历尽艰难，辗转返回祖国怀抱。因此，这御龙杯的展出，更是轰动一时。两年来，慕名而至的参观者，不绝于道。

这是一只由洁若凝霜的白玉雕就的高脚酒杯，造型端庄典雅、古朴大方。智慧的工匠巧妙地利用白玉上固有的微瑕，在层层碧波之中精工雕刻了九个活灵活现的龙头。那龙头虽只豆粒一般大小，却是角、须、口、鼻、眼、耳一应俱全，玲珑剔透、活泼可爱。尤其令人叹为观止的，还是当杯中斟满酒汁之后，那荡漾的碧波之中竟会隐隐约约地显露出九条姿态各异的龙身。它们摇身摆尾，遨游水中，宛若九龙戏水，腾空欲飞。

御龙杯初展之时，博物馆曾定时为参观者表演，围观者人山人海。有一次，竟因过于拥挤而造成伤亡事故。自那以后，馆方便停止了这一表演。后来的参观者，就只能满足于隔着玻璃欣赏它古朴典雅的造型，玲珑剔透、精工细微的雕刻，而不能一睹九龙戏水的奇观了。

在离人群稍远一点的地方，一位端庄秀丽的姑娘正在挥笔作画。她是某艺术学院的高材生，利用假日来观摩学习古代艺术大师们的作品。她要把这一举世闻名的艺术珍品摄入自己的画册，留作永久的纪念。

姑娘心灵手巧，画技娴熟。没有多久，御龙杯就惟妙惟肖地出现在她的画稿上……

姑娘细心地勾画完最后一笔，退后一步，仔细审视着自己的画稿，斟酌着是否还需要做某些修改，使它更臻于完美。她看着看着，忽然秀眉紧蹙，咬着嘴唇生起自己的气来。原来她发现自己犯了一个错误，一个美术工作者不可原谅的错误：她竟把光线给搞混了。不是吗？在画的底板上，光线是从左方投射过来的，而杯子的亮点却在右边，投影也落在了左边，正好与光线相反……姑娘生气地诅咒了自己一声，抬头向前面的实物看去。但她的视线刚一接触玻璃匣里的御龙杯，立即发出一声惊呼，呆怔地张大了嘴唇，原来错的并不是她，而是那实物，那真真切切的实物——御龙杯。

姑娘以为自己一时看花了眼，闭上眼睛定了一会儿神，然后再睁眼向前看去。没看错，她一点儿也没看错，确确实实是那实物错了！此刻，一缕和煦的阳光正从东边的窗户投射进来，而那御龙杯的光点却在西边，投影也奇怪地落在了东边的天鹅绒底座上。

姑娘惊慌地向四周环顾了一眼，掏出手帕拭一拭眼镜，又盯视着御龙杯仔细看了许久。证实自己的观察确实无误之后，她立即收拾起画具，快步走出展览室，一路小跑地直奔博物馆办公室……

二

在公安部刑事研究所的一间办公室里，著名的刑侦专家兼生物学家何钊正在起草一篇论文。他双手靠背，来来回回地在房里踱着步，一边沉思一边口述，让他的学生兼助手申公获用电子打字机记录下来。

"现代科学技术的迅猛发展，不仅大大地提高了生产力，丰富了人类的物质、精神财富，同时也为罪犯提供了许多新的作案工具，使他们的作案手段日新月异、变幻莫测。有一些案件，若用常规的方法去侦查，简直就似永远无法解开的谜……"

何钊高大魁伟、面目英俊，眉宇之间透露出一股凛然正气。他学识丰富、智力惊人，从事刑侦研究工作二十多年，侦破过无数重大的疑难案件，积累了丰富的经验。近来，由于未发生需要他亲自出马的重大疑案，他便利用这一段空闲时间，整理几份典型案件的记录，总结一下自己近几年的破案经验，撰写两篇论文。

"这样，便向我们刑侦工作者提出了一个新的任务，迅速用科学武装自己，运用最新的科学技术去侦破利用科学所进行的犯罪活动！这是时代向我们提出的任务……"

"嘟嘟嘟嘟……"桌上的电话铃忽然急促地响了起来。这铃声，打断了他们的工作。

"喂……"申公获拿起话筒听了一会儿，把它交给何钊，说，"市公安局刑侦科长雷钧打来的电话。"

"我是何钊。……什么？御龙杯……光线……亮点……投影……"何钊接过电话，听着听着，脸色逐渐严肃。听到最后，一双浓眉紧蹙得几乎要连在一起，像一张绷紧了的弓。

"喂，那个画画的姑娘还在吗？"

"在。"

"她张扬出去了没有？"

"没有。那姑娘很机灵，发现问题后立即去办公室找馆长。馆长老傅是个里手，一个人悄悄地去核对了一下，便直接打电话给我。我要他以内部整修为名，暂时把那个展览室关闭，谁也不要惊动。"

"好！我立即就去。"

何钊放下话筒，兴奋地一挥手，对申公荻说："看来又是一件谜一般的奇案。做好准备，立即去博物馆！"说真的，自从去年夏天侦破《云岛之谜》那一件奇案后，他们几乎一直闲着。虽然利用这一段时间整理了几份典型案例，做了一些理论研究工作……但，作为一个刑侦专家，又哪能老是蜗居在室内？不去与最阴险最狡猾的罪犯作斗争，将他们绳之以法，用他超人的智慧和才干去保卫祖国、保护人民呢？因此，这个电话无疑像给他注射了一支兴奋剂，他顿时精神亢奋，充满了战斗的激情。

"是！"申公荻响亮地回答。其实，他早已从对话中猜知有重要任务，因而提前把桌上的文稿收拾好了。此刻，一听命令，他立即带上破案工具飞跑出去，从车库里把轿车开了出来。

三

申公荻驾着轿车，一路风驰电掣，只用几分钟的时间就到达了博物馆。

市公安局刑侦科的雷钧科长恰好同时赶到。他一见何钊，立即就说："现场已经派人保护起来了。博物馆的傅馆长、管理员，还有那位发现案情的姑娘都在现场等候。"

"好。"何钊点点头，接着便跟随雷钧向现场走去。

在那间展览室的中央，那只遐迩闻名价值连城的御龙杯仍如以往一样陈列在玻璃匣内。他们仔细向匣内一看，果然如姑娘所说，杯子的亮点、投影恰恰与室内的光线相反。

"御龙杯已经被盗了。"申公荻仅看一眼就语气肯定地判断。

他的话使人们为之一惊。几个人看看玻璃匣里的御龙杯，又看看申公荻，露出怀疑的神色。

"是的，御龙杯已经被盗窃走了！我们所看到的，只不过是一张激光全息摄影照片。"何钊点头证实说。说罢，他小心地掀起玻璃匣，伸手在匣底摸索了一下，找到开关轻轻一按，切断电源，御龙杯的幻像立即消失，展现在人们眼前的竟是一只空空的玻璃匣。

人们面面相觑，大惊失色。

雷钧立即打开红外线摄影机，进行现场拍摄，希望通过空气中残留的人体辐射热，追摄出罪犯作案时的影像。

"恐怕为时已经太晚。"何钊摇头说，"红外线摄影，只能拍摄出五个小时以内的作案现场情形，超过这个时间，人体辐射出来的红外线就会消失。"

果然，从摄影机里取出的红外线快速摄影胶卷上，只有一系列由浓到淡的模糊影像，无任何可疑形迹。

何钊淡淡一笑，又拿起玻璃匣子仔细观察起来。过了一会儿，他从匣底取出一节微型电池，将它举在眼前仔细看了看，说："舶来品。工艺精致，质地优良，至少可以使用两个星期。"

雷钧接过电池细细地辨认了一会儿，点头赞同说："不错！德国出品。这种电池我国没有进口。"

何钊点点头，把电池交给申公获，说："你立即送交化验室去化验一下。一旦结果出来，就向我报告。"

"是！"申公获接过电池，转身快步走出展览室。

何钊这才向在座的几个人一一点头招呼。他的眼光最后落在一位佩戴着艺术学院校徽的姑娘身上，赞许地点点头，紧握住她的手说："谢谢你，姑娘！要不是你细心观察，发现这一骗局，等电池的能量消耗殆尽，幻像消失，御龙杯怕早已漂洋过海，无法寻觅了。"

姑娘受宠若惊，羞涩地一笑，说："如果还需要我做点什么，我愿……"

"不需要了。哦，不，有一点，请你务必保密。这儿发生的事情，请你对任何人都别透露。"何钊说。

"这我知道。"姑娘严肃地点点头，略略沉吟了一下，又满怀希望地说，"如果可以的话，您找回御龙杯后，希望能告诉我一声。我真想一睹那件稀世罕见的实物，把它留印在我的画册里。"

"那当然。"何钊幽默地笑着说，"你是新大陆的发现者，为侦破此案立下了第一大功，完全有权利这么要求。请留下你的联系方式，届时我一定把好消息告诉你。"

姑娘莞尔一笑，给何钊留下地址，心满意足地走了。

送走姑娘以后，何钊习惯性地搓着双手，一边沉思，一边自言自语地说:"现在让我们再想一想,看看该做些什么?指纹,当然没有。现在的作案者都学聪明了,决不会在现场留下印记。调查询问,当然要进行,不过还可以稍缓一下。对了!不妨先让我的电子警犬雪豹试一试,或许还能捕捉到一点线索。"

电子警犬又名智能机器狗,是当代侦探术的一大发明。众所周知,人鼻的嗅觉灵敏度不及狗鼻的百万分之一,而电子警犬又比一般的狗要强上几十倍。法国著名科学侦探布朗先生有一只名叫西卡的电子警犬,能辨别并记忆几千万种物质不同浓度的气味,可谓其中的佼佼者。何钊的这只雪豹,不仅具备西卡的同等功能,并且还能放射出某种超声波,通过电波回馈,透过种种掩藏物,寻找到深藏在某处的赃物。因此,与布朗先生的西卡相比,又更胜一筹了。

何钊牵过电子警犬,用一小团棉球分别在玻璃匣和陈放匣子的天鹅绒底座上擦了一下,打开警犬的头盖,将棉球放进警犬计算机的信息储存器里。

电子警犬立即兴奋起来。它汪汪地叫了两声,围绕着展览室转了几圈,接着便箭一般冲向走廊,奔出室外。但一到室外,它却又猝然止步,茫然地向空中摇摇头,接着便蹲下不动了。

何钊轻轻地发出一声叹息,说:"时间相隔太久,罪犯的气味已在室外流通的空气中消失殆尽。"

雷钧科长大失所望,不无揶揄地说:"猎神,今天你所有的科学方法都告失败。看来侦查工作还得返本求源,从常规的调查询问入手了。"

何钊恼怒地瞪了他一眼,说:"先进的科学方法与常规的调查询问,并不互相矛盾和排斥。"接着他转身对博物馆的傅馆长说:"馆长同志,现在请带我们去你的办公室,让我们一起来做一些调查询问工作。"

四

傅馆长的办公室设在博物馆后院的一偏僻处,参观者足迹罕至,加上窗外有两株槐柏,一畦花圃,隔绝了噪音,因而显得格外幽静,倒是一处绝妙的闹中静地。

老傅请客人在沙发里坐下,殷勤地为他们沏上一杯香茗,然后在对面坐下,神情不安地说:"太奇怪了!我们的展览室里都装有防盗设备,并且定期派人检查这些设备,可是报警器却一次也没有响过。"御龙杯的失窃,责任重大,他再也无法抑制住内心的焦虑和纳闷了。

"那很简单。"何钊平静地说,"这是一次精心策划的盗窃案,电路被预先切断了。"接着便低头喝茶,不再开口。

雷钧喝了两口茶,抬头见何钊神态悠闲地坐在沙发里,只是一个劲儿慢慢地品尝着手中的那杯香茗,毫无询问的意思,便开口先问老傅:"馆长同志,你们的展品允许拍照吗?"

"除特殊情况外,譬如经文化部特许的专业记者,来我国进行文化交流的某些代表团,一般都不允许拍照。"老傅回答。

"那么,罪犯又是怎样拍摄到御龙杯的全息激光摄影的呢?"雷钧略带怀疑地说。

"那也不难。"何钊淡淡一笑,回答说,"御龙杯遐迩闻名,又流落海外近百年,辗转相传,搞几张它的照片并非难事。我家里就有两张御龙杯的彩色图片,是从《文物》杂志上剪下来的。罪犯完全可以用它复制全息摄影。"

"是的。"老傅点头赞同说,"御龙杯举世闻名,是我国帝王代代相传的国宝。但它却在一九○○年八国联军攻占北京时被盗。刚愎自用、色厉内荏的慈禧太后,一方面扶植义和团,一方面又向帝国主义屈膝投降,出卖义和团,导致这一历史悲剧,并且还丧失了一大批国宝。从那以后,御龙杯流落海外,辗转相传,数易其主。直至前年,才为我国友人——法国的东方历史学家史密特博士用重金购得,把它送还给中国人民。因此,罪犯要搞一套御龙杯的照片,并不是很困难的。"

"嘟嘟嘟嘟……"桌上的电话铃急促地响了起来。

何钊倏地从沙发里弹跳而起,抢先拿起话筒。果然不出他所料,这电话是申公获打来的。

"喂……是我。化验结果怎样?"

"电池上无任何印迹。根据电池能源消耗的情况推断,御龙杯已经被盗三天。时间大约是五号下午四点到五点之间。"话筒里的声音清晰得整个房间都可以听见。

"三天?天啊……"老傅发出一声惊呼。

"别慌张!幸亏才只有三天,还来得及。"何钊放下话筒,轻轻地舒了一口气，转身对老傅说，"老傅，请你立即把五号下午在该展览室值班的管理员找来。"

几分钟后，值班的管理员筱兰被叫来了。这是一个十八九岁，矮小瘦弱的姑娘。她低垂着头慢慢地走着，好像刚刚哭过。她进来之后，怯生生地向何钊和雷钧看了一眼，迅即又低下头去，嘴唇翕动了几下，这才吐出一句勉强能够听清楚的话："馆长……我实在不知道御龙杯是怎么失窃的。"显然，她已经被发生的事情吓坏了。

何钊看看姑娘那娇小纤弱的身子，布满泪痕的小脸，不由产生一股怜悯之情。他连忙起身亲切地招呼姑娘坐下，语气和蔼地安慰她说："别害怕！我们不会追究你的责任。这不是一般的盗窃案，像这样的盗窃方法，一般人是很难察觉的。"

待姑娘稍微平静一点后，他这才慢慢地启发她说："筱兰同志，我们把你找来，是想请你提供一点线索，帮助我们及早侦破此案。现在我们已经查明御龙杯是五号下午被窃的……"

"五号下午……"筱兰下意识地轻轻重复着。

"是的，五号下午四点至五点。请你仔细回忆一下，在那一段时间里，前来展览室的参观者里有没有什么形迹可疑的人？此人随身携带着一个大挎包。"

"大挎包？"筱兰茫然地问。

"对！大挎包，一只能装下那个玻璃匣子的大挎包。正是他趁你不注意时，用包里的玻璃匣调换了原来的那个……"何钊说。

姑娘恍然明白，开始努力回忆起来。她想着想着，忽然"哦"了一声，眼中闪现一丝亮光。

何钊立即捕捉住姑娘的这一眼神，笑着说："看，你想起来了。"

筱兰羞涩地一笑，开始向他们讲述起下面一件事情：

那天下午，快闭馆的时候，展览室里来了一个学生装束的年轻人。由于当时室内的参观者已寥寥无几，加上他又老是在室内转来转去，肩上又挎着那么一个大挎包，便引起了筱兰的注意。也是事有凑巧，当他走近御龙杯的时候，有一位参观者忽然向筱兰提了个问题，转移了她的视线。待筱兰回答完那位参观者，再回过头来时，似乎见他伸手抚摸了一下玻璃匣，筱兰急忙过去干涉。他脸一红，腼腆地解释说："这玻璃上有水汽，看不清楚，我把它擦了。"筱兰看看玻璃匣内的御龙杯完好无损，便没有再说什么。恰好这时闭馆的铃声响了，那人也就随同几个参观者一起走了出去。

何钊沉思地点点头，说："罪犯终于露面了。"

"难道果真是他？"筱兰忽又有点犹豫起来，她真怕自己怀疑错了人。

"是的。时间、地点以及随身的携带物都对得上号。你回答另一位参观者的那一会儿工夫，他完全来得及从挎包里拿出一个同样的玻璃匣，调换了原来的那一个。"何钊十分肯定地分析说。

"可是，还有几个别的参观者……"

"当时已接近闭馆，室内盘桓未走的参观者一定寥寥无几，何况他们大多都在欣赏橱窗里的展品，根本不会注意别人。"

"天哪！多么可怕……"

"是的，有点儿像惊险小说。但也不必过分害怕，生活本身就是如此，比这可怕的事情还多得很呢。"何钊看了姑娘一眼，平静地说，"筱兰同志，现在请你再回忆一下，把他的模样给我们描绘一番。"

筱兰一边回忆，一边慢慢地描述说："那人二十来岁，穿一身蓝涤卡青年装，长得挺帅……对了！他出门时，我仿佛听见搞外勤的小俞跟他打了一个招呼，她也许认识。"

没一会儿，小俞被找来了。这是一位性格开朗、热情奔放的姑娘。她一弄清楚找她来的原因之后，立即滔滔不绝地说了起来："哦，他呀，是我哥哥的同学。我哥哥在清华大学电子物理系读书。我是在一次游园会上认识他的，这是第二次见面，名字忘了，好像是姓陈。要不要我打个电话去问问我哥哥？"

何钊笑着摇头说："不必了，我们会去找你哥哥的。"

送走两位姑娘以后，何钊轻松地舒了一口气，友好地拍拍雷钧的肩膀，说："科长，现在你有事可做了。请你迅速查找到那个姓陈的学生，对他进行一番调查。另外，再调查一下近一个星期，不，近十几天中，由德国或经由德国前来我国的外宾情况。"

"为什么单是德国？西欧是一个经济共同体，罪犯也有可能在其他国家买到这种电池。"雷钧问。

"你只注意电池的商标，而忽略了它的装潢。那不是出口品，只有在德国境内才能买到。"何钊回答说。

听了他们两人的对话，馆长老傅却在心里忧虑地想：一个姓陈的中国学生，一节只有在德国境内才能买到的微型电池，天啊！这是多么毫不相干的两条线索。御龙杯还能够寻回吗？

五

何钊回到刑事研究所自己的办公室时，已是午后二点多钟了。他倒了一杯凉水咕嘟咕嘟地一饮而尽，接着又用冷水洗了把脸解除了奔波的劳累以后，便一头钻进了隔壁的资料室。

这是他一手建立起来的私人资料室。室内的十几排书架上，分门别类地存放着他近三十年中收集起来的各种资料，古今中外，五花八门，应有尽有，真可以说是一个包罗万象的小小图书室。

何钊凭着他超人的记忆，迅速寻找到一份宗卷，从里面抽出一页文稿，带回办公室专注地阅读起来。

这是一份两年前从法国《新莱茵报》上摘译下来的一件刑事案件的提要，提要全文如下：

最近，著名的东方历史学家史密特博士以重金购得一件中国古玉器——御龙杯。据传此杯系中国国宝，于一九〇〇年失窃。史密特博士决定将它送还给中国人民。

昨日，一名叫劳伦斯的青年学者前来拜访博士。言谈之间，史密特博士进入内室，发现秘藏于匣内的御龙杯不翼而飞。在此期间，劳伦斯始终端坐于沙发之上，未曾偏离半步。对此，博士父女皆有目共睹。

此案被科学侦探布朗先生迅速侦破。原来劳伦斯趁史密特博士起身取酒，其女接电话之际，以自身的激光全息幻像蒙骗了教授父女的眼睛，真身潜入内室盗取了御龙杯。

劳伦斯在携宝登车出境之时被捕，饮毒自尽。

据查，劳伦斯系服务于S国代理人沙罗夫教授。沙罗夫曾向史密特博士提议，愿用二百万美元购买此宝，遭博士拒绝。

……

何钭正在聚精会神地研究这一份文稿，窗外忽然响起了一阵汽车引擎声，紧接着雷钧和申公获一起走了进来。

"老师，清华大学那名学生业已查明。"申公获把一份材料递交给何钭，向他汇报说，"他叫陈志才，杭州人。他有个叔叔在海外，失去联系多年，最近忽然托人给他带来一架立体声收录机。三天前他请假回家探亲。我已与杭州公安局联系，请他们迅速查明此人去向。"

何钭点点头，转身问雷钧："外宾的情况呢？"

雷钧把一份名单放在他的面前，说："最近从德国来了一个代表团，成员都是工业界人士，已于一个星期前离开北京。他们在京期间都是集体活动，无任何可疑迹象。经由德国而来的还有一对英国夫妇和一位S国教授，也都于一星期前离开北京……"

"S国教授？"何钭两眼一亮，急忙问，"他的姓名？年龄？特征？"

雷钧翻开笔记本看了一下，说："A·罗蒙索夫，男，四十八岁，物理学教授，精通数国语言。身高一米七八、微胖、黄发、蓝眼、鹰钩鼻……"

何钭点点头，拿起桌上的文稿，说："你们看看这份资料。"

雷钧接过文稿看了一遍，又把它递交给申公获，说："你认为这两个案子有着某种联系？"

"是的。"何钭回答说，"经验告诉我，每一个罪犯都有着他固有的特点。某些案子尽管看上去迷离恍惚，神秘难测，看似一个永远无法解开的谜；但只要拨开那一层障眼的迷雾，你就可以发现罪犯所使用的，无非还是一些司空见惯的老伎俩。这两件案子虽然时隔两年，地处二洲，但你们看，御龙杯、激光全息幻像……多么奇妙的巧合！"

"可是，那个劳伦斯已经在被捕时饮毒自尽了呀。"申公获说。

"不错，劳伦斯是死了。但那一案件的精心策划者，劳伦斯为之服务的沙罗夫教授并没有死。我怀疑那个罗蒙索夫很有可能就是沙罗夫本人。"何钭回答说。

"不过，"雷钧想了一下，仍然怀疑地说，"像沙罗夫那样的头号人物，会亲自来冒险吗？"

"沙罗夫的主子既然愿出二百万美元的高价获取御龙杯，又岂肯善罢甘休？只是那次盗窃失败之后，史密特博士立即把御龙杯交还给了中国。这一情况的变化，迫使他们不得不收敛了一段时间，以便摸清情况,策划一个新的阴谋。由于这次是深入中国内地,从博物馆内盗取御龙杯,其困难程度远非往常所能相比。作案者不仅需要精心策划,并且还必须具备随机应变、神出鬼没的本领。沙罗夫既要献媚主子,又对手下的喽啰感到失望,他就只好孤注一掷亲自出马了。"何钊层层深入条理清晰地分析说。

"那么,这个陈志才又是怎么一回事?"雷钧又问。

"这很简单。一个外国人或是外裔华人,一举一动都颇受人注意;而一个中国大学生,情况就完全不同了。沙罗夫并非笨伯,当然要在中国境内物色他的代理人了。其实,这也是沙罗夫敢于亲自前来冒险的原因之一,万一陈志才失败,他也不会立即暴露,还可以从容地安排退路。"何钊回答说。

雷钧和申公荻听了何钊的分析,都赞同地点着头,感到心悦诚服。

何钊淡淡地一笑,转而问雷钧:"你知道那个罗蒙索夫教授的旅程安排吗?"

雷钧又翻开笔记本看了看,说:"他已于一星期前离京南下,旅程安排是:郑州—洛阳—西安—敦煌。然后再返回来去桂林、昆明。"

"奇怪,他怎么选择了这样一条路线?要知道,在中国大陆多待一天,他也就多一天危险。"申公荻惊讶地说。

"是呀,一条奇怪的路线!"何钊不觉也有点犹豫起来,心想:难道所有这一切全都推论错了?他只不过是一个普通的旅游者,一个对中国古代艺术颇感兴趣的普通旅游者……但他只犹豫了片刻,便又恢复了坚定的信念,意味深长地一笑,说:"不错,在这位罗蒙索夫的旅行计划里,确实安排了一条奇怪的路线。但计划嘛,并不等于行动,再说,中途改变旅行路线的事情也屡见不鲜。这就叫声东击西的疑兵之计!他完全可以中途改道杭州,从那儿给陈志才发一份电报……"

何钊说到这里蓦然停住,像忽然想起一件什么重要事情,倏地站立起来,急切地问:"你们认为陈志才真的去杭州了吗?"

雷钧、申公荻一怔,一时无法回答。

何钊推开椅子,按照习惯开始在室内踱起步来,一边踱步一边紧张地思索。他踱着踱着,忽又蓦然止步,伸手用力一挥,果断地说:"不行!时间紧迫,我必须立即前往广州。雷钧科长,请你负责与郑州、武汉、杭州、广州等地的公安局联系,要他们急速查明罗蒙索夫的去向,直接用无线电向我报告。"

六

他们的那一架弧光—2型专机就停放在研究所的后院里。

这是一架新型的喷气式超音速飞机。它的特点是小巧轻便，结构坚固，不仅能适应种种恶劣气候，并且能在各种场地作垂直起飞和降落。

申公荻带着电子警犬雪豹迅速登上机舱，进入驾驶室，待何钊在身旁坐稳之后，立即操纵飞机开始起飞。顿时，机翼下喷出一团团气流，似一只力大无比的巨手轻轻地将飞机托向上空，紧接着机尾又喷出一条云带，飞机便似闪电一般迅疾地直插蓝天。

飞行二十分钟后，何钊面前的无线电信号灯忽然亮了，蜂音器里传出一个紧急的呼喊声："弧光，弧光，弧光……"

"我是弧光，我是弧光。"何钊拿起话筒回答。

"我是郑州，我是郑州。罗蒙索夫仅在郑州逗留一天，随即改道南下，前往武汉。"

"弧光明白。"何钊回答。

隔了一会儿，蜂音器里又传来呼喊："弧光，弧光……"

"我是弧光，我是弧光。"

"我是武汉。罗蒙索夫已于五天前启程去杭州。"

"弧光明白。"

申公荻回头看了何钊一眼，问："改道杭州吗？"

"不，直飞广州。"何钊两眼一动也不动地凝视着远方，坚定地回答。

他的话音刚落，蜂音器里又传出呼喊："弧光，弧光……"

"我是弧光，我是弧光。"

"我是杭州。罗蒙索夫已于三天前离杭去广州。陈志才未曾回家，下落不明。"

"弧光明白。"何钊不觉回头看了申公荻一眼，严肃的脸上浮现一丝满意的笑容。

飞机穿云钻雾，疾似闪电地飞驰向前。郑州过去了，武汉过去了，眼看着长沙也被抛在了后面……

何钊面前的无线电信号灯忽又亮了，蜂音器里重又传出一串紧急的呼喊："弧光，弧光……"

"我是弧光，我是弧光。"

"我是广州。罗蒙索夫已订购英航白雪公主号班机机票，并已驱车前往机场。"

何钊蓦地紧张起来，急忙问："该班机起飞时间？"

"三点四十分。"

"通知机场，加强对罗蒙索夫随身携带物品的检查。我们将于该班机起飞前赶到机场。"

"广州明白。"

何钊抬手一看手表：现在是三点十五分，离班机起飞只剩二十五分钟了。他不禁一皱眉头，对申公荻说："加快速度！"

"是。"申公荻回答。其实，他早已把调速器推到最高一档，听了这话，他只好进一步加大油门，并推动操纵杆，再行爬高……

七

他们终于抢在英航白雪公主号起飞之前赶到了广州机场。

他们的飞机刚一停下，广州公安局的同志就驱车来到机旁，向何钊汇报说："旅客尚在候机楼。罗蒙索夫及所有旅客的行李都已仔细检查过，没有找到御龙杯。"

"会找到的。"何钊自信地说了一句，立即登上轿车，急驶机场候机厅。

候机楼厅内，宽敞明亮，布置优雅。各国友人同聚一堂，气氛相当友好融洽。

罗蒙索夫正神态自若，悠闲自在地坐在一张皮靠椅上，一边抽烟，一边与一对英国夫妇闲谈。他风度潇洒，举止文雅，说起话来从容不迫，充满自信，一派典型的学者风度。

申公荻牵着电子警犬雪豹，不露声色地向他走去。快走近时，雪豹忽然吠叫了一声，飞奔过去一口咬住罗蒙索夫脚旁的一只旅行包。

"这只旅行包是谁的?"申公获问。

"哦,是我的。"出乎意料,回答的却是罗蒙索夫对面的那个叫查理的英国男人。

"可以打开看看吗?"

"先生,这旅行包已经检查过了。当然,如果你坚持还要再检查一遍的话。"查理有点不耐烦地耸耸肩,转身对妻子说,"玛丽,钥匙好像在你那里,请拿给这位警察先生。"

申公获打开旅行包翻了一下,从里面拿出一只竹雕笔筒,把它交给何钊。

这是一件精美的工艺品,筒体用竹节制成,外壳浮雕着数枝翠竹和一对熊猫,造型美观大方,刀笔工致细腻。尤其是那一对熊猫,形态逼真,活泼可爱。笔筒里面空空的,什么也没有。何钊知道,像这样的工艺品,在杭州随处可以买到,并非什么稀罕之物。只是这个笔筒拿在手里,似乎要比一般的笔筒沉重几分。

何钊把笔筒拿在手里掂了掂,然后有礼貌地对查理太太说:"夫人,您大概会乐意告诉我,这只笔筒是从何而来的吧?"

查理太太惊讶地看了他一眼,说:"这是我们在杭州工艺品商店买的一件纪念品。买它的时候,我开始还有点犹豫。恰好罗蒙索夫教授也去了,他说这笔筒非常精美,富有东方特色,是一件很好的纪念品,劝我们买下。他自己也买了一只同样的笔筒。"她说到这里,转向罗蒙索夫,莞尔一笑,说:"哦,亲爱的罗蒙索夫教授,我没有说错吧?"

"唔。"罗蒙索夫点点头,含糊地应了一声。

何钊点点头,对查理夫妇说:"实在抱歉得很,我恐怕要麻烦你们跟我去一趟办公室。我们需要重新检查一下这只笔筒。"

查理先生无可奈何地耸一耸肩,向妻子做了一个鬼脸。他实在无法明白,这位中国警官何以会对一只普通的竹雕笔筒如此感兴趣。

何钊又向罗蒙索夫点点头,说:"罗蒙索夫教授,作为一位证人,我也想请您随同我们到办公室去一趟。"

"有这个必要吗?"罗蒙索夫惊讶地看着何钊,极不情愿地回答,"飞机马上就要起飞了,我可不愿意为这种不相干的事情耽误自己的旅行。"

"请放心!用不了多少时间,我保证不会耽误你们的旅行。"何钊态度强硬地说。

罗蒙索夫无奈，只好随同他们一起走向办公室。

进入办公室之后，何钊伸手在笔筒底端摸索了一会儿，找到开关轻轻一按，切断电源，那原先空空如也的笔筒里，忽然显现出一只玉雕的高脚酒杯。

查理夫妇面面相觑，呆如木鸡。

罗蒙索夫摊开双手，发出一声惊呼："天啊！这不是御龙杯吗？我在北京博物馆里见过，是贵国的国宝。它怎么会到这里来了？"

何钊瞥了他一眼，严肃地说："不错！这确实就是御龙杯。它被人用偷梁换柱的方法从北京博物馆里盗窃出来，藏匿在这只笔筒里，用一种奇妙的光把它隐蔽了起来。"

还是查理先生首先从呆惊中清醒过来，说："玛丽，这肯定不是我们原来的那只笔筒！我们一定是在什么地方与别人换错了。"

何钊又看了罗蒙索夫一眼，说："也许，罗蒙索夫教授，这只笔筒是你的吧？"

"不，不，这不是我的笔筒！我的笔筒在这里。"罗蒙索夫急忙辩解。他立即从自己的的旅行包里拿出一只一模一样的笔筒。当然，那是一只真正的空笔筒。

何钊淡淡一笑，意味深长地说："请你们再仔细回忆一下，是否会在整理行装的时候，互相拿错了？"

"我抗议！我与查理夫妇又非同居一室，怎么会拿错？"罗蒙索夫勃然大怒。

"别激动！事情很快就能分辨清楚的。"何钊冷冷一笑，平静地说，"两年前，北京博物馆采纳了我的一项建议，在几件最珍贵的展品里秘密安装了特种超微型录音器。一旦展品被移动，录音器就开始自动录音，同时放射出微量电波。我的电子警犬就是根据这种微量电波寻找到御龙杯的。"

何钊说着从竹雕笔筒里取出御龙杯，伸手在酒杯脚底的凹陷处摸索了一下，用镊子取出一卷超微型录音带。他欣赏地看看手中的录音带，满意地一笑，接着将它放入一架特制的录音机。顿时，录音机里就播出了两个男人的对话："唔，不错！是御龙杯。陈，你干得很好。"

"罗蒙索夫教授，现在你可以把钱给我了吧？"

神奇的盗宝案 223

"先付你二十万美元，其余的等我回国以后再汇给你。"

"可是，我怎么能相信你呢？"

"你掌握了我的秘密。倘若我失信，你可以去告发我。那样，我将被引渡到中国……"

"旅行支票？"

"陈，你知道，我身上从来不带大量现金，那样做既不方便，又不安全。"

"可是我又怎么去银行领取呢？那很容易引人怀疑。"

"我已经替你想好了。这是你叔叔的一封信。他在国外发了财，托我带二十万美元给你，作为他对你的馈赠……"

何钊"啪"的一声关掉录音机，两眼怒视着罗蒙索夫，严厉地说："现在，你还有什么话可说吗？"

当录音机播出他与陈志才的对话时，罗蒙索夫也确实惊慌了一阵。但他毕竟是有名的老手，很快就控制住了自己的情绪。此刻，听了何钊的发问，他竟若无其事地耸一耸肩，厚颜无耻地说："太奇妙了！何钊先生，我很钦佩贵国先进的科学技术，更钦佩先生超人的才干。你是第一个击败我的人。"

"第一个吗？"何钊冷笑一声，讥诮地说，"你大概没有把两年前，在莱茵河畔与布朗先生的交锋统计在内吧？那一次，有个名叫劳伦斯的青年学者为你送了命。"

"不，那不能算我的失败。"罗蒙索夫傲慢地回答，"是劳伦斯那个笨蛋进展迟缓，才毁了我的计划，也毁了他自己。这一次也是一样，如果陈能早一天，哪怕是早几个小时把御龙杯交给我，那么失败的就将是你而不是我。"

"可惜你命中注定，永远也赢不了这几个小时。"何钊冷冷一笑，反唇相讥。接着，他像是偶然想起什么，随便地问："顺便问一句，你把那个陈志才怎么样了？"

"我给他喝了一杯帮助睡眠的酒，直待我安全返回本国之后，他才会醒来。当然，我取回了那封信和支票，我不能留下任何可能牵连到我的证据。"

"你不认为这样做有失信用吗？"

"不，待我回国以后，仍会寄钱给他。只不过不是二十万，更不是二百万,而是二万美元。我认为这笔数目,对于他来说,已经是够多的了。现在,当然不再有这个必要了。"

何钊忽然从心底泛起一阵厌恶,仿佛吞食了一只苍蝇,恶心得几乎要呕吐出来。他起身一挥手,命人将罗蒙索夫(或许应该叫沙罗夫)押了出去。

八

翌日,北京博物馆内那一间因"内部整修"而暂行关闭的展览室,又重新开放了。也许是由于关闭了一天的缘故吧,室内的参观人数特别多。人们逗留在一个个陈列品的橱窗前,细细地鉴赏着我国古代的艺术珍品,陶醉在美的享受之中,并从中吸取智慧和力量。而单独陈列在展览室中央的那只御龙杯,更以它古朴典雅的造型,精美绝伦的工艺,吸引了无数的参观者停步不前,在它周围长时地徘徊观赏,留恋不已,并由此而发出无限感慨。是啊,我国的文化艺术源远流长,历代的劳动人民为我们留下了数之不尽的艺术珍品,这是我们国家的瑰宝,民族的骄傲!我们又怎能不备加珍惜,不努力继承这一光荣传统,将其发扬光大呢?

在离人群稍远一点的地方,那位端庄秀丽,观察细致入微的姑娘——某艺术学院的高材生,又挟着她的画册前来临摹作画了。她敛神屏息,长时地伫立在那里,深情地向御龙杯凝目注视了许久,接着便打开画册挥笔迅速勾画起来。

姑娘画技高超,笔法娴熟。她非常逼真地画了一幅御龙杯,接着又画了一幅观杯图。在那层层环绕着御龙杯全神倾注的参观者中,姑娘特地画了一名老公安战士。那老战士神态庄重、表情严肃,一双眼睛深情地凝视着御龙杯。从他那灼灼的眼神里,流露出来的是自豪、胜利、幸福、骄傲……在众多的参观者中,除了这位姑娘以外,谁也不知道这一举世闻名价值连城的国宝——御龙杯,曾经被窃。

失踪的教授

一

五月的加州，风和日丽，气候宜人。

一架波音747客机缓缓地降落在加州机场上。在沿着舷梯鱼贯而下的众多旅客中，有两位中国警官，他们就是遐迩闻名的"当代猎神"何钊和他的学生申公荻。

这次何钊师徒前来美国，是为了侦查一个历时五年悬而未决的疑案，替一位名叫苏姗的姑娘寻找她失踪了五年的父亲。

前几天，这位姑娘远涉重洋前往北京，找到何钊，一再向何钊苦苦哀求，恳求他伸出援助之手，帮助自己寻找父亲。

苏姗是何钊的还在美国留学的学生刘映华介绍来的。在这之前，刘映华还打电话给何钊，一再在电话里恳求说："老师！苏姗的父亲詹姆斯教授是一位著名的能源专家，失踪前正在从事一项新能源的研究。这一研究的成功，将彻底解决能源的危机，把人类社会往前推进一大步。他的失踪十分蹊跷。请您务必接下此案，揭开此中谜团，帮助她寻找到自己的父亲。"

苏姗是一位二十多岁的白人姑娘，瘦小、俏丽、楚楚动人，但却双眉深锁，脸上笼着一层愁云。在向何钊叙述此案的时候，她把何钊当成了自己的亲人，毫不掩饰地流露出了自己内心深深的忧虑和悲痛。

苏姗读初中时就失去了母亲，从此父女相依为命。尽管父亲为了自己的研究工作，不得不把她送到学校去寄宿，但每逢双休日和节假日，他都要抽出时间来陪伴女儿，为女儿买来许多礼物，带她去逛公园，在她的心里留下了许多美好的回忆。

五年前，她高中毕业，考上了大学。父亲亲自开车送她去学校报到。临分别时，父亲交给她一张银行卡，交代说："苏姗，爸爸给你存了一笔钱，它足够你读完四年大学。你长大了，以后就自己掌握这笔钱吧！"

"好的，爸爸！"她回答说。

"原谅爸爸！苏姗，爸爸需要集中精力从事一项很重要的研究工作，今后可能很少有时间来看你。你要学会独立生活，自己照顾好自己。"父亲又一再交代说。

"爸爸，您放心！我会照顾好自己的。"她有一点儿心不在焉地回答。

然而，她万万没有想到，这竟是父亲对她的最后叮嘱。从那以后，父亲就莫名其妙地失踪了。几年来，她四处打听，问遍了所有的亲友，找遍了父亲有可能去的地方，都没有得到任何一点有关他的消息。

何钊听完姑娘的叙述以后，沉思了片刻，说："你知道你父亲从事的是一项什么重要研究吗？"

"不太清楚。我只知道父亲是在从事一项新能源的研究，至于是什么能源，却从来没有听他说起过。"姑娘回答说。

何钊点点头，又说："那么，现在如果要着手寻找你父亲的话，你又能为我们提供一些什么线索呢？"

姑娘摇摇头，为难地说："我只能为您提供一份名单，一份我父亲的几个朋友和学生的名单。除此以外，就什么也没有了。"

这事使何钊颇感为难。按理说，像这样一个没头没脑的寻人小案，他完全可以拒绝接受，但一想到刘映华在电话中的一再恳求，想到在詹姆斯失踪的后面真有可能隐藏着什么重大阴谋，他不觉又犹豫起来。

见何钊沉默良久，一直没有表态，姑娘忽然"咚"的一声在何钊面前跪下，急切地哀求说："老师，请您一定要帮帮我！我不会要你们白干的，我会付报酬。"

何钊连忙扶起姑娘，说："快别这样！姑娘，报酬不是主要的。只是你父亲失踪的时间实在太久，又缺少必要的线索，我是怕万一……"

"不，不！老师，只要您接下此案，就一定能够寻找到我父亲。"姑娘见何钊语气松动，立即抢着说道。

送走姑娘以后，何钊问申公荻："你看这个案子？"

"根据姑娘的叙述,她父亲应该是主动失踪的。因此,这位詹姆斯应该还健在,而且很有可能是躲在某个地方,秘密地在继续从事他的研究。"申公荻回答说。

何钊点点头,又问:"可是,他又为什么要抛弃亲人躲藏起来呢,并且一躲就是五年?有什么研究需要如此隔绝人世,秘密进行呢?"

"那就不得而知了。也许,这就是此案的关键所在。弄清楚了这一点,也就不难寻找到这位教授了。"申公荻回答说。

二

到达加州以后,他们先去詹姆斯教授所在的工作单位——加州科学院去调查了一下。该院一位名叫罗伯特的副院长接见了他们,告诉他们说:"詹姆斯早年毕业于哈佛大学,后来又在该校取得了博士学位。取得了博士学位之后,便应聘来加州大学任教。由于他在能源研究方面取得的卓越成绩,十五年前被聘为我院的院士,独立从事新能源的研究。他是一位出色的科学家。对于他的失踪,我们感到非常担心和遗憾。"

"那么,詹姆斯教授具体的研究课题又是什么?取得了何种程度的成果呢?"何钊又问。

"这个嘛,我也说不太清楚。"罗伯特颇有点为难地解释说,"您知道,每一个重大科研项目,在取得完全成功之前,都是严格保密的。否则,你所取得的那一部分成果,就有可能被人窃取,抢在你之前取得成功。"

"难道就没有人知道教授的具体研究情况吗?比如说参与或协助他从事这一研究的助手。"何钊又问。

"十分不巧,最了解詹姆斯实验室情况的是他原来的助手怀德博士。怀德博士正好去欧洲参加一个学术讨论会去了,要过几天才能回来。"罗伯特抱歉地说。

他们接着去拜访了当地的警察局以及美国国家安全局的地方办事机构,希望能取得他们的帮助。

当地警方的态度十分冷淡,说是近几年来加州的失踪人口很多,他们警力有限,不可能一一立案去调查。

国家安全局的情况好一些。那里的一位名叫查理的官员热情地接待了他们，给了他们一些许诺。

查理三十多岁，高大健壮，思维敏锐，待人热情。他告诉何钊说："当年，詹姆斯的失踪，曾一度被媒体炒得沸沸扬扬，引起了我们的注意。他的失踪，估计可能与某个经济间谍组织有关。当然，这仅仅是一种猜测，直至目前为止，还没有任何证据能证明这一点。"

"那么，你们为什么不进一步深入调查，去寻找证据呢？"何钊问。

"就我本人来说，很愿意这样去做。但安全局不比警方，此案不属于我们的管理范围，而我们的人力又十分有限，实在无力顾及此案。现在好了，有您这位大警探接手此案，一定能解开此中谜团，寻找到这位教授。"查理解释说。

"只是此案相隔的时间实在太久，毫无线索，我们远来贵国，单枪匹马，力量又十分有限……"何钊沉吟说。

"不不不，你们绝非单枪匹马。在加州，仍然有很多人在惦记着詹姆斯，希望能够寻找到这位教授，他们都会为你们提供帮助。你们如果有什么发现，请及时告诉我们。办案中遇到什么困难，也请及时与我们联系，我们会尽最大努力为你们提供帮助。"查理真诚地说。

"谢谢！如果遇到困难，我们一定会请求你们的帮助。"何钊为对方的态度所感，站起身来，紧紧地握住了对方的手。

在随后的两天里，他们逐个去访问了詹姆斯教授的亲友，结果一如苏姗所说，他们对教授的去向都一无所知，提供不出任何一点有用的线索。

最后，何钊的手里只剩下了一张名片，一张巴西沙氏石油公司的一位名叫安德逊博士的名片。据苏姗说，她没有见过此人，这张名片是她在父亲的一本书里找到的。于是他们决定先去巴西见见这位安德逊先生，然后再返回加州来会见怀德博士。

三

总部设在巴西的沙氏石油公司，是世界三大石油巨头之一。它垄断了整个拉丁美洲和部分中东国家的石油生产，每年的原油以及成品油的销量占据世界第二位。

在沙氏石油公司，人们告诉何钊，由于健康的原因，安德逊博士已于两年前离开了该公司。

经过一番周折，他们终于在一座滨海城市里找到了这位博士。原来博士患了美尼尔氏症，经常头痛发作，正在此地疗养。

这是一家依山傍水，建筑华美的高级疗养院。院内绿树葱郁，花香遍地，疗养院的幢幢楼房就掩映在这满目的绿树和鲜花之中，环境十分优美。

安德逊博士在一间高级病房里接待了他们。

安德逊博士五十多岁，高个、秃顶、颇为瘦弱，但却十分健谈。他滔滔不绝地告诉他们说："我与詹姆斯是大学同学。只是大学毕业以后便各奔东西，失去了联系。直到十几年之后，才在比利时偶然相遇，在一起度过了几天难忘的日子。"

那是一个能源紧缺的年代，每桶原油的价格由三十多美元一路暴涨到九十多美元。随着油价的暴涨，又产生了一系列的连锁反应，引发了全球性的通货膨胀……一时间许多企业相继倒闭，工人失业，生活变得异常艰难，人们叫苦不迭。

于是，如何寻找到一种价廉物美的新燃料，用以取代价格昂贵的石油，就成了当时科学界的一个热门课题。

就在这时，比利时一位名叫刘易斯的科学家忽然宣布：他解决了水的分解难题，发明了以水代油的技术，并将举办记者招待会，公开展示他的研究成果。

众所周知，水是最廉价的一种氢氧化合物，只是它的结构非常稳定，只有通过电解才能将它分解成可以自燃的氢和可以助燃的氧。除此以外，别无他法。要想用水来代替石油，几乎是不可能的事。水火不相容，这是人们早已熟知了的自然规律。

因此，刘易斯的这一宣布，造成了极大的轰动。

作为世界三大石油巨头之一的沙氏石油公司，当然不会对此事漠不关心，便委派安德逊前往比利时，去一探真伪。

安德逊到达比利时后，竟在下榻的旅馆里遇到了一别多年的老同学詹姆斯。原来詹姆斯正在从事新能源的研究，也是奔刘易斯的这一发明而来。

第二天，他们一起去参加了刘易斯的记者招待会。

记者招待会在一露天广场上举行。刘易斯开来了一辆轿车，当众放掉了油箱里的汽油，然后请记者们对汽车详加检查。汽车的油箱是空的，也没有别的替补燃油箱。接着他又请记者中的一人去提来一桶自来水，取出一瓶绿色的液体倒入水中，说这是一种助解液，掺上了助解液的水一进入汽缸，就会分解为氢和氧，进行燃烧。

掺了绿色液体的水倒入汽缸以后，刘易斯便命令司机发动引擎。引擎"嗡嗡"地响了几次之后，果然发动起来。轿车载着几名记者开始向前行驶……

"骗术！"詹姆斯拉着安德逊转身就走。

"可是，你知道他往水里掺的绿色液体是什么吗？"安德逊问。

"丙酮和乙炔。"詹姆斯回答说，"早在二十世纪初，爱迪生就做过这个试验，把丙酮和乙炔的混合物倒入水中，就能启动汽车。只是这种燃料并不比汽油价廉，并且还会腐蚀发动机，不能长期使用。"

"唉！看来'水火不相容'仍是牢不可破的自然规律。以水代油只能是人类的一个无法实现的美好梦想。"安德逊感叹地说。

"那也不尽然。"詹姆斯说，"与此相反，在自然界中却也确确实实发生过海水燃烧的奇怪现象。"

詹姆斯说到这里停顿了一下，接着凭借他惊人的记忆，向安德逊介绍了如下两件事情：

一九七六年六月的一天，法国气象工作者从气象卫星上接收到奇怪的彩色照片。在大西洋亚速尔岛西南方向的海面上，一排排山峰般的巨浪上燃烧着通天大火……

一九八七年十一月的一天，印度东南部的安得拉邦马德里斯海湾附近的海域里，突然刮起一阵飓风，紧接着海浪咆哮，海面上骤然燃起一片滚滚的通天大火。火光映红了周围数十里，目击者无不目瞪口呆。这场大火延续了十多个小时，燃烧的海水通红沸腾，景色壮观，令人惊心动魄，难以忘怀。

当时，有一位名叫罗姆斯基的专家曾冒险设法驾船靠近大火进行观察，发现那里的风速每小时高达二百八十公里以上。他认为是这一罕见的大风造成了海水的燃烧。当飓风以每小时二百八十公里以上的速度在

失踪的教授　231

海面疾驶时,会激起滔天巨浪,风与海水发生高速摩擦,从而产生巨大的能量。正是这一能量使海水分解,释放出氢气和氧气,飓风中的电荷又将它们点燃,于是就燃起了熊熊大火。

詹姆斯叙述完以上事实以后,接着说道:"尽管海水燃烧的现象非常罕见,并且它骤然而起,具有强烈的破坏性,无法加以利用。但它却告诉我们,水的分解,并不仅仅只有电解一个途径。"

事有凑巧,当天下午,在太平洋托克劳群岛以北的洋面上,就出现了海水燃烧的现象。詹姆斯教授得知这一消息后,决定立即前往该岛去进行实地观察。安德逊当然也不愿放过这个千载难逢的机会,便与詹姆斯同机前往该岛,去观赏海水燃烧这一自然奇观。

詹姆斯一行乘坐专机径直飞抵托克劳。但到达那里以后,却遇到了一个难题:原来海水燃烧之处还在该岛以北八十公里的海面上。此时海上风急浪高,气候非常恶劣,无论是飞机还是船只都无法出航。最后,他们找到驻岛海军,这才重金租用了一艘军舰,专程送他们前往考察。

海上风急浪高,汹涌的波涛一个接着一个,冲打得军舰摇摇晃晃,使人难以站稳。

军舰在风浪中艰难地行驶了五十多公里以后,远处终于出现了一片火光。那火光艳丽如霞,映红了半边海天。

随着距离的缩短,那火光愈来愈庞大,愈来愈炽烈,烟焰张天。

又行驶了十多公里之后,一片熊熊燃烧的火海便清晰地展现在眼前……

舰长忽然下令停止前进,回头对他们说:"前面风浪实在太大,军舰无法再靠近了。"

"此刻的风速是多少?"詹姆斯问。

"每秒钟六百八十米。"舰长回答说。

"火海中心呢,估计风速能有多少?"詹姆斯又问。

"很难准确测算,估计每秒钟应该在八百米以上吧。"

詹姆斯点点头,说:"这证明当年罗姆斯基和的推断是正确的。当风速超过每小时二百八十公里,与海水发生高速摩擦,就能使水分子中的氢原子和的氧原子分离,分解成一种可燃气体。"

说毕,他重新拿起望远镜,开始仔细地观察那一片火海。

这时，那一片火海在望远镜里已经十分清晰。但见方圆十几公里之内，海天都被火光映成了一片红色。那红色的海水被飓风卷起一排排小山一般高的巨浪，浪峰之上不时炸裂迸发出耀眼的火花，燃烧着炽热的火焰。那火焰此起彼伏，凶猛地跳跃着，翻腾着，时而冲上蓝天，吞噬云层，时而又落入浪底，被海水吞没，但只一瞬间，它的位置又被燃烧起的新的火焰所取代……那炽热的火焰，烧开了四周的海水，沸腾着，冒着蒸蒸的热气。那团团的蒸气又包裹着那一片火海，为它增添了几分神秘的色彩。

忽然，他们看见一艘渔船的残骸被卷进了火海。汹涌的巨浪迅即把它抛上浪尖，投入炽热的火海，渔船顷刻之间便轰然炸成碎片，烧成了灰烬。

这一情景，使他们一个个看得目瞪口呆。

"太可怕了！这燃烧的海水。"安德逊感叹地说。

"是的，这是一种能熔化金属的氢氧焰。"詹姆斯情绪激动地说，"不过，这海水燃烧虽然无法控制，具有强烈的破坏性，但它却给了我们一个启示，那就是利用高速摩擦手段，才是使水分子分解，将水变为燃料的一条正确途径。"

安德逊叙述到这里忽然打住，久久没有继续说下去。他仿佛已沉浸在往事的回忆里，被海水燃烧的壮观所吸引，脸上是一片肃穆神往的神情。

何钊见他久久没有开口，便问："那么，詹姆斯教授是决定开始从事以水代油这一课题的研究了吗？"

"是的。这一次海水燃烧的实地考察，对詹姆斯的影响很大，使他萌生了利用高速摩擦手段来分解水，将它变成燃料的想法，并决定开始着手这一惊人的科学研究。"安德逊回答说。

告别安德逊后，何钊师生二人的心情久久无法平静。他们既为海水竟能燃烧这一事实感到震惊，更为詹姆斯教授从事的竟是以水代油这一特殊课题的研究而感到钦佩，并由此而进一步对他的失踪深感蹊跷，疑窦丛生。

失踪的教授

四

返回加州的当天，得知詹姆斯原来的助手怀德博士已从欧洲返回，他们便立即前去拜访这位博士。

怀德博士十分年轻，精力充沛。他告诉他们说："詹姆斯教授是我的指导老师。我跟随他将近十年，从他那里学到了许多东西，尤其是他大胆探索、刻苦钻研和一丝不苟的治学精神，给了我很大的影响。他的失踪，我非常担心。"

接着，他告诉何钊师生说："那年，詹姆斯教授去托克劳群岛观察到了海水燃烧这一特殊的自然现象，回来以后，就开始了以水代油这一重大课题的研究。他把自己的全部精力都投入到了这一研究之中，锲而不舍地经过了五年多的努力，终于攻克一道道难关，研制成功了一台利用高速摩擦使水分解的机器。机器利用高压手段将水流喷成雾状，压进摩擦室，与室内高速流动的气流发生剧烈摩擦，从而使它的分子结构发生变化，释放出氢原子和氧原子，生产出一种能作为燃料的氢氧混合气体。老师终于取得了突破性的进展。"

"可是，像这样重大的发明，怎么竟未见报道，世人一无所知呢？"何钊问。

"那是因为研究还远未成功，老师不让往外报道。"怀德说。

"这又怎么说？"何钊奇怪了。

"因为机器高速运转所耗费的能量，高于所生产出来的可燃烧的氢氧混合气体的能量，成本不亚于水的电解。同时，这种氢氧混合气体极难分离，如不分离，又难于贮存，稍有不慎便会爆炸燃烧，重新化合成为水。因此，这一成果其实并无实用价值。"怀德解释说。

"原来是这样。"何钊点头说。

"因此，老师重新制定了一个新的研究方案，决定借助气垫船的高速行驶，设计制造一种能利用水做燃料的轮船发动机。这种机器的特点是，能够借助该船行驶的高速度，与船底的海水造成高速摩擦，从而将它们分解成为氢氧混合气体，然后又将所产生的混合气体直接输入发动机，用它来取代燃油发动机器。这样，既解决了能量消耗的问题，又解决了这种气体不易分离和贮存的问题。"

"不错！这是个好主意。"何钊说。

"可惜，"怀德叹了一口气说，"那时我们的实验经费已经用尽。在这之前，老师已经把自己的全部家产都补贴了进去，再也无力筹措到一笔足够进行这一项研究的经费了。"

"怎么，实验室难道没有研究经费吗？"何钊不觉又感到奇怪了。

"不错，院里每年都会给实验室拨一笔实验费。另外，我们这一项研究还申请到了一笔专用研究经费。但这项研究所需费用实在过于庞大，两笔经费相加起来，还不足实际所需费用的十分之一。"

"那么，后来呢？"

"后来，老师只好向企业界求援，希望能找到一家企业来投资，资助他完成这一项研究。但由于这一项研究难度太大，成功的概率很低，即便成功，也需要耗费较长的时日。而那些企业家们则都是一些急功近利者，很久都无人问津。"

怀德说到这里停了停，深深地叹了一口气，又接着告诉他们说："大概是在两个多月以后吧，老师忽然收到国外某一家公司寄来的一封信，表示对老师的研究感兴趣，说是可以考虑对他提供资助。要老师把他的研究计划以及一些基本数据电传过去供他们参考，以便做出最后决定。这对于处在绝境中的老师，无疑是一颗救星。老师立即应对方的要求，把自己的研究计划电传了过去。

"在焦急地等待了半个多月之后，对方终于发来了答复，说是他们可以为老师的研究提供一切设施和经费，条件是老师必须与这里脱离关系，应聘去他们的实验室从事研究；一旦研究成功，则由老师与他们共同拥有专利权，优先让他们公司享用此项研究成果。

"老师认真地考虑了一番之后，接受了对方的条件。他辞去了这里的工作，安排好了女儿的生活，接着便登上了行程。临分别时他还一再对我们说，到达那里后就会与我们联系，以后还会经常把自己的研究情况告诉我们。谁知他这一去之后竟如石沉大海，再也没有一点消息。"

怀德的叙述给何钊带来了一线希望。他连忙问："那么，你知道那家公司的名称和地址吗？"

"不太清楚。当年的那封信是我从信箱里取出来交给老师的。信是从伦敦寄出的，寄信人的地址只有该公司名称的一个缩写：MT。老师走时，是对方给预订的机票，他们会派车去伦敦机场接老师。"怀德回答说。

听了这话，何钊的心中不禁升起一丝疑云：看来，当年那个MT公司是早有准备，要对詹姆斯的行踪进行保密。那么，詹姆斯当年是否去了伦敦？抑或是去了伦敦之后又另行去了别的什么地方？对方究竟又是一个什么样的公司，为何又要把事情弄得如此神秘呢？

然而现在他们又应该怎么办呢？伦敦是欧洲第三大城市，拥有七百多万人口，要在那样一个城市里去寻找一个既不知地址，又不知名称的公司，真是难而又难。

"向查理救助吧！他不是答应尽最大的努力给我们帮助嘛！"申公荻建议说。

对！向查理求助。国家安全局神通广大，他一定能有办法查找到这家公司。何钊于是立即拿起电话，拨通了安全局这位官员的电话。

"喂！是查理先生吗？"他说。

"我是。"话筒里传来查理的声音。

"我是何钊。喂，我们已经查明五年前詹姆斯是接受一家缩写为MT的公司的聘请，去了伦敦。你能不能帮我们查找一下这家公司？"

"好的，我去查一查，看能不能找到这家公司。"查理回答说。

两个小时以后，查理就打来了电话，告诉何钊说："伦敦缩写为MT，或以MT这两个字母打头的公司有几十家，但没有一家是从事能源生产或能源贸易的。后来我们又从机关单位里去找，终于查找到一个名叫玛塔能源研究所的单位。该研究所注册资本多达十几个亿，经营范围为能源研究及其技术的输出，拥有几十项技术专利……"

"对！就是它。请告诉我它的详细地址！"何钊说道。

五

他们到达伦敦，刚一出机场，一位三十多岁的警官就迎面走过来，问："是何钊先生吗？"

"我是。"何钊回答。

"我叫彼得，是查理的朋友。"他立即向何钊伸出手，热情地说，

"查理给我打了一个电话,说您正在调查一个重要案子,要我为您提供帮助,陪您去一趟玛塔研究所。"

"谢谢!"何钊心中一热,紧紧地握住了他的手。

彼得驾着警车左转右拐地行驶了许久,这才找到那家玛塔能源研究所。然而,令他们失望的是,这家注册资本多达十几亿美元的研究所,却只在一座办公大楼里占据了两间办公室,工作人员也寥寥无几。何钊不觉怀疑地问:"这里真是玛塔能源研究所吗?"

接待他们的那位工作人员看出了他的怀疑,笑着解释说:"请不必怀疑。当然,我们这里只是敝所派出的一个营业网点。像这样的网点,敝所在世界各地还有许多。"

"那么,贵研究所的本部究竟在何处,能告诉我们详细的地址吗?"何钊问。

"这个嘛……"那位工作人员开始还有点支支吾吾,待看了彼得的警察证件以后,这才老实回答说,"详细的地址嘛,我虽然说不太清楚,但据我们的老总说,敝研究所隶属于一家跨国大公司,研究所本部设在巴西,在巴西及世界的其他一些地方,还有着几个设备先进的实验室,因此,研究所实力雄厚,远近闻名,只要去巴西一问,就能知道。"

"你刚才说其他一些地方,具体是几个什么地方呢?"何钊又问。

"也没有几个,是在南太平洋的某个岛屿上。这还是有一次老总喝醉了酒,说漏了嘴说出来的。他说在那座岛屿上,有着我们的一个秘密实验室,一个当今世界设备最先进的秘密实验室,正在从事一项新能源的重大研究。"

何钊点点头,拿出一张詹姆斯的照片,问:"这个人你见过吗?他叫詹姆斯,是一位美国科学家。五年前,他应你们研究所的邀请,从美国来到伦敦。可是一到这里,就失去了他的消息。"

工作人员接过照片看了许久,说:"或许见过,印象不深了。不过,这类事情都是老总亲自出面去处理的,要问老总才知道。"

"那么,你们老总呢?"

"非常抱歉,我们的老总并不常住伦敦,他同时主管着几个网点,只在有重大业务时才来处理一下。"

"那么,你们的老总叫什么名字呢?"何钊又问。

"威尔逊。"他说。

"什么？威尔逊？"申公犾一怔，反问说。

"是的，威尔逊。他是一位资深的化学博士，能源专家，研究所的红人。"工作人员说。

"是吗？"何钊也颇感意外。他立即联想起了前几天在巴西见到过的那个威尔逊，这两个威尔逊是否会是同一个人呢？于是，他不动声色地问："你这里有他的照片吗？"

"我的计算机里贮存了几段网点开展业务活动的录像，里面有他的录像。"

那位工作人员说着将他们带领到自己的计算机前，打开计算机，用鼠标点击了几下，屏幕上出现了一个高个秃顶老人的身影。

是他，果然是他！真没有想到，这里的老总，五年前负责聘请詹姆斯前来伦敦的人，竟然是几天前与他们见过面的那个威尔逊。然而，那天与威尔逊见面，向他打听詹姆斯的事情，他滔滔不绝地叙述了许多，又为什么绝口不提此事呢？

何钊感到事态的严重，从MT这个营业网点出来以后，立即打电话与查理联系，告诉他这一发现。

"喂！查理，我们在MT调查到一个重要情况。五年前负责聘请詹姆斯前往伦敦的，竟是他的老同学，巴西沙氏石油公司的威尔逊。"他说。

"是吗？"查理说。

"据该处的一名办事员透露，MT或者是沙氏在南太平洋的某个岛屿上有一个秘密实验室。估计詹姆斯很有可能就在那个秘密实验室里。请你设法查找一下那个岛屿！"

"好的，我这就去查。"查理说。

当天下午，他们就接到查理打回来的电话。他在电话中说："喂！你们别在伦敦浪费时间了，立即返回加州。"

"为什么？"何钊问。

"接到你们的电话以后，我立即与国际刑警设在南太平洋的分部取得联系，请他们协助查找此岛。刚才接到该分部莫奈探长的电话，说是在南太平洋上查找到一个无名小岛，此岛远离航线，荒无人迹，但近期却有一艘游轮数次驶往该岛。该游轮隶属于沙氏石油公司。我怀疑你说的那个秘密实验室就在此岛地下。"

"那还不快去该岛搜查!"何钊说。

"别着急!我已与莫奈探长联系好了,等你们一回来,立即一起去南太平洋,前往该岛登岛搜查。"查理说。

六

在南太平洋库克群岛西南数百公里处,有一座方圆不足两平方公里的无名小岛。由于岛上缺少淡水,又远离航道,因此人迹罕至,岛上一片荒芜。

然而,就在这座荒无人烟的小岛地下,却隐藏着一个庞大的现代化的实验室。此刻,实验室内灯火通明,正在进行一场有关人类社会发展的重要对话。

对话的一方,就是何钊在努力寻找的詹姆斯教授和他的一名助手;另一方则是何钊已经见过面的威尔逊以及他的顶头上司——沙氏石油公司的老板沙可夫,一个四十多岁,面目丑陋的汉子。在沙可夫的身后,还有两名随从。

此刻,双方都面对着一个圆形的大水池,凝目注视着在水上飞速行驶的一艘轮船模型。

那是一艘新型的气垫船。它不仅速度比一般的气垫船快出许多,更重要的还是它在行驶过程中可以不用燃油,而是以水代油,直接用海水作为燃料来发动机器。

詹姆斯五十多岁,高大瘦削,形容有点憔悴,但一双眼睛却仍然炯炯有神。他指着在水上疾驶的轮船模型,得意地说:"这种气垫船的特点是,当它的时速超过二百八十公里时,船体就会被一股气流托起,而当速度继续递增,达到三百公里时,这一股气流与船底的海水会发生高速摩擦,产生的巨大能量,又能将海水分解为氢氧混合气体,并将这种气体引入气缸,代替燃油。这样,除启动时需要耗费一些能源外,以后就不再需要消耗任何能源了。"

"很好!"沙可夫要他的随从拿来两杯酒,拿起其中的一杯,说,"教授,现在让我们来干一杯,庆祝您取得这一伟大的成功,也庆祝我在这一项目研究上投资的成功!"他说罢举杯将酒一饮而尽。

"是的,我终于取得了成功!"詹姆斯也举起酒杯,一饮而尽,激动地说,"沙可夫先生,现在请您实践承诺,立即将它投入生产,大批制造这种新型的气垫船,开创一个以水代油的崭新时代。"

"好的。请将这个轮船模型和您这项发明的所有资料都交给我!待我申请到这项技术的专利以后,就会将它投入生产。"沙可夫说。

詹姆斯向他的助手点点头。助手立即操纵遥控器,指挥轮船模型靠岸,将它从水中拿起,接着又去保险箱里取出一叠资料,一并递交给沙可夫。

沙可夫要随从收下模型和资料,然后回头对威尔逊说:"威尔逊,现在该是向你这位老同学,说明我公司花费巨资聘请他来从事这一项研究的真实目的了。"

威尔逊点点头,对詹姆斯说:"非常抱歉!詹姆斯,在签定合同的时候,我没有告诉你,沙氏石油公司是世界三大石油巨头之一,它垄断了拉美的全部以及中东的一部分石油。为了确保它的销量,沙可夫先生曾先后收买了十几项有关节油节能的发明专利,将它们束之高阁,锁进了他办公室里的保险柜……"

"什么?你的意思是沙氏公司根本无意将这一项发明用于实际生产?"詹姆斯一怔,连忙问道。

"詹姆斯教授,您应该知道,您的这一项发明一旦问世,得到普及,沙氏公司每年将至少减少三分之一的石油销量,那损失将要用亿来计算。因此,为了保护本公司的利益,我不得不出此下策……"沙可夫说。

"可是您也能从使用这一发明,制造以水代油发动的船舰上获取巨额利润呀。"詹姆斯说。

"是的,我也能从那一方面获取利润,但这首先需要巨额投资,并且在试制的过程中还有许多变数,需要承担风险,远不如让它维持现状,保护住我的石油贸易更好。当然,公司会为此付给您一笔巨额报酬,作为补偿。"沙可夫说。

"沙可夫先生,请别忘了,我们的合约是这样签订的,研究成功后,沙氏公司有权优先使用此项研究的成果。现在,如果沙氏公司不予使用,那么我有权将它交给其他公司。"詹姆斯说。

"不错,您有权这样做。但可惜的是您在这五年之中埋头于研究,中断了与外界的一切联系,现在,除了我们以外,再也无人知道您的这一项发明。再说,你们很快就会去到天国极乐世界,而在那里,是没有人会需要您的这一项发明的。"沙可夫说。

"怎么,你想要杀死我们?"詹姆斯说。

"不,不!请别把我想象得那么残忍。只不过研究已经结束,从今以后,我们将不会再往岛上供粮供水,让你们在此自生自灭。可惜的是此岛面积实在太小,又无淡水,你们恐怕成不了当代的鲁宾逊。"沙可夫说。

然而,就在这时,却从他的身后传来一个严肃的声音:"不!沙可夫先生,你错了。他们根本无须在此岛上自生自灭。"

沙可夫回头一看,他的身后不知何时已经站立着一排武装人员,他们就是何钊师生和查理,还有莫奈探长和他的国际刑警。

"你们是什么人?"沙可夫问。

"国际刑警。"莫奈拿出自己的证件在他的面前亮了一下。

"你们有什么权利闯入我的实验室?"沙可夫又说。

"因为你已经触犯了国际刑法。第一,你非法将詹姆斯二人与世隔绝在此,达五年之久,已经犯下了私自囚禁公民罪;第二,你还要断绝他们的淡水和粮食供应,企图饿死他们。"查理说。

"但更重要的一点,还是你妄想把詹姆斯教授这一有益于人类的,具有划时代意义的重大发明封锁起来,不让它用于实践。犯下了阻碍人类社会向前发展的滔天大罪。"何钊说。

帝邨谜案

仲秋的一个上午，天高云淡，阳光灿烂。

中国刑事研究所庭院里的几树桂花开了。阵阵风过，将浓郁的花香吹送进窗户，令人闻之欲醉。

"真美！"遐迩闻名的刑侦专家、猎神何钊工作了一段时间后，放下手中的案卷，慢步走向窗前，眺望着窗外美好的秋景，深深地吸一口饱含着桂花香味的新鲜空气，发出无限感叹。

"嘟嘟嘟嘟……"桌上的电话铃忽然急促地响了起来。

"喂！这里是刑事研究所何钊办公室。"何钊的学生申公荻拿起话筒听了一会儿，对他说，"老师，市公安局雷钧科长的电话。"

何钊接过话筒刚说了句"我是何钊"，话筒里立即传来雷钧那急如星火的大嗓门。

"喂！猎神，你的那个什么超微脑电波显示仪搞好了没有？快拿来用一下！"

"别着急，先说说遇上什么案子了？"何钊问。

"帝豪新邨一〇二栋小楼发生了一起凶杀案，死者是黎明公司的总经理赵晖。凶手是一名反侦查的老手，一点印迹也没有留下。"

"死亡时间？"

"估计为昨晚八点到十点之间，距现在只有十几个小时。"

"好吧，我这就把仪器带去试试。不过得预先告诉你，我那仪器并非万能，它只适用于一小部分脑组织尚未坏死的尸体。"何钊说。

"好了，好了，这我知道，你快来吧！"雷钧催促说。

刑事研究所地处北京，与北京市公安局有密切的合作关系，何钊与雷钧又是同一所公安干校毕业的老战友，关系更是非同一般。

何钊放下话筒，立即对申公荻说："带上超微脑电波显示仪，去帝豪新邨。"

由于是车流高峰期，无法加快车速，何钊师生半个小时后才赶到现场。

帝豪新邨是一高级住宅小区。小区内全是相互独立的一幢幢小楼，楼前楼后绿树成荫，花卉鲜美，环境十分优雅。

死者就躺在一〇二号小楼楼下的小客厅里。现场早已勘查完毕，所有的人都在等候何钊的来到。

雷钧见到何钊，轻轻地舒了一口气，立即向他介绍案情："死者名叫赵晖，三十八岁，是黎明公司的总经理。发现时他就这样仰卧在这里，胸口捅进一把二十公分的水果刀，刀尖刺入心脏，刀柄抹去了指纹。估计死亡时间为昨晚八点到十点。经现场勘查，初步推断为他杀。凶手有以下几个特点：1.室内无打斗痕迹，凶器又是从前胸刺入，估计凶手是死者的熟人，是在对方毫无防范的情况下猝然下手的。2.水果刀并不锋利，一刀刺入心脏需要有一定的腕力，凶手十有八九是个男人。3.室内贵重财物无一丢失，说明凶手作案目的不在图财。"

线索实在太少，仅凭这三点去寻找凶手，无异于大海捞针。

"家里的其他人呢？他们都提供了一些什么线索？"何钊不觉发问。

"没有。因为是双休日，死者的妻子带着小孩去姥姥家了，死者因为公司里有事，没有一起去。雇佣的女仆恰好家中有事，也于昨晚六点做完晚饭后请假回去了。是她今天回来上班，才发现主人被杀，打电话报的案。"雷钧回答说。

何钊听后又亲自检查了一遍尸体，点头说："唔，不错，尸体死亡时间还不算太长，看看能不能用我的超微脑电波显示仪让死者'开口'，提供一点新的线索。"

何钊说罢要申公获打开携带来的一只小手提箱，取出一台精密的仪器。那就是他最近才研制成功，专门用于侦破凶杀案件的超微脑电波显示仪。

众所周知，世界各大宗教，诸如佛教、道教、基督教、伊斯兰教等，都有"意识外逸""死后灵魂升天"之说。这些宗教均创于二千年前，交通不便相互隔绝的不同地区，何以在这一点上却如出一辙呢？

二十世纪八十年代，随着飞碟这一不明飞行物的出现，纪元前宇宙人曾降临地球之说曾风行一时，有人并以此解释《圣经》，说诺亚方舟就是宇宙飞船，上帝就是宇宙人，于是"意识外逸""死后灵魂升天"

说似乎也有了合理的起源。

为揭露这一伪科学的骗人实质，一些科学家开始从事这一方面的调查研究。他们发现了一个有趣的现象，那就是一些曾经经历过短暂死亡，又幸而生还的人们，大多曾有过"意识外逸"的经历。

在英国的一家医院里，一位心脏停止跳动数分钟的老妇人，在被抢救过来后，如此向医生叙说自己在进入临床死亡期的奇特意识活动："我穿过一片令人快乐的黑暗，看见了灿烂的阳光，我感到无比快乐。"

英国人汤姆·索尼在一次事故中，被压在三吨重的卡车底下。当他被解救出来时，已经失去知觉，停止呼吸，心脏也停止了跳动，但他终于被抢救过来了。事后他回忆说，他当时的自我意识依然存在，就在他被人从卡车底下救出时，他感到自己的身形已飘逸出来。他清楚地看见自己的肉体被送上救护车的忙乱过程。

像这样的经历，在曾经死而复活的人们之中，约占一半。

今人如此，古人当然也不会例外。这才是各大宗教中何以都有"意识外逸""死后灵魂升天"说的真正原因。

日本的一家跨国公司还针对这一现象，进一步进行了人死后是否还有脑电波存在的课题研究。他们的科研人员把电极植入死者的头骨，与计算机接通，发现有百分之二十以上的死者，在死后一到三天之中，仍然存在着脑电波。

他们的研究表明：人的颅脑与其他部分的器官一样，在心脏停止跳动之后，仍能存活一段时间，而非立即坏死。当然，这个时间的长短，与各人的健康状况、死亡原因等诸多因素有关。

何钊在此基础上，又进行了进一步的调查研究，发现那些因凶杀致死，颅脑未遭受破坏的死者中，几乎百分之百地存在这种现象。那么，是否能把死者残存的脑电波记录下来，加以破译，了解到案发时的真实情况呢？那样，将能帮助我们侦破多少难以侦破的无头案啊。

怀着这一目的，何钊花费了十多年的时间，潜心研究，终于在最近研制成功了这台可以用于实案的超微脑电波显示仪。

何钊接过仪器，细心地将作为电极的两支银针插入死者的颅脑，接通电源，计算机荧光屏上果然显示出了死者的脑电波。那电波跳动了一段时间后忽然消失，间隔了一点时间之后，它又显示出来。如此重复三次之后，何钊关掉电源，取出银针，说："凶手是一名身高一米七左右，方头大脸的中年男人。"

"准确可靠吗？"雷钧问。

"你认为受害人临死之际，脑中印象最深的应该是什么？"

"当然是凶手。"

"那就不要怀疑了。命令你的手下照此去排查吧！"何钊笑着说。

翌日下午，雷钧又打来电话，告诉何钊说："我们通过一天多的排查，从赵晖生前的熟人中找出四名身高、脸形、年龄相符，又提不出不在场证明的男人。但无论怎样调查，都找不出其中任何一人的作案动机。"

"别急！你把他们都带到我这里来，让我来给他们对一下指纹。"何钊说。

"对指纹？现场哪有什么指纹呀。"雷钧惊讶地说。

"你误会了，我说的是脑指纹。"

"什么脑指纹？你的新鲜名堂可真多！好吧，我立即把他们带来。"雷钧说。

脑指纹是继DNA指纹之后，当代侦探科学的又一重大发现，它的发现人是美国的罗伦斯博士。

罗伦斯从二十世纪八十年代中期开始研究脑指纹。九十年代将脑指纹鉴定法引入犯罪侦察领域，几经挫折，终于获得了成功。

其实，脑指纹名不符实，不能如同手指纹那样把它理解为大脑的皱纹，它实际上只是一种特殊的电波。是发生事件时看到的相关情况而留下的强烈印象，瞬间产生的一种脑波。这种脑波为时极短，仅为300微秒（即0.3秒），因此又被称之为P300。

用于犯罪侦查时，只要将案发现场和受害人的照片给疑犯观看，观察他脑中有无P300就可以了。如果疑犯脑中产生了P300，他就有可能曾在现场；相反，如果没有产生P300，那么他涉案的可能就微乎其微了。

没有多久，雷钧就将四名犯罪嫌疑人带到何钊的办公室。他们当中有一位是赵晖的朋友，其余三人则都是黎明公司的职工。

何钊首先给赵晖的那位朋友的头上接上一些导线，把它们与计算机相连，然后出示现场和尸体的照片，仔细观察计算机荧光屏上显示出来的他的脑电波。随后又逐一对其余三人进行了同样的测试。测试完毕以后，他叹了一口气，说："他们之中没有一人的脑中产生了 P300，都不是凶手。"

"什么？都不是凶手？喂！你这测试准确可靠吗？"雷钧问。

"请相信科学，美国的法庭已准备接受脑指纹，把它作为刑案的一种证据。"何钊说。

"那我们现在应该怎么办？"

"扩大排查范围。想一想，在赵晖的熟人中，是否还有身高、脸形和年龄符合这一重要条件，又可能有杀人动机的人？"

"有倒是有一个，那就是赵晖的同乡，大华公司的总经理刘心刚。只是他昨晚与几位老总在一起用餐，饭后又去了歌舞厅，有不在现场的证明。"

"那么，他的那些证明是否无懈可击呢？"

雷钧猛地拍拍脑子，说："是呀，我怎么就疏忽了有做伪证的可能？我这就打电话去传唤他。"

两个小时以后，刘心刚被带到何钊的办公室。何钊给他头上接上导线，刚一展示案发现场和尸体的照片，计算机荧光屏上就出现了 P300。

雷钧立即组织力量对他进行调查取证，查明他昨晚是七点四十多分离开饭店，八点十几分进入歌舞厅，这中间有着半个多小时的时间差，完全有作案时间。于是便连夜对他进行突击审讯。在确凿的证据面前，刘心刚终于低头认罪，交代了自己的作案过程。

原来刘心刚的大华公司因经营不善，早已负债累累，濒临破产。为此，他请求赵晖以黎明公司作保，向银行借一笔巨额贷款，以解燃眉之急。他与赵晖是同乡。当年赵晖独自一人来北京打天下时，是刘心刚助了他一臂之力，借钱给他办起了自己的公司。现在自己有难，于情于理赵晖都不应予以拒绝。谁知昨天晚上他宴请赵晖和银行的二位老总，最后敲定此事时，赵晖却临阵变卦，推托有事而未去赴宴。赵晖不到，宴席自然是不欢而散。饭后刘心刚立即去找赵晖，求他在此关键时刻无论如何都要拉自己一把。谁知赵晖已了解大华的真实情况，知其破产已无可避免，非但拒绝作保，反而向他追讨拖欠黎明的二十万货款。这无疑是雪上加霜，逼他加速破产。也是多饮了几杯酒，他一怒之下，竟拿起茶几上的一把水果刀向赵晖刺去……

结案之后，雷钧再次来到刑事研究所，向何钊表示感谢："谢谢你的那两台仪器，帮助我侦破了这一起无头谜案。"

"任何科学手段在破案过程中都只能起辅助作用，真正起主导作用的还是智慧和艰苦努力。其实，就是没有我的这两台仪器，你也同样能够破案。"何钊笑着说。

"不错，我是能够破案，但至少还要过上几天，而你的科学却为我节省了这宝贵的几天时间。"雷钧由衷地说道。

无错位铁

一

在滨海市郊，有一片与外界隔绝，掩映在层层绿色之中的楼房，那就是国家重点单位黑色金属研究所。

这一天，研究所来了两位客人，一位高大魁梧，神采奕奕的汉子，是我国著名的刑侦专家，被誉为"当代猎神"的何钊。另一位瘦削矮小，灵活机智，是何钊的学生与助手申公荻。他们是为了研究所的一件奇案而来的。

所长陆涛把他们请进会客室，寒暄了几句之后，便要一位年轻的研究员白景河向他们介绍案情。

白景河三十多岁，高挑瘦削，戴了一副近视眼镜。他站起来，向客人点点头，接着便侃侃而谈地介绍起来："众所周知，铁是世界上数量最多，应用最广的金属。尤其是进入二十世纪以后，各种合金铁的问世，又将它的使用范围扩大到极限，铁路、桥梁、机车、轮船、飞机、武器……乃至于日常生活中的各种用品，几乎无处没有铁的身影。但铁也有一个致命弱点，那就是比重大，强度差，因此，建造一座大楼需要几吨钢材，建造一座大桥更是要几十吨，甚至是上百吨的钢材。那么，铁为什么会有这样的弱点呢？其主要原因就是它的分子结构排列不整齐，无论哪一品种的铁，它们的分子排列都有着这样那样、或多或少的错位。"

"我的老师姚钦教授，是著名的金属研究专家。许多年来他一直在从事无错位铁的研究……"

"无错位铁？"何钊问。

"是的，无错位铁。一种消除了位错，分子排列整齐的铁。这种铁的强度将比现有的铁强百倍。一旦拥有了它，就会出现用铁丝扎成的大桥，铁皮制造的飞机、汽车等人间奇迹，把人类社会推向一个新的时代。"

白景河回答了何钊的问题以后，稍稍停顿了一下，又继续叙述下去："老师数十年如一日，废寝忘食，进行了上万次试验，最近终于有了突破性的进展，试制出了一小片无错位铁。然而，就在这一片无错位铁通过国家检验，他的科研成果被初步确认时，老师却骤然去世……"

"请法医来做了尸检吗？姚钦教授是因何而死亡？"何钊问。

"请了。是我与滨海市公安局的张法医一起做的尸检。"研究所医院的主治大夫阮文民说，"我们在死者的胃液里检测出一种慢性毒药CLA的成分。"

"事情更糟糕的还是，今天上午我们又发现老师研制出来的那一片无错位铁竟然失踪了。盗窃者偷梁换柱，用一片普通的铁片调换了原来的无错位铁。"白景河又说。

"什么，无错位铁被盗了？你是怎么发现它被盗的？"何钊开始有点紧张起来。

"无错位铁的研制成功，是科学界的一件大事，消息自然会传播出去。今天一早，我一上班就被一群记者包围住了。他们除了采访之外，还要求一睹实物，看看那片无错位铁。我打电话征得所长同意，去拿那片无错位铁。我走进实验室，从保险柜里拿出那块无错位铁，感觉有点异样，便连忙拿去测试了一下。我这一测吓了一跳，原来那片无错位铁竟变成了一片普通的铁片。"白景河说。

何钊听后点点头说："好吧！让我们分别到两个现场去看一看。"

二

实验室距会客室不远。那是一幢两层的楼房，现场在楼上向阳的一间实验室里。

白景河带领他们进入实验室，指着靠墙的一个保险柜说："那片无错位铁就保存在这个保险柜里。"

"现场勘查过了吗？"何钊问。

"勘查过了。"研究所的保卫干部苏军说，"现场除了白景河和他的两个助手的指纹、脚印外，没有其他人的印迹。保险柜完好无损，锁孔也没有撬动的痕迹。"

这是一位年轻的退伍军人，做事认真，说话也干脆利落。

何钊点点头，要白景河打开保险柜，拿出那片铁片。

那是一片长约五寸宽约二寸的薄铁片，与一般的铁片没有什么区别。何钊拿着铁片看了一下，说："这片铁片的大小、形状和颜色，与那片无错位铁完全相同吗？"

"一模一样，毫无区别。不借助仪器检测，根本看不出来。"白景河回答说。

何钊又看看手中的铁片，接着把它交给申公获，说："你的眼力好，仔细看看，这铁片上有没有留下什么痕迹？"

申公获接过铁片看了看，说："这铁片上有打印的标记和标号。除此以外，就什么也没有了。窃贼没有在铁片上留下指纹。"

"这铁片上的标记和标号是原来那片无错位铁上的吗？"何钊又问。

"是的。这标记和标号都是我亲自打印在那片无错位铁上的，不知为什么这片铁片上也有。"白景河说。

"看来，窃贼对情况非常了解，很可能就在你们这个实验室里。"何钊说。

"这不可能！我的两个助手都非常忠实可靠，再说，他们也不知道保险柜的密码。"白景河说。

三

姚钦教授的家在研究所的家属区，是一幢两层的楼房。教授的住房朝南，光线充足，空气新鲜。

"这现场勘查过了吗？"何钊问。

"勘查过了。这房间里的指纹脚印虽多，但都是教授一家人的，包括教授的妻子、教授的子女、教授家的女佣。另外还有一个人，就是白景河。"苏军回答说。

"尸检结果呢？你刚才不是说在死者的胃液里检测出一种毒药CLA的成分吗？那是一种什么样的毒药？"何钊转而问阮文民。

"是的。那是一种慢性毒药，服下去后，会把人的意识从压抑状态中解脱出来，产生一种超凡脱俗的快感，产生一种轻生厌世的想法，然后就在这种状况下渐渐地死去。因此，西方有些国家把它作为安乐死的用药。这种药我国没有生产，也没有进口。"阮文民说。

"教授生前最后一个见到的人是谁？"何钊又问。

"是我。"白景河回答说，"我是来向他报告无错位铁通过了国家检测。"

"怎么，检测无错位铁，教授没有去现场？"何钊奇怪了。

"事情是这样的，姚钦教授已经生病卧床两个多月了，无法亲自去参加。"阮文民解释说。

"那么，教授又是怎么从事研究实验的呢？"何钊又问。

"老师虽然卧病在床，但头脑却很清楚。每一次实验都是老师预先制定好详细的实验计划，交由我去具体操作的。"白景河解释说。

"那么，教授得的是什么病？严重吗？"何钊问。

"教授得的是肝癌，已经到晚期了，差不多每天都要给他打一针止痛针。"

"那为什么不送他去医院住院治疗？"

"教授不肯。说是他的病已经没治了，而这里有他实验的全部资料，并且还可以通过录像与计算机摇控指挥实验进行。"阮文民说。

从教授家出来以后，何钊久久没有出声。一直走出好远，他这才问申公获："你看教授服下的那一粒CLA，有可能是谁弄来给他的？"

"按照中国的民俗，教授的妻子、教授的子女，都不可能。那个女佣就更不用说了，因为这种毒药我国并不生产，也不进口，并不容易搞到……"申公获说。

四

下午，大家又聚集在那一间会客室里，研究讨论这一案子。

待大家交换了各自的观点和意见后。何钊两眼紧盯着白景河，单刀直入地追问:"姚钦教授服用的那一粒 CLA 是你去替他弄来的吧?"

"你怎么知道?"白景河问。

"因为进过教授房里的人,只有你才具备弄药给他的种种条件。"何钊说。

"是的。"白景河承认说,"是老师要我去向威尔逊先生索取的。威尔逊是老师留学美国时的同学,这次来华受托为老师带了一粒 CLA。我不忍心再看着老师被病痛折磨。老师大功已经告成,再无牵挂,能这样没有遗憾地安乐死去,倒也不失为一件好事。"

"威尔逊与教授见面了吗?"

"没有。威尔逊很忙,他说按老师目前的健康状况,还是不见面好,以免使得彼此伤感。"

"威尔逊还在滨海吗?"何钊又问。

"还在。他就住在跃进路的海天宾馆里。"白景河回答。

何钊说到这里停顿了一下,接着面向大家,换过话题说:"现在,让我们来说一说无错位铁失踪一事。根据种种迹象分析,我认为那片无错位铁并没有丢失,现在藏在保险柜里的那一片铁片,就是原来的那片无错位铁。"

"绝不可能!那片无错位铁经过许多专家的多次检验,而这却是一片普通的铁片。"白景河嚷道。

何钊平静地一笑,说:"据我所知,有些物质的结构,在空气之中会自行改变。例如双氧水会放出一个氧分子,变成普通的水;金属钠会放出一个原子,迅速酸变……"

"你是说我们研制出来的无错位铁,结构并不稳定,又还原变成了普通的铁?"白景河说。

"应该是这样。"何钊点头说。

"糟糕!"白景河忽然发出一声惊呼,站起来又坐了下去。

"你怎么了?"何钊问。

"那片无错位铁已经通过了国家检验,报道出去了。"白景河说。

"没关系,那不是你的错。你并没有弄虚作假。"何钊说。

五

然而,第二天早上就传来了白景河的死讯。

白景河单身一人住在研究所的宿舍里。据他隔壁的同事说,白景河头天晚上外出了,很晚才回来。

他们立即进行现场勘查的和尸体检验。他们发现房里只有白景河一个人的印迹,没有外人进入过。尸体全身无伤痕,但在从他胃里抽取出来的胃液里,检测出了 CLA 的成分。

"立即与公安局联系,前去逮捕那个威尔逊。"何钊说。

然而,当他们会合公安人员赶到海天宾馆时,威尔逊已经退掉房间,乘出租车前往机场去了。

他们立即打电话给机场的公安人员,要他们搜索逮捕威尔逊。

半小时后,威尔逊就被带到了何钊的面前。

"你为什么要杀死白景河?"何钊问。

"因为他欺骗了我。他拿了我的钱,却只给我一份假的资料和一片普通的铁片。"他说。

"其实,你冤枉了他。他给你的是一片他们研制出来的真正的无错位铁,只不过这种铁的结构并不稳定,放置数日,又还原变成了一片普通的铁。"何钊说。